COLLECTION POÉSIE

ANDRÉ DU BOUCHET

l'ajour

GALLIMARD

l'ajour *est l'état définitif de pages extraites de*

Laisses *(© Fata Morgana, 1984)*,

Qui n'est pas tourné vers nous *(© Mercure de France, 1972)*,

Rapides *(© Fata Morgana, 1984)*,

Axiales *(© Mercure de France, 1992)*,

Poèmes et proses *(© Mercure de France, 1995)*

et Retours sur le vent *(© André du Bouchet
et Éditions Fourbis, 1995)*.

© Éditions Gallimard, 1998, pour la présente édition.

un jour de plus
augmenté d'un jour

Préserver pour perdre en bloc.   Demeure le bloc.   Bloc perdu.

Bloc, un jour, à ses propres yeux soustrait.

Barrière d'eau froide qu'à obturer ma soif, je refoule plus haut.

La hardiesse des montagnes rapprochant de moi le ciel... Le marteau d'air avait frappé :   qui étais-je après ce heurt ?   Il avait déjà frappé.

Je n'ai pas vu la montagne par cette déchirure de l'air : la déchirure est elle-même montagne.   J'ai reconnu en moi — sans avoir de recul, la dent du glacier.

                                                      ... terre parlant avec la première énergie   —   la blancheur du chemin.

... cassure à laquelle une blancheur, de nouveau, obvie.

                        Comme elles sont venues, les eaux.

Sauges de l'orage.

                                                                  ... eau
à la surface des eaux retrouvant son front.

À travers les débris bleus épars des vêtements du voisin foudroyé qu'on emporte après l'avoir rhabillé, transparaît la terre froide qui contient la foudre.

Face terreuse du soleil.

Une noix hors de son berceau édenté.

Le torrent lui-même a glissé hors des eaux.

Le chemin est peinture.　　　　　　　L'eau, peinture aussi.　　　Peindre avec le bleu des flaques.

Le nuage — eau en poudre.

Océan de même sel.

À l'orée de l'air, une étoile se fait jour.

D'un bloc au réveil à déplacer comme une boîte — verre, murs, vue — la fenêtre ! jusqu'à ce que je me relève, et je l'emporte.

Derrière — pas même montagne, mais aussi peu que voliges du toit, ou que la porte.

    ... comme, à hauteur de lèvres, la compacité du sol d'un jour à l'autre transparaît   (indication, indentation
        (montagne dans l'érosion du mouvement des nuées...

Chaque cime — levée du sud la nuée qui, d'un bond, la coiffe, immobile un moment...   Une meute.   Sans laisse, ou la laisse allongée en même temps que le bond... Puis, laisses et chiens sans voix se dissipent.

La parole — oublier pour voir, de mes yeux voir, comme à défaut de moi elle tient.

Les genoux devant la braise fument comme dehors au roulement précipité du tonnerre le passage en silence des nuées.

"Écrire, quel travail !" — alors que, mot après mot, il n'a été dans mon sommeil question que d'aligner, en la traçant, une phrase sans nom de niveau à la surface démontée (le tourment ne tient d'aucune façon à la surface, c'est celui de la parole sans surface, de la parole qui n'a pas fait surface encore...

Le sommeil, comme je m'endors accoudé, ne m'a pas retenu.

Poing du pavot fermé dans la fraîcheur de la nuit.

La porte béante.   La montagne.   La porte qui donne sur le vent est une bouche.   La montagne sortie de la bouche, elle, comme en retrait, avance... Devancée par les nuées.

Elle-même la porte avance.

Je parle sur le déplacement. Et la table, sur le déplacement.

Succession de coups de marteau pareille à une quinte de toux, la main n'étant pas apparue.

À flanc de montagne, l'éclair d'une portière au virage.

Séparé de la montagne par l'air que j'ai à respirer, mais la montagne c'est l'air encore. L'air, aux lèvres entr'ouvertes, comme accroché. Là, je heurte.

Coup sur coup une face, l'œil resté dans le visage qui l'enveloppe fraîcheur de la cassure, éclat micacé.

L'oubli aux joues — surglacier.

                        Ma tête suit son regard, elle trouve sa face.

Montagne taillée dans la soif, où l'embrasure à deux battants ira puiser.

                        En avant de la substance orageuse de la montagne, le buis brille.

Sol de ce sol, et sol du vent.   Plafond redevenu le sol.

La roue de l'air restaure.

Un instant, ces mots, je les aurai faits miens. Un instant, j'aurai été à côté de ces mots. Un instant, qui met une lenteur infinie à parvenir, j'ai été, masse d'air en formation, auprès de ces mots, premiers à disparaître.

Quelquefois avec mes yeux.   Quelquefois sans mes yeux.

Nuage — pareil au carrier, inclinant vers la pierre qui éclate.

Ma bouche sans lèvres est aussi celle de la foule qui a chanté dans une pierre fendue.

Parole contenant son secret dès qu'elle a tenu dans la bouche.

... parole à talon de corde, comme le muet reprend.

... au même point comme corde, jour sur jour, trie, tire, tord, étire...

L'un de nous, l'éclat.

Prairie.   Le vertige des herbes agitées, quand plus haut le jour tonne, et que l'œil ne s'arrache pas aux herbes.

Voix, encore, qui se font jour par la paume des yeux.

Le jour est là comme une pierre sur la route. À côté toujours, puisque là.   *Aussi grossier qu'un coup de pierre.*

                              où avais-je laissé, neige s'ajoutant
à la neige sans y ajouter ?

... et les mots séparés — aussi loin qu'ils peuvent l'être les uns des autres sans que le fil distendu qui les relie soit perdu — ne se confondent pas moins que si jamais ils n'avaient été articulés...   de cette articulation qui élève, aère, espace...   élève, aère, de tout l'air surgi, pour commencer, dans les intervalles...   air qui reprend globalement du dehors sans espacer.

t a b l e

                          Sur une déchirure des airs
qui transhument — comme, dehors, la porte rouverte
aussitôt.
             Le souffle.   Tant que j'ai souffle.

                                      Arrachements
comme à une rampe, qui est souffle aussi, les liserons.

                              L'orage
bleu sous le pas, comme un implant de l'air quand on
marche.

La terre friable au souffle.

               Face — et soif, encore — face des
ruisseaux.

Vêtu
de sa déchirure

air et montagne

le jour.

                                      Un pan
                                                    compact

                                      et non.

Le glacier   —   puis, confondu.

                    Le glacier encore, de l'autre côté,
comme au sol plus haut le souffle.

J'ai entendu le torrent où je suis.

                        Et, de nouveau le sol   —   aplani mais après.

Je suis sur le visage où l'air est séparé.

                                        La table,
c'est l'air quand on force.

                              Vêtement
                                        jusqu'au cœur

                    et rien.

        Le ciel de face

        ajouté

        où
        tout est perdu

        ajouté

        l'autre souffle.

                              Comme sur sa soif un éclat
de l'eau, soi-même en marche.

Par la coulée du glacier, comme vient la prairie.

                              Dehors
sur la bouche où se feront les souffles.

L'air seul — mais ici, séparé ici.

Montagnes en cours, comme foulées.

                                             Et l'herbe
demeurée, elle — toute l'herbe — comme à la nuit
des pierres la fraîcheur de l'eau qui est là.

l a i s s e s

Seul
le déversoir ne cesse pas

la corde.

Le jour

sans le voir

mais ailleurs
encore
qu'à surface de son lit

fractionné encore

ici non.

                                                Afflue,
tant qu'il a souffle, asséchant.

                              Sur les secousses
éclos —

            âpre palais.

                              Atteindre — où encore je vois,
passé ce jour, le jour foulé comme en crue — à un sol,
                                          notre tête.

                   Comme corde — demeure corde,
même interrompu, la rigueur du vent.

.

    Et soif

                        à hauteur de lèvres, ce qui
doit se dire le glacier, ou ciel — et plus haut
                                    éclaire,

       glacier.

                Immergé je marche — cœur
de l'eau que le froid fait pierres.

                                                          Comme
blancheur encore, au genou des routes, l'un et l'autre
concassés.

.

Au sommet
comme en deux

le sol.

... qui nous éclaire

inhumain

et tel
qu'en le disant
j'ai pu

m'en séparer.

Soi

devenu froid
où
il me faut passer

par ce froid.

Un pas en défaut
            produit

l'abrupt.

poussière sculptée

"Pourquoi...   être venus si loin...   c'est le bout du monde ici..."

Ouï-dire...   (si loin dans ce froid, aujourd'hui... comme de nouveau, hors des mots, morcelé, cela scintille...

"Pourquoi être venus ici... "

          Vent, ou papier   —   face comme épars, à ce qui le déporte, un trait   —   parole en l'air ou dessin qui questionne — suspendu.

debout sur le vent   —   et c'est le vent.

longue plage sur laquelle, de nouveau, hauteur cherche à se prendre pour relancer.

... là.

———————————————— jusque-là — cela, où, plus haut... cela atteint, étant de "nous" (où,   sitôt en évidence, cela disparaît, je cesse... que l'on s'en avise, cela cesse...   enveloppé aussitôt)
   après, ou plus haut... ce *plus haut* qu'elle-même, sur le point de trouver corps, épelle alors une figure en formation — face à "nous", comme elle se découvre, achevée... (mais où suis-je... cela disparaît : où je suis, cela disparaît...

         L'air que l'un de "nous"
peut ne pas respirer ressort...

... l'un de "nous"   —   en chemin, comme l'air qui scintille, sur la fraction retaillée, face à "nous" alors...

Dehors, la figure surgie sera, dans l'air poussiéreux, comme distincte, à nouveau, particule... poussière...

         ... plage qui à son tour
va grandissant debout...   cela,
— jusqu'à une horizontale, debout de nouveau...

mais il nous faut   —   et plus haut   —   nous entrevoir comme immergés toujours, marge prenant sur soi...

ici rentrés, comme interrompu le trait rentre...

.. et, transparents, soudain, à un écart que lui aussi la parole détachée traduira...   qu'elle traduit muet — jusqu'à "nous"... dessaisis... et "nous" (pour ma part je vois) L'air — âcre, *après*...

... marge accrue qui entame...

... les mots en poussière seront rendus à ce qui scintille... sans que sur eux j'aie eu saisie... sur eux, de nouveau... traversés...

Cela, par éclats, affleure — comme sol au plus haut sans figure.   Mais le sol même est figure — là, et debout...

... *après* — où que je m'arrête, tel qu'à soi encore le pas demeuré montagne, je tiens, du temps qui succédera, l'opaque...

Cela — jusqu'à l'opaque, comme là se prononce une blancheur, ressort,
                    et serrant.

La marge à découvert — sitôt que sortir jusqu'au centre a de nouveau engagé — entame ce qui ressort.

Cela — où cela atteint, demeure inconnu... comme intact...   Mais l'un de "nous" chaque fois se révèle dans la parole faille analogue, et, de nouveau, face à soi, sol compact entrecoupé...   qui par éclats aveugle...   par éclats illumine — de même qu'auparavant, oui.

——— jusqu'à l'opaque   jusqu'à "nous"...   l'un de "nous", comme nœud, plus haut, dans le jour.

(sur son silence, repoussoir des murmures, le sommeil bavard s'éclaircit.

... une parole espacée, comme le sol se fait jour, chaque fois s'oublie — si, avançant, je reste de parole, et je tiens, mot après mot, sur la blancheur de ses jointures, parole au muet...

Un pas   —   telle à la tête de passage cette blancheur au sol, et après, de même qu'avant — répond...

"Pourquoi..."   j'oublie...   la parole en déplacement s'oublie...   pour aveugler...   Et le sol — toujours un peu plus haut, à hauteur de la tête forée par ce qu'elle profère autant que par ce qu'elle a sans mot dire perçu déjà...   à hauteur de la tête levée, là — et pour l'aveugler...   jusqu'à un fond où quelque ajour sans fin, comme on avance, criblant, aura tout emporté...   même emporté la question...

L A   N U I T, c'est...

(... dire...   entendre...   ce qui sur le pas brille, par instants crisse, espacé...

... réponse aveuglément   — à hauteur de ce qui est à vue, et qui ne se voit pas, réponse aveuglément sera donnée...   réponse sans même la question, éclat après éclat, comme au sol pour l'obscurcir un instant je suis passé — jusqu'au front...

Rêve de la nuit du   : "aux questions les réponses sont soudées, les questions sont sans point d'interrogation etc." (une phrase, unique vestige, comme dévidée à l'infini, de laquelle au réveil j'aurai perdu le fil — mais pas moins évidente pour être soustraite, en s'inscrivant   —   de plus en plus faiblement, il faut le dire — comme de nouveau, ici, à toute saisie de la parole...   perte à même le rêve évasif anticipée...)

(j'ai tiré sur le bout de ficelle dans le chemin : chanvre ébouriffé par une longue attente dans le chemin sec — et qui refend le sol tari comme une racine, dès que je tire...   Et c'est chemin encore...   chemin de plusieurs étés, après les moissons la ficelle...   âpre poussière de l'humide, comme à ses racines un souffle relégué, dans la liasse stationnaire...   tassée...

... soudées ("aux questions les réponses sont soudées etc.")   poussières...   poussière sous un pas qu'appelle intervalle à nouveau, conglobée...   Et, dans la même fraction de temps, comme sous le pas de l'un ou l'autre le sol muet culmine, une face depuis comme auparavant...

                          ... seuls, sur l'instant,
et sans un mot, à être retenus, les *alentours*, avant la
lettre, de la phrase de ce rêve du   : "en silence,
"il s'affaire dans l'atelier où on est à peu près sûr de le
"trouver vers la fin de la journée, il y a une chose dont je
"dois lui faire part avant sa mort à venir d'un instant à
"l'autre, chose urgente...   Mais, constatation qui
"déchire, au travers même de l'anxiété que ranime et
"tempère la parole silencieuse du rêve, il ne fait aucun
"doute que la mort a eu lieu déjà...   certitude
"de ce *déjà* me signifiant retard — irréparable quant à
"moi, et toujours grandissant, sans affecter en rien la hâte
"qui est la mienne   —   à rejoindre ce qui
"reste à dire...

                              (à me saisir, une
nouvelle fois, ainsi que je l'entends, de la totalité d'une
phrase soustraite à la parole, et qui, amenée au jour, serait
en mesure d'éclairer quelques mots obscurs tenaces à
l'esprit...

          ... soustraite, et dans la marge, sur l'instant,
de ce qui se laisse énoncer... (ou le centre même que la
parole sitôt surgie recouvre)   ... intervalle qu'à
nouveau, et d'un trait, figurera dans sa fuite
le trait ——————————————————————
————————————————————————— intervalle
renaissant, interstice, oui, réitéré incessamment, et qui ne
peut que fuir — dès lors que cette parole à signifier
avant la mort se sera vue au fil du rêve désavouée, une

mort qu'au départ il s'emploie à nier s'y révélant tout de même échue...   Et cela, sans que le cours du rêve soit entravé, mais il se poursuit, emportant l'interruption qu'y marquent, "en silence", une mort avérée et le réveil imminent confondus, aussitôt la parole de rêve découverte sans objet...   tel, peut-être, que le réveil ne suffira pas à le suspendre, mais en sous-œuvre toujours il se dédouble, fabrique ajourée...   la parole   —   "au plus vite"   —   de laquelle, en son premier élan, il s'était voulu porteur, se dévide en un intervalle, interstice, infini   —   ou tourne court sans parvenir à s'imprimer dans l'esprit...

    Ce qui, en revanche, apparaît comme évidence qu'en plein rêve la lacune insistante a mise en lumière, et plénitude de vérité répondant au défaut, c'est que l'interlocuteur en question est mort.   *Cela*, je le sais.   Le rêve pour moi le sait... (éveillé, je me retrouve à côté du même rêve)   *Cela*, le rêve abordé comme douleur, et douleur perçante, *cela*, qui est parole en défaut, et au plus vite sur un défaut désormais support, se traduit (comme à côté) : "écrire au plus vite"...   comme si, chaque fois, "écrire" devait être parcelle de silence recomposé sur la parole...   Mais telle *fin* encore   —   au plus vite   —   se voyant figurée par une circonlocution de plus...   Hâte qu'appuie le déchirement d'une douleur, celle-ci inférée en un renversement, qui sitôt l'atténue, du mutisme dans lequel parole écartant la mort et précipitation de parler viennent d'affilée se défaire...   ligne après ligne détachées alors, au plus pressé, par cette blancheur de l'intervalle renaissant...   et départ de nouveau.

Intervalles...   puis, intervalle...   ce sont lignes cependant...   l'espace à ce sol du même travail "pour rien" — de la blancheur de ce sol de l'atelier au sol (atelier du sol)...   pièce passagère où le jour lui aussi se perdra... enclave momentanée comme lacunaire tant que j'ai souffle, à quoi par son centre tient aussi une clause en déplacement...   blancheur des intervalles dont la jonction toujours renouvelée se constitue en face continue du support — lui-même citant le gouffre — par lequel s'alignerait, et en sous-œuvre encore — se calquant par instants sans rigueur sur cet alignement qui entérine une phrase achevée — l'intarissable... Et si les mots alignés, eux aussi, dans le cours de leur déplacement, se dissipent, ce n'en est pas moins l'amorce d'une phrase que, seule, au réveil, comme à l'écart, je retiens : "... aux questions les réponses sont soudées etc."   *Cela*, aussi longtemps qu'éveillé je demeure sur l'insatisfaction de ce qui, *à écrire au plus vite*, ne l'est pas encore — et, peut-être, ne le sera pas...

(cependant, par le truchement d'une parole tracée et détruite à nouveau, le rêve pour sa part affirme sans hésiter : "aux questions les réponses sont soudées etc." — péremptoire, sauf à s'interrompre presque aussitôt, comme une proposition de mouvement se parachève dans la marche...   oui, jour après jour   (ils se confondent plus haut...

... poussières...   poussières retaillées...   figures, sur une oblique, de ce sol ressaisi (par des mains dont un rêve antérieur de quelques années à celui qu'en vain je tente aujourd'hui de relater, aura fait l'économie, les figures venues s'y inscrire alors — comme vrillées — y ayant surgi tout achevées...   en cours cependant... scintillantes...   ajourées...

... scintillantes (autre jour... autre cours...) ciselées, précisées au possible...   figurines d'un autre rêve, et, à vue d'œil (où je rêve — plus minime que la pupille encore — "poussières sculptées" :   cela, non proféré : vu...

... ouvragées... refaçonnées... ajourées...   jusqu'à l'appel au centre d'un souffle qui emporte, sur l'oblique du rayon qui permet, une à une, accidentellement, et toutes, un temps, de les considérer... dansant... disparaissant... (et laissant, sitôt disparues, étonné, un temps, de la "beauté" de ce rêve...

... scintillantes...   figures, pour tout dire, de ce qui a été pulvérisé... personnes parachevées, comme entrevues de loin, avec la ponctualité   — jusqu'à disparition, du plus proche...   minuscules...   excoriées... dansant, et emportées sur le mouvement de l'air qui les confond...   souffle d'une "perfection" (à "couper le souffle") telle qu'elle ne pourra, hors le rêve d'un instant, être consignée que par "ouï-dire", presque
                              (et comme sur l'éclat de l'intervalle réitéré, illuminant à perte de vue — jusqu'à l'oblitérer, un "etc" infini...   ce qui est tu s'y révélant non moins distinct, à l'occasion, que la parole à laquelle il ne revient pas moins de taire que prononcer) — "comme en relief"...

... jour, le même   — fixé, non rêvé, enfant alors de peu d'années   — par les persiennes, en effet, d'un "appartement parisien"   — de même que, longtemps depuis, dans les Alpes — au début d'un *tout* (je me trouve à côté de ce *tout*) qui, à être envisagé, ne diffère pas, somme toute — par les "blancs"...   ruptures... oublis que déjà il laisse entrevoir   — de la phrase lacunaire, lapidaire, du premier rêve cité...
                                  vestige — non... ce qui en demeure étant futur, encore...   plus avant comme auparavant...   "en relief"...   détouré...

Et, vrillé de la sorte, raviné — jusqu'à usure de l'âge,

pour apparaître, sur l'ajour qui emporte, enfantin de nouveau...   à jour de nouveau...   poussière enfantine...   ressortir...

... inconséquente...   réitérée comme attenante, par ce point même où sur la blancheur elle s'enlève, à une terre à l'infini   (étale ou debout)...   emportée... escarpée...   en chacun de ses grains montagne...   figure d'homme — ou de montagne (ajourée jusqu'à ce plan comme papier ou plâtre sans couleur d'un support qui, non plus que le gouffre, ne retient la trace) ... figures retaillées, réitérées qui, suffisant à elles-mêmes, maintiennent, sur une fraction chaque fois, froideur de source de l'indice...

... *cela*, tête d'un torrent intarissable alors même qu'il lui arrive de passer ailleurs que par la face de son lit, et comme inscrit dans un *griffon* en tous points inaudible découvert au regard enfant...   une fois seulement... (*cela*, qui danse, le rêve lui aussi, une fois, comme naître — une seule a dû suffire — le réitère en silence...
   chaque particule de poussière, une face — face ouvrée...   face d'homme — à venir, sans que lui-même, enfant (et l'homme, plus tard, de ce rêve) il le sache — comme à l'accalmie d'une surface sans trêve recomposée, la profondeur toujours froissée du sol — ou face d'une montagne...   face et corps, socle sans figure que le froid (filet de bave au loin pareil à un torrent sans bruit) au plus loin accompagne...

... ici...   déjà...   partout...   (Et, le froid

... "nous"   —   fractionnés, ici...   réfractaires, non
réductibles...   refaçonnés à l'infini (*cela*, comme je
le dis, interstices...   interstices de torrent, ou jour,
déjà, d'une autre tête...

"si loin"...   c'est ici...

interstices   —   à l'infini, indifférenciables de telle
blancheur de la "soudure" que le rêve, suspendu   —   plus
haut toujours, laisse à son remembrement...

... plus haut, comme à une tête momentanée le sol...
sur une clarté   —   oui   —   comme dans le rêve la mutité,
ou parole encore par elle *déjà* se faisant jour...
murmure de l'intervalle *avant* comme *après*...   parole
évasive...   parole qui se dérobe, et fuit...

... ligne s'ajoutant à ligne...   ligne sur ligne   —   et
qui chacune portera sa marge jusqu'à un centre...   plus
haut, comme éclat...

                                       notre gouffre,
jour complémentaire réapparu...

... poussière au cœur du jour...   au cœur des poussières,
le jour...

                                        sur tel ajour,
où, si "petit" qu'être, un jour, pour moi a été — j'ai
été — il est à ce sol montagne...

... voir...   entendre...   dire...   sans que de
tel point de "nous" à l'autre, il puisse, une fois encore,
être donné de rejoindre...

... d'un coup d'œil (et

... cécité se fait jour   —   sur un *oui* (sans
interrogation... "sans point d'interrogation etc."...) si
la tête levée ne marque pas que réponse est attendue,
réponse aveuglément est donnée

le centre sans tarir, le centre dont "nous" sommes séparés, plus avant comme ouvert...

... ouï-dire...   sur les interstices...   scintillant... (nulle parole, alors même qu'elle se profère, qui n'ait une fois été perçue déjà, et, en place, là même où elle ne rejoindra pas, oubliée sur-le-champ...

                                                    Cela
— où que l'un de "nous" stationne —   comme à la tête griffon inaudible élargi...

... en avant de soi le sol...   épars lui-même...   froissé... qui fractionne...

Ce qui au plus profond — comme au centre — du sommeil (où le rêve sera resté d'un tenant) se découvre soustrait toujours, silence dans la mutité du rêve, est à nouveau parole opaque, parole qui insiste, substrat épais, compacité de parole sur-le-champ réfractaire à ce qui est dit, que la parole à prononcer soit émise ou tue de nouveau — jour qui froisse...   au plus près.

... pourquoi...   "pourquoi...   si loin...   être venus ici..."

Et la blancheur   — sol, aujourd'hui, dans le froid —

comme indifférente de la poussière dansant sur l'oblique, tout à coup, de ce jour de l'appartement parisien... avant celui des montagnes...   et premier...   (mais montagne, éprouvée un peu plus haut depuis, aura été première elle aussi, poussière elle aussi, blanche) ... *tout*, de nouveau, s'étant vu rapporter à l'ajour...

(... ici, à me répéter — ici, sur l'interstice accru séparant cette parole-d'avant-la-parole, qui poudroie, et le rêve qui, longues années depuis, l'aura réitérée, retaillée — de même qu'ici encore éveillé, à la face du papier, comme, quitte, je le rapporte —   analogue à du blanc...
    il n'en demeure pas moins, sur sa fraction, tel qu'avant la parole, infini, mais à l'orée...   au centre mais l'orée...

... un support compact avoué — si mince soit-il, où moi-même je dois m'interrompre, s'étant fait jour...

... aujourd'hui de nouveau...　　　ciel comme flocon
par grand froid ou parole apparu　— mon apport
tenant au froid...

... poussière au-dehors de même qu'autre jour dedans...
tenant lieu, rieuse, poussière rieuse, d'une parole où
celle-ci se sera révélée en défaut...

... comme si, un jour, de la poussière volatile de
l'appartement parisien à ce froid — à celle, plus tard,
que lourdement le froid dépose dans les montagnes —
l'intervalle ou interstice entrevu lors du réveil de la vie à
son début, s'était de nouveau révélé, aux yeux fermés de
qui une fois de plus aura dormi　(toute différence
éteinte, et, scintillant où la soudure se refait)　figure
d'un *tout* qui lui échappe puisqu'il est le sien...　lui-
même, entier, en sera...　(de cette figure, quelle que soit
son aptitude à réduire　(aptitude tôt découverte sans
appui)　il ne fera pas le tour...　lui-même en étant...

... homme, enfant, la différence réduite　(rien, en effet
— durée du parcours réduite à l'instant où il s'annote, et
le parcours, blancheur d'un chemin par instants, et
instants seulement, habité...

... de même qu'à la bouche mémoire de l'âcreté d'un sol froissant ce qu'elle peut proférer...   comme au ras de la naissance des souffles, vapeur sans cesse reformée...   à la bouche   — sur sa fraîcheur, et dont l'épanchement, parfois, court de l'oreiller à une face ou l'autre du visage quand on dort...   Et encore : le trait de ce torrent figé par une paroi au loin de montagnes figurant la borne qu'on ne franchit pas, la soif seule restée là...

Mais, déjà, qui dort, lui-même   — de même qu'il a été éveillé déjà, et réveillé, se verra franchi, avant même de parvenir à vue de cette paroi   (le rêve   — rentré, comme bu...   Et, par ces montagnes entrevues déjà, peut-être, lui, ce n'est pas le même, peut-être, qui en ce jour se retrouve dans les montagnes   — non plus que les montagnes, de nouveau, tout à fait...   Et cependant, de même qu'il aura entendu, il parle : lui, à son tour, aussi, comme auparavant mais avec la différence de surcroît, toujours...   Et le froid, et l'obscur, il le connaît obscur et froid, lui aussi, mais sur la différence peu attendue, alors qu'elle-même, dans sa fraîcheur, qui tout d'un coup agrège, sera venue   — comme sans précédent, en bloc se détruire aussi bien...

Le surcroît, si forte que puisse être la constriction du froid — plus avant...

(mots appelés à en rendre compte manquant pour une part au réveil...

(obscurité sans rêve de qui se retrouve à mi-chemin de nouveau...

Blancheur de l'intervalle figurant aussi bien une parole inapte ou différée encore, que ce qui, de "nous" — des choses ou bien "nous" — jamais, alors même qu'entendu, ne se voit porté à hauteur de parole...

Cela, oui, le rêve — le rêve défectueux qui au plus pressé "nous" le rapporte, l'aura non sans douleur avoué indifférent... parole, alors, comme pour taire, et le défaut de parole imputé à ce qui sans repos, et sans voix, "nous" entoure, ne se laissant pas davantage dissocier que sur la page la blancheur, interlignant, des tracés noirs qui se succèdent...

... mutisme dépositaire d'une volonté et parole en défaut se trouvent dans le même rêve par instants confondus, et permuteront, aussi longtemps qu'il a cours, impératif... et de telle inconséquence, arguant douleur, et le lien (de "nous" à "nous" — de "nous" à ce qui entoure, sans relâche...

... allant, tant qu'il dure, sur l'interruption toujours pressentie, et ligne après ligne par un centre — ou ciel...   *Cela*, extérieur à la parole, est au centre...

Au travers de ce qui est dit, *cela* — qui doit se faire jour, est à dire déjà...

... ce qui est à dire, déjà se fait jour — pour rien...

aucune parole — si elle porte, qu'en retour *cela*, en la touchant, n'éclaire...

... rien — qui encore reste à dire, comme mourir... l'inatteignable qui met fin, et enflamme, met feu... rien, de la prolifération de mots figurés par le rêve — hors l'"etc" sur lequel le bout de phrase retenu s'achève — ne subsistant alors...

                    nulle trace...   mais
par le support remis à jour, comme ressoudé — plus
haut ressoudé où "nous" disparaissons, réponse compacte
est prononcée dans le même temps...

                    réponse — avant même qu'une parole
que sitôt découvert lui-même emporte le support, ait
obtenu place, réponse de nouveau — réponse entre les
lignes...   et ligne blanche de nouveau...   comme
oui...

réponse :   dès qu'elle est posée, toute question est
interrompue :   telle est la réponse...

... voué à ce vide sur lequel, obscurément, blancheur
aidant, il s'enlève...   obscurément, oui (et le
blanc) : telle est la réponse que le rêve, sitôt suspendu,
apporte — et là même où il ne "nous" est pas parvenu
(mais "nous" sommes plus avant...

... le jour survenant a tranché...

... sous le couvert béant je ne relève pas la tête sans aviser aussitôt, dans son cours incessant analogue au bruit de l'air lorsque rien hors soi n'est là pour le faire retentir, rupture au plus haut — ou jonction pour disparaître et ressurgir toujours...

... être — et non, même tenant.

... jusqu'au centre, comme elle a foré — voir... entendre...   proférer... — la disparition...

... et *après* comme *auparavant*...   si "petit" que j'aie pu être, j'aurai été, où que je cesse, à tel sol montagne — le plancher âpre à la bouche...   (foyer détrempé reprendra sur la saveur de fumée...

... face — toute profondeur à découvert, quand à hauteur de froid se produit l'avènement de la terre au plus haut, c'est-à-dire au ras de nouveau...

... sol au plus haut redoublant l'obscur — et que nulle parole ne peut dire obscur ou non...   clarté ou pas...

... interstice — jamais distinct, tant que je vais, de la compacité où je n'aurai qu'entrevu, et entrevu, jusqu'à disparition, un interstice à l'infini... comme poussière... qui scintille...

... *déjà* face à "nous" scintille, comme un implant de l'autre côté de l'air...

Cela est...   respirer.

... qui me croit absent, il a tort   *(je ne le suis pas...*

                              ... à mi-chemin, encore...
la tête précisée est perdue.   *encore* : soit, ouvert, et
plus haut et plus bas, à un pas...   le mien par
surcroît...   en tel instant le vertige.

... suspendu — *nulle part*, ou, *à moi partout* (là
même où, plus loin, je ne l'aurai pas voulu...

                              comme indice au plus
loin d'une hauteur envisagée, et, un temps, soutenue...
(*qui me croit absent, il a tort, / je ne le suis pas,
je suis mort*)

... poudroyant, debout, il y a peu, contre une paroi
de falaise — lieu blanc dans l'épaisseur des lointains, et
qu'ensoleille contre moi la coulée meuble des terres —
bloqué, j'entends murmure...   parole d'accalmie...
mouvement des lèvres sans plus, entr'ouvertes — tandis
qu'aux esquilles du silex les mains, encore, écorchent...

... indice (le vertige) — quelle que soit la hauteur
où l'on a cheminé, ici moi-même, à mi-chemin,
suspendu...   comme perméable ou poreux à une force
au-dehors aussi bien qu'au-dedans, qui sans fracture, elle,
librement traverse celui qui l'entrevoit, et de nouveau va
tirant à elle lorsqu'on se reconstitue...

────────────────────────────── "mais à l'endroit
"où j'aurais dû me résoudre à effectuer demi-tour, j'ai
"poursuivi — avec des précautions n'enlevant rien à ma
"pesanteur — par les traverses de la passerelle de bois
"éclatée longeant, à une grande hauteur au-dessus du galet,
"et à demi pourrie, la paroi — charpente alors
"pareille au rayonnement des coulées de la terre argileuse
"au loin — puis, de nouveau, comme au retour il a
"fallu — où une *fin* manifeste a pris brusquement face
"sur la découverte sans mots, ou peu de mots, de ce que
"peut être le vertige...   le rêve lui-même
n'est pas plus éclairant que ce qui du plus haut se dénue
jusqu'à un sol — mais le *dehors* à soutenir aussi
longtemps qu'on a eu pied équivaut à un rêve dont on peut
se dire momentanément l'auteur...   et le facteur de ce
rêve pas à pas déchiffré pour éclairer au vide...   frayant
par avance parole à trouver...

Dehors, comme avancer, avoir dormi — et cela, autant
            par un vide (le laps de temps que dormir
occupe (en plein jour, cette fois
                   qu'au-dessus de sa tête,
les yeux rouverts, au plus haut la blancheur de nuages
sans un pas...

            ... mouvement de lèvres, sans plus,
la parole, puis rien, aura eu place — sur une enclave
en déplacement...
                        ou le ressaut d'une

cassure analogue à la secousse — un étai faisant défaut, et parole également — par laquelle se communique à "nous", parfois, le rappel du sommeil loquace...

... qui avance, parle, lit, voit... qui parle (écrit pour le muet) connaît la chute aussi (tombe de sommeil...
              Et, sur la fraîcheur de l'écart, un oubli éclos sans relâche comme au plus haut le nuage — roue, encore — liseron... sans savoir...

           ... de face, comme enveloppera une page de face, encore — et, après elle, de nouveau, comme sous le pas elle se tourne... conglobée...

Parvenu à ce qui ne se retiendra pas tant que j'ai cours... debout comme *rentré*...
            ayant pied, et autrement que le rêve, encore, par cette blancheur — la page ou l'air ———————————————————————

... socle sans savoir — produit, puis ôté...

... *Cela*   —   sur son défaut, chaque fois   —   très lentement   —   au plus vite rapporté au plus lent — éployé...   essoré...   (le souvenir n'ayant pas davantage saisie sur telle parole, pour peu qu'alors elle atteigne au vif, que sur celle du rêve ouvertement muet) marquant, par une blancheur, chaque fois qu'elle se fera jour, l'emplacement de la parole qui reste à dire... parole d'*après*...   elle-même traversée...   à naître d'une parole...   l'égale du silence antérieur restitué...

... manque à respirer étant plénitude d'air   — abordée de front...   qui fend...

Poussières à face d'homme...   dansantes...   grain de telle poussière suffit à aveugler...

... intarissable   — *nulle part* étant de source...

... la poussière...   l'autre côté de cette face de la poussière.

... demeurée, plus haut, comme un surcroît de l'air — parole de ce qui emporte, sans que sur le papier ses alignements fassent chemin...   Et, sitôt à jour, prononçant — sur un silence, la disparition de qui parle (le temps pour sa part continuant de jouer...

(sur sa disparition même, toutes les fois qu'elle est dite, cette parole...

(homme...   enfant...   rien...

(un enfant va à l'homme dans l'air...

... entre les lignes, déjà...   au plus haut immergé (le silence) pour le porter au plus haut, dans ce que la tête plus haut aura nommé *oubli*...   la fraîcheur de l'oubli...

... là, en place — où, à demi déjà, j'ai oublié...   sans quoi il n'y aurait pas eu, de nouveau, l'épaisseur face à moi, tant que je vais, de ce froid...

" ... pourquoi... "   ... où, par telle noirceur, oubli et n'avoir pas su donneront identique noirceur (et dire, dans l'égalité des plans alors rabattus eux aussi sans haleine, le noir comme ici, ou bien le jour, n'est pas dire une couleur — ni même dire...

... *aujourd'hui* sans nom — et parvenu, socle et ciel, par le travers de la parole qui le porte, à ce qui se soustrait au mot de ciel...

... dès *aujourd'hui*, comme demain, âpre où j'y atteins de front...

... neige ou craie de la blancheur au sol...   nuées... dans l'air glacial, qui déchire...   réunies...

... comme à des lèvres entr'ouvertes...   murmure détaillant la hauteur qui se défait... sol, plus haut, comme ciel...

.. plus haut — comme au ras...

... liseron.   roue ayant gagné sur sa hampe, et
tournant.   blancheur de cette face.   blancheur
dans une face   (porte à quoi jamais on ne heurtera
— porte de bois — la porte *dans* le bois — face)
Mais elle heurte. comme feu.
                                    Parler — et pour
la même parole, donnée déjà.   à des lèvres, sur
sa retombée, silence qui de nouveau appelle ....
....
....

l u z e r n e

Étant là

membres
ou
mots

mais sur un bras
j' ai débordé

comme le vent.

.

J'aime
la hauteur qu'en te parlant
j'ai prise
sans avoir

pied.

.

Mots

en avant de moi
la blancheur de l'inconnu
où
je les place
est

amicale.

.

Comme élargi au-delà de sa
langue
respirer

perdu.

.

Pour toi
        comme la neige.

avant qu'il ait neigé.

.

Montagne

que je ramène
à moi

pour passer dehors.

.

J'ai dormi
dans l'épaisseur du battant.

.

Pas d'air
qui ne soit rompu

et

air venir

scinder.

.

Feu

sans la pesanteur
du froid
de ce qui reste à brûler.

.

Que
reste dans ma vertèbre
la brusquerie

debout.

l a i s s e s

                                                De mes jambes,
tant que j'ai roulé — montagne, à sa hauteur !

                                                 Séparés,
nous sommes comme le trait d'eau pour l'autre bouche.

                     Ici le bleu.   Ton front pour toi !

Sauges,
      comme pour toi le bleu. Et notre front — dans
l'air — indistinct.

.

                     Bloc en poudre, le jour — et sur un jour.

           J'ai vu la blancheur de l'air dehors.

                                    Dépossédés de ce qui sépare, comme dehors — l'un par l'autre — le vent dehors emporte.

Nous sommes couchés, nous sommes debout.   Le faîte est poudre.

.

Glacier tord

comme tordue ira l'eau
qui glace

moi-même meuble.

.

Eau
jusqu'à usure

le tarissement

eau.

Que ma vertèbre se ferme et sous un pas je redécouvre
                                                                      ma route
        vide.

                      Dans le blanc, lorsque ce blanc rentre,
là le cerneau.

                      Le vent à l'extrémité du jour
— de retour, aussitôt parti   — moi-même parti —
rougeoie.

Dehors

et
hors de terre

enfoui.

                                                Dans son écale
la route, haleine ronde éclatée.

Je reste sur le jour comme un corps après soi.

le révolu

De face, comme au sol révolu, je vois la roue de face comme rentrée, qui ramène sans dévier à des yeux qu'on racle.

Pour en finir avec la route où les chemins déversent, avec l'air aussi, pur plissement.

L'atelier des torrents, le glacier, avance dans le rêche.

Aussi râpeux, rugueux, que le bleu dans notre bouche, le bleu qui ne voit pas.

                        Dans l'emportement de la soif, là,
puis là, nos têtes, et la montagne, obstruent.

                                   Il y a — aussi loin
que nous aurons été — ce visage soustrait qui tire à soi
comme un long trait d'eau froide.

                                        Même âge, j'ai
crié pour chaque herbe grandie.   La couverture râpeuse
de l'autre souffle tire.

                              Ici sans paroi,
               comme derrière le bandeau des murs
un soleil rugueux,

                                        illumine.

                                        Des mains vont,
    la nuit, comme à l'eau.   Vont, comme l'eau.   Comme,
    de l'autre côté des murs, le murmure, encore, de l'eau.

Toi, dans la confusion des torrents, toi sans gangue !

        Feu

        pour brûler uniquement

        donner flamme
        fendue.

éclat

       J'étais éclat : tu me l'as dit.   Sur la fin de
l'autre jour, tes lèvres m'auront dit
                       éclat.

                              Dans le jour,
                                              éclat
du jour.   Chaque éclat étant, dans l'amas des montagnes
—   qui inhume, pommette de la face tournée vers l'air et
venant à moi.

          Sous les yeux.   Sous les yeux.

Je rejoins   —   comme je m'y pulvérise   —   l'épaisseur
où tu m'as dit éclat.

               Comme, l'autre jour, sur sa soif le jour.

                          Dans le jour, l'éclat
du jour.
         À son épaisseur je me confonds, où, tranchant
étendu au plat de sa lame, tu me l'avais dit.

sur la terre immobile

                    Pendant que je cherchais, le jour se perdait.

                    Nous étions immobiles. Pourtant le vent venait. Dans les sillons, le ciel — par ce froid qui exsude, et qui glace, dans les sillons, en proie au ciel.

                    Dès l'instant où la lumière se déclare, il y a ce feu dilapidé dans le jour.

                    Je n'ai rien su avant de m'immobiliser.

                                   Sans m'étonner
alors, chevillé à la terre meuble que le froid, aujourd'hui,
ne peut pas niveler, de ce qui se découvre immobile,
                                   lampe dans le jour
         nul.

rapides

... fragments de montagne remployée pour la chaussée.

... cela est écrire pour le sol. ciel.

... air de la montagne entrant dans la maison non jointée.

... la route qui va plus loin que le soleil, lorsqu'elle a retenu quelque chose de sa chaleur, apparaît humaine au pied nu.

                              ... au genou rapide
la râpe sèche des routes.

... ce qui souffle, c'est le plat du vent.

... plusieurs années durant, comme stupéfait.

                         ... sorti du compartiment
surchauffé, l'air des glaciers frappe un côté immobile
de ma face.

... chambre accompagnée d'un bâton.

... papier éclairant le papier.

... baiser resté poudre dans le cœur vivant.

... comme puiser, sans tarir, aux eaux compactes. puiser, hors le bombement de surface à quoi elles adhèrent, me penchant,
 aux eaux compactes. comme le papier froid courant sans couvrir.   là, je puise.

                              ... la blancheur : nous avons soif, nous serons bus.

... le cahier des montagnes s'est refermé.

... âme glacée du torrent dans son coffrage, l'eau.

... fleurs sans nom qui se soudent.

... ciel, c'est.

　　　　　　　　　　... parole — au point muet
de la parole — figurée sur ce froid, et pareille, dans les
lointains, à la bave des torrents de montagne, inaudibles
quand on les entrevoit.

... parole analogue à l'épaisseur du papier.

... d'un mot je m'en suis rapproché, lui-même au ras.

　　　　　　　　　　　　... un enfant a voulu aller
à l'homme dans l'air.

... la tête qui m'abrite est dehors ou dedans.

... papier enfant.

　　　　　　　　　... visage pareil à une herbe fendue,
sifflant.

... de l'autre côté
de la prairie une matière humaine malmenée — matière
sans langue — hulule.

... fraîchir non finir.

                                                  ... forgerons à froid.

                                       ... rien de moins, pour qu'une parole, si elle l'est, se découvre en place, que la levée sur ses jambes de tout un corps.

... table retournée asséchant.

... si je parviens à la substance de ce mur, je serai passé.

                                         ... ce qui est dit chambre, c'est la fixité du vent.

... bleu esseulé.

... mais aucune trace de ciel dans la bouche.

... j'ai tablé sur le vide, repoussé la table.

... nuage — qu'est-ce que le nuage qui arrache un cri.

... feu aux mains fraîches, faisant main de tout vent.

        ... comme dans l'indolore logé.

... le secret éclaté demeure entier.

        ... là — mais jamais là.

... articuler l'aveuglement.

        ... au milieu du goût terreux, mica — ou filet clair du gneiss.

                    ... scierie —   par une
porte où les eaux s'étranglent.   un nœud du froid
m'a emporté dans l'air lisse comme une planche.

            ... le sens est aux deux faces du papier,
l'une par l'autre oubliée.

            ... par le travers de l'entrée le chien : un pan de
la nappe remuée par l'orage qui disparaît.

... l'air, aisément.

            ... à la façon de l'homme en déplacement muet
quelquefois.

                                        ... si
ce qui est dit rejoint, nous sommes rejoints sur la
fraîcheur du ciel en avant.

                                    ... la rapacité
de la fraîcheur.

... déchirure qui rive.

le surcroît

                    et c'
    est
            par les descentes
                            qu'

il a

                            fallu.

dans
        son bloc

le ciel
une
pierre comme

rejointe la pierre du premier bloc
ici

et sans ici se détacher

ciel.

    comme jusqu'aux pierres
                par une dénudation
      de la montagne

plutôt
      si l'on y est
que
face à soi

sitôt le vide

et
jusqu'à la pierre

compacte

et aux pierres.

usure des
                yeux
jusque
dans l'encoignure

l'encoignure

amorce des yeux

comme
la terre qu'ici tu ne verras pas

commence.

    heurter à
    la
                    chambre
    compacte

    soi-même air

    tel que dehors à la montagne
    air
    toujours

    et
        dehors venant du nord.

comme

être
par l'insipide à nouveau

orienté.

toiser
le bleu qui éraille.

avoir

et pour
　　　　　　　un mot uniquement

creusé
jusqu'à l'eau

fine.

plus d'air encore

que d'un
à
                        l'autre

dans

un mot de la parole même
lorsqu'

            ouvert
il a ouvert.

et
le jour
                    telle
une
férocité des étoiles

la ré-
incrustation de la neige
pour
peu qu'elle ait

fondu

cela broyant
là
                où cela

n'a pas brillé.

                        corde
à un front d'homme

comme mal à respirer

dès
qu'ici on aura tiré

sur
de l'air pur.

air
en escalier

                            et
contraire à ce plat du

pas.

    si

        rêche

comme
sur ses cordes la
terre

                et
tirée

        la même

        dehors
sur soi plus haut.

à
l'intarissable
buvant

comme à ce qui a

tari.

    j'aurai
été
        comme l'air froid
            revient

l'autre

que je ne pourrai pas
être

tel

qu'il a pu au cœur cingler
poussiéreux

le
    noir.

cela
n'est pas peu aimer
comme
        répondre

jusqu'à la poussière qui ne fractionne
pas

déborde

                aimée du soleil.

    sans

                que tu entendes
                        mais

que
l'air prenne
elle-même à cette bouche

                                où
l'air

sitôt
qu'il est

même souffle

allé

va
quitte du sens.

pour
rejoindre sans être passé par un nom
aujourd'hui

                         le mien
étant perdu

"   mais
le mien aussi".

      non
            plus un
     mais à l'infini plus
                 d'un
     déchiffrant
     jusqu'au froid aujourd'hui

     venu.

toiture de la tête
qui
déchiffrera

                       et jusqu'au froid

le froid
        des étoiles.

           de face
                   l'irrespirable
           comme
           ici la face par quoi encore

           respirer.

qui sépare de la soif.   par une eau

                    ce
matin sur
la
lèvre plus épaisse

comme
une tache du jour.

où
montagne
        une fois encore

doit

                        sans que j'aie eu
                        à

                                sortir

                        et
                        elle donne

donner.

                    toi le
    coup de vent

                            t'aura
                    rejoint comme
        au mur

                    d'un coup de vent
    et sans partage

    l'ouvert.

ce qui
nous est retiré
et
               à ce jour

par nul
qu'on ait su

dans le
        nul

sur soi prenant d'être

et
comme l'autre même

là.

                                                            pierres,
quartiers de chambre.

                                                                    l'un
et l'autre, habitants de l'étendue qui écarte.   et l'autre.

un quartier a ouvert la chambre.

                                              l'autre est la crudité de
l'air.

                              c'est le jour —   le vent
du jour —   qui, l'ayant traversée, la reprend, ta parole,
à sa bouche.

                    bouche, comme elle nous prononcera, sans
la parole retirée dehors.

                                           jamais la source
          de retour à la source n'a redoublé.

                                           alors dis-moi ce
que je dis.   je t'écouterai sans te croire.

le froncement même est air pur.

intouché — pour le premier passant de nouveau, et nous, le pré fauché.

frein aussi a été le vent.

                                              un pas, et
la route ira où j'ai été.

retours sur le vent

aux aguets
de l'immobile — elle-même comme immobile alors, la
vélocité qui n'est pas à soi.

dans la séparation
notre séparation logée au large ou à l'aise.

sur les dorsales de l'air le front au plus loin de soi a emporté.

                                                                    où
faire face à ce qui sur soi a eu pied.

dans la déroute de ce qui — sur son demi-tour — se révèle passage à vide, à leur tour les points d'ancrage sont emportés.

choses — encore une fois dans la parole un trou lorsque sur soi comme sur autre chose le demi-tour a rouvert.

matière de poésie, comme en soi la matière — matière de mot comprise, matière insignifiante.

de nouveau, lorsqu'il est atteint, le sens évanoui apparaît en attente.

le sens à nouveau veut que je touche l'insignifiant —
matière sans destination, matière insoutenable, et toujours
elle reprend sur le sens consenti.

voilà qui traversant, comme on respire, l'encroûtement
entêté de la couleur, coupe court à la figure.

                        rouvert où — comme le sens,
il me faut en même temps que lui disparaître.

un vide aura fait la soudure.

                        à quoi le rapporter, sinon
d'un pas — et où je suis.   sans le savoir.

si je ne suis pas en défaut, solidité, je ne suis pas.

blancheur à l'arrêt comme un paquet d'air sur la nuque.

sur la grande éclaircie, montagne sans être rapportée à quoi de nouveau elle manque, elle est là.

comme place sur soi revient, l'air a coupé le souffle.

présence n'a pas de place.

je ne serai pas allé jusqu'aux lèvres qui prononcent pour moi.

tu es là, tu manques.

draps, comme tu t'en arraches, eux-mêmes hors de leur lit d'orage pour se retrouver dehors ou dedans.

une parole, sitôt écrite, a fait trembler.   calme, autour du front, quand touché par une pierre, comme ciel.   et comme tremble, autour du front touché par une pierre, un placard d'air pur.

pur, quand il n'est pas troublé.   mais à chaque pas, comme je poursuis je troublerai.

dans la parole, silence qui sur soi successivement reflue — et sitôt qu'elle est tracée, par bandes.

c'est le temps de descendre de la tête à la main qui, à l'horizontale, aura fait retour pour la rompre dans la parole échue.

sur les pentes toi-même la pente et, sur une pente interrompue — pour ressouder, pente interrompue alors.

la porte que tu n'as pas ouverte, devant toi est ouverte.

de toutes parts l'entrée — comme de toutes parts l'entrée donnera — obture.

eau étonnée.   à l'arrêt l'eau dans les filets du vent un instant étonnée.

                                        ce qui éblouit par le travers d'un mot, c'est sous les yeux le point, localisé aussitôt, de la perte de la mémoire.   toujours elle a supporté le mot, et elle l'a emporté.

                                 dans ses prolongements indéfinis, la cohérence de l'élémentaire que de ma personne je n'aurai pas suspendue, traverse par endroits les signes imposés.

personne est celle du premier venu.

encre.   papier.   corps, encore.   matière de rencontre — et qui, dans le temps même où elle doit contenir, expose, et elle retranche — incarnée.

                                        à l'égal de la matière
indifférenciée creusant la langue comme à ciel ouvert elle ira creusant.

sur une faille soi-même, s'il se peut, avoir pied.

dans cet océan de l'air, est-il proposé dans Shakespeare, *séparons-nous*.

                                                   l'identité, une
étrangeté   —   et qui sur l'instant apparaît, comme elle est localisée au monde, au monde l'étrangeté, avant qu'à nouveau l'écart soit résorbé.

                                                  dans la parole
un vide   —   au centre de la parole, comme elle se déplacera, face à soi indifféremment le vide qui est aussi celui de l'air dont elle se veut, si elle est vivante, enveloppée.

sur pareil vide il revient   —   respirant, à l'un comme à l'autre de faire fond.

l'accident personnel traversé.

je reste sur le rayon de ce qui, m'emportant, sitôt se découvre hors de ma portée.

matière de parole, dès lors qu'à travers la parole vient à prévaloir un timbre sur le sens escompté, a suspendu la parole.   matière de parole produit comme la blanche ou un vide.

puissance doit être traduite *infirmité*.

                              chemin faisant la chose hors de portée sur quoi ouvre une parole, et de laquelle, accidentellement, on s'avise qu'elle n'est pas de l'ordre du pensable, toujours se saisira de soi lorsque, dans l'urgence de revenir à soi, on aura tenté de s'en saisir.

en toi l'espace fendu est de nouveau entier.

                              si, mêlé au vent qui
chasse sur les maisons fendues, j'arrivais à être où je suis,
je me verrais entier à nouveau — et dehors.

ce que tu ne peux pas saisir te donne le point même où,
dans l'air, il te faut rentrer — à toi, une fois encore, te
le donne.

l'irrespirable plus que l'air laissera sur un regret.

                                                    défaut
dont le bord a disparu, l'air du vent.

la faille sur laquelle j'ai pu reprendre est encore en avant
de moi.

                                                    le vide
décadré.   reste en avant de moi un morceau du
cadre, ce n'est pas celui de l'entrée.

                                vent — sitôt que j'avance,
levé.   puis, au pied du mur où je me suis voulu, de nouveau un mur où le mur a disparu.   rien — mais l'air que sans le vouloir je respirerai.

au loin, ce qui est ici, j'ai dû le chercher loin.

une tête — comme subitement le sol aura manqué, pour montagne une tête levée alors.

monde dans la gangue de l'air.   sur sa gangue glissant sitôt qu'il se voit entamé.

élargissement de ciel dans son propre pas perdu.

c'est perdu dans son pas que l'espace va — et sur un pas, de nouveau — se trouver.   la hauteur, une porte, lorsqu'il est atteint, rouverte dans l'à-plat.

        l'a s p h a l t e

              où
                    rafales de
                l'immobile

                        de même et
            par

        des plages
        ici.

dans
        le buis

comme l'abrupt
le
labour produit le vent

briller

           tel
qu'
    ici de nouveau et pour
toujours

              perdu.

             le bleu
admirable
le
bleu

             comme violent

et
        l'asphalte.

                    l e s   y e u x

                                            yeux
   dans le coup d'œil sitôt les yeux l'un et
                                      l'autre confondus.

                    mais au cours du vent il y a ce que,
                              versé de ton côté,
   tu voudrais encore ne pas avoir suivi.

                                         le bleu, si je
   vois, c'est de nouveau l'espace
                          arraché à ces yeux.

                                                air
   le froid, et l'air plusieurs fois différé.

montagne, l'eau insurgée.

                                j'ai peint dans une
porte — la montagne était cette porte, poussé la porte
de la montagne.

debout

sur l'arête et
comme
        sortie

frisson ravalé
l'âme

enveloppe.

congère

le poids
celui que j'ai oublié
mais
       le poids.

.

y a-t-il
       ralentissement

fallait-il
vite
       encore
aller vite.

                        mais
            le souffle
                        que tu ne retiens pas
            est

            le tien
            quand tu respires.

                                                                    d'être
allés comme, confondus terre et le ciel,
                    ensemble ils s'éclipsent, l'un à l'autre.

                                               et la charnière
détachée.

pas sec — c'est le mot que retenait le vent.

ce que j'ai face à moi
je
ne l'ai pas.

.

c'est

et

asséchant
      la sécheresse.

.

elle-même
      comme aplanie
venue à bout
de l'un
         déjà.

et le mot — desserrant.

                                              ce que j'ai vu
est gardé par les eaux.

pur
            l'inespéré
même
sous les yeux.

j'ai
bloqué sur déplacement de monde

sur
de l'eau

ou le bleu sitôt comme

encouru.

                                                                le vent
pas distrait de son refus du vent.

                    je vois la route — entre nous la route
et la part de soi
          dont sans se séparer on doit se détacher encore,
                                        comme entre nous
plus loin la route sans paupière.

                                        tu ouvres, il faut
passer.

                                        la porte des montagnes, où
elle éclaire, a claqué.

                   la neige.   j'ai coupé par la neige,
je n'ai pas coupé.

les images arrondies ont disparu.

montagne
à la recherche de ses lèvres

chambre inoccupée compacte
après
        chambre

descendue

        puis
rapportée.

        air

                arrêté
comme respiré

centre
respiratoire alors

atteint

sur

un
escarpement.

devant soi
l'air
        droit

comme

sans mémoire montagne
rapportée

                      à

l'air

droit.

un jour de plus augmenté d'un jour	7
table	19
laisses	27
poussière sculptée	35
luzerne	69
laisses	75
le révolu	82
éclat	86
sur la terre immobile	88
rapides	91
le surcroît	103
retours sur le vent	139
l'asphalte	151
les yeux	154
congère	157

ŒUVRES D'ANDRÉ DU BOUCHET
1924-2001

AIR suivi de DÉFETS, 1950-1953, Fata Morgana, 1986.

DANS LA CHALEUR VACANTE, Mercure de France, 1961.

OU LE SOLEIL, Mercure de France, 1968.

QUI N'EST PAS TOURNÉ VERS NOUS, Mercure de France, 1972.

LAISSES, Hachette, 1979, Fata Morgana, 1984.

L'INCOHÉRENCE, Hachette, 1979, Fata Morgana, 1984.

RAPIDES, Hachette, 1980, Fata Morgana, 1984.

PEINTURE, Fata Morgana, 1983.

AUJOURD'HUI C'EST, Fata Morgana, 1984.

ICI EN DEUX, Mercure de France, 1986.

UNE TACHE, Fata Morgana, 1988.

...DÉSACCORDÉE COMME PAR DE LA NEIGE, Mercure de France, 1989.

CARNET, vol. I, Fata Morgana, 1994 (1re éd. Plon, 1990).

DE PLUSIEURS DÉCHIREMENTS, Éditions Unes, 1990.

ALBERTO GIACOMETTI — DESSIN, Maeght éd., 1991.

CENDRE TIRANT SUR LE BLEU et ENVOL, Clivages, 1991.

AXIALES, Mercure de France, 1992.

MATIÈRE DE L'INTERLOCUTEUR, Fata Morgana, 1992.

RETOURS SUR LE VENT, Éditions Fourbis, 1995.

POÈMES ET PROSES, Mercure de France, 1995.

POURQUOI SI CALMES, Fata Morgana, 1996.

D'UN TRAIT QUI FIGURE ET DÉFIGURE, Fata Morgana, 1997.

CARNET, vol.II, Fata Morgana, 1999.

CARNET, vol.III, Fata Morgana, 2000.

L'EMPORTEMENT DU MUET, Mercure de France, 2000.

TUMULTE, Fata Morgana, 2001.

AVEUGLANTE ou BANALE : ESSAIS SUR LA POÉSIE 1949-1959, Le Bruit du Temps, 2011.

UNE LAMPE DANS LA LUMIÈRE ARIDE : CARNETS 1949-1955, Le Bruit du Temps, 2011.

Traductions

LA TEMPÊTE de Shakespeare, Mercure de France, 1963.

POÈMES de Hölderlin, Mercure de France, 1986.

POÈMES de Paul Celan, Mercure de France, 1986.

VOYAGE EN ARMÉNIE de Mandelstam, Mercure de France, 1984.

HENRI VIII de Shakesperare, Le Bruit du Temps, 2011.

DU MÊME AUTEUR

Dans la même collection

DANS LA CHALEUR VACANTE suivi de OU LE SOLEIL.
ICI EN DEUX. *Préface de Michel Collot.*

*Ce volume,
le trois cent vingt-troisième
de la collection Poésie,
a été composé par Interligne et
achevé d'imprimer sur les presses
de CPI Bussière à Saint-Amand (Cher),
le 6 janvier 2012.
Dépôt légal : janvier 2012.
1ᵉʳ dépôt légal dans la collection : septembre 1998.
Numéro d'imprimeur : 114174/1.*

ISBN 978-2-07-040586-2./Imprimé en France.

Roswitha Gruber
Mein Leben als Bergbehamme

Der Entschluss

Zunächst schien auch alles auf dem vorgezeichneten Weg zu laufen, wenn man davon absieht, dass ich nicht in einen Bauernhof einheiratete, sondern zur Enttäuschung meiner Eltern einen Bahnangestellten zum Mann nahm, den sie abfällig als »Hungerleider« bezeichneten. Ich war dreiundzwanzig Jahre alt, arglos und im übertragenen Sinn blauäugig. Wie damals die meisten Mädchen glaubte ich, damit bis ans Ende meiner Tage versorgt zu sein. Die Rollenverteilung war für uns klar: Der Mann ging zur Arbeit, um Geld herbeizuschaffen, die Frau bereitete ihm ein behagliches Heim, bekam einige Kinder und zog sie groß. Doch nach einigen Jahren sollte ich aus meinem Wolkenkuckucksheim unsanft auf dem Boden der Wirklichkeit landen.

Zunächst bekam ich jedoch wie üblich nach einem Jahr das erste Kind, wunschgemäß einen Buben, und nach anderthalb Jahren folgte ebenso wunschgemäß ein niedliches Mädchen. Damit hätte mein Glück vollkommen sein können, zumal beide Kinder gesund waren und sich prächtig entwickelten. Über Beschäftigungsmangel konnte ich nicht klagen, denn zur Entlastung der Haushaltskasse zog ich in einem kleinen Nutzgarten alles, was wir so brauchten an Gemüse, Obst und Salaten. Außerdem machte der Haushalt, obgleich die Wohnung winzig war, viel Arbeit. Noch hatte die Technik mit ihren vielen Erleichterungen zumindest in den normalen Haushalten nicht Einzug gehalten – das war nur etwas für Großverdiener, während die kleinen Leute alles noch in anstrengender, zeitraubender Handarbeit erledigen mussten.

Auch Wegwerfwindeln gab es nicht, jedenfalls nicht für mich. Meine Kinder wurden noch in den guten alten Mullwindeln groß, die in einem Kessel auf dem Kohlenherd zunächst gekocht und anschließend von Hand gerubbelt und in kaltem Wasser geschwenkt werden mussten. Bei zwei Kleinkindern kam da am Tag einiges zusammen. Oft habe ich sehnsüchtig gedacht, wie schön es wäre, wenn wir uns das eine oder andere Gerät, die eine oder andere Maschine zur Erleichterung der Hausarbeit leisten könnten, doch nie war genug Geld da.

Wenn du einen Beruf hättest, ging es mir immer wieder durch den Kopf, dann könntest du etwas dazuverdienen, dann kämen wir besser über die Runden. Was aber konnte man schon tun als ungelernte Kraft? Und wohin mit zwei Kindern im Krabbelalter?

Als meine Tochter drei Jahre alt war und der Sohn viereinhalb, tat sich mir plötzlich eine Möglichkeit auf, denn im Sägewerk eines Nachbardorfes wurde eine Arbeitskraft gesucht. Obwohl mir klar war, dass man dort an einen Mann dachte, beschloss ich, mich um diese Stelle zu bewerben. Ich konnte immerhin mit einschlägigen Kenntnissen aufwarten, denn daheim auf unserem Hof hatte ich wie ein Holzknecht arbeiten müssen. Seit ich zwölf war, hatte mich der Vater mit in den Wald genommen, wo ich ihm bei allen anfallenden Arbeiten helfen musste. Da war keine Rücksicht darauf genommen worden, dass ich ein Mädchen war.

Mutig bewarb ich mich um die freie Stelle, aber nicht mit einem säuberlich aufgesetzten Schreiben. Nein, ich ging gleich persönlich hin. Mit zur Seite gelegtem Kopf musterte mich der Besitzer von oben bis unten, bis sich ihm schließlich folgender Satz entrang: »So, jetzt möchten die Weiberleut schon im Sägewerk arbeiten?«

Da ich auf diese Feststellung hin nur nickte, quälte er sich einen weiteren Satz ab: »Das ist ja eine ganz neue Mode. Das ist doch Männerarbeit, und dafür such ich ein Mannsbild.«

»Bis jetzt hast aber keins gefunden«, konterte ich selbstbewusst.

»Stimmt. Also, wenn ich bis nächste Woche noch immer keins hab, kannst es probieren.«

Ich probierte es wirklich. Da meine Kinder mittlerweile aus dem Gröbsten heraus waren, zeigte meine Mutter sich bereit, sie tagsüber zu betreuen. Morgens vor der Arbeit konnte ich sie bei ihr abliefern und abends wieder einsammeln.

Nach einigen Tagen, mein wortkarger Chef hatte mir eine Weile auf die Finger geschaut, brummte er: »Du bist zwar eine Frau, aber schaffen tust wie ein Mann. Das hätt ich dir nie zugetraut.«

Obwohl diese anerkennenden Worte mich freuten, wollte ich auf dieser Stelle nicht alt werden, denn die Schlepperei und das Stapeln des schweren Holzes waren kraftraubend. Wenn wenigstens der Verdienst entsprechend gewesen wäre! Weil ich mich aber mit einem Hungerlohn begnügen musste, der mir für die harte Arbeit ganz und gar unangemessen schien, kündigte ich nach einem halben Jahr. Mein Chef war maßlos enttäuscht.

»Wieso willst denn schon wieder gehen? Du bist doch unser bester Mann!«, sagte er mit seinem merkwürdigen Humor, doch ich ließ mich nicht umstimmen. Allerdings nannte ich nicht die wahren Gründe für meine Kündigung, sondern schob meine Kinder vor. Die Betreuung durch die Großmutter klappe nicht so, wie erhofft, erklärte ich ihm, und deshalb müsse ich mich selbst wieder um sie kümmern.

Inzwischen war ich achtundzwanzig Jahre alt und saß wieder zu Hause, mit zwei kleinen Kindern, ohne Geld, ohne Beruf, ohne Selbstwertgefühl und ohne Perspektive. Als ich so mitten in einem Stimmungstief steckte und mir die Decke auf den Kopf fiel, beschloss ich, eine Freundin zu besuchen, die in ein Nachbartal geheiratet hatte. Ich brauchte Tapetenwechsel und einen Menschen, mit dem ich reden konnte. Kurz entschlossen übergab ich die Kinder an einem Wochenende der Obhut ihres Vaters und machte mich auf den Weg.

Das kleine Schwätzchen mit der Schulfreundin tat mir wirklich gut und lenkte mich ein bisschen von meinen Alltagssorgen ab. Beiläufig erwähnte Annemarie, dass die alte Hebamme, bei der sie ihre beiden Kinder bekommen hatte, vor einigen Wochen gestorben sei und die Gemeinde nach einem Ersatz Ausschau halte.

Das wäre etwas für mich! Dieser Gedanke durchzuckte mich wie ein Blitz.

Was die Freundin sonst noch erzählte, nahm ich gar nicht mehr zur Kenntnis. Vor meinem geistigen Auge tauchte die Hebamme auf, die mich zweimal entbunden hatte. Eine sympathische Person, so zwischen fünfzig und sechzig, weder groß noch klein, weder dick noch dünn, mit streng zurückgekämmten Haar, das im Nacken zu einem Knoten zusammengesteckt war. Ihre Art hatte mir gefallen, wie sie fachkundig, selbstbewusst und sicher mit mir und den anderen werdenden Müttern umgegangen war.

Meine erste Begegnung mit ihr fand in den Morgenstunden eines heißen Augusttages statt. Ganz in der

Frühe hatten bei mir die Wehen eingesetzt, die ich zunächst jedoch nicht als solche erkannte. Zwar war ich durch meine vielen jüngeren Geschwister in der Säuglingspflege ziemlich perfekt, doch meine Aufklärung hinsichtlich Geburt und Schwangerschaft war eher minimal gewesen. Immerhin bekam ich mit, dass ich schwanger war, als die Regel ausblieb. Diesen Zusammenhang hatten mir noch während der Schulzeit Mitschülerinnen hinter vorgehaltener Hand zugewispert. Irgendwo hatte ich ebenfalls aufgeschnappt, dass man vor einer Geburt Wehen hatte, es jedoch noch sehr lange dauern konnte, bis das Kind kam. Das war dann auch schon alles.

Als die Wehen heftiger wurden, beschlich mich der Verdacht, das könnte irgendwie darauf hindeuten, dass mein Kind bald auf die Welt wollte. Trotzdem fuhr ich unbeirrt mit meiner Hausarbeit fort und bereitete für meinen Mann einen Topf Suppe sowie eine große Portion Semmelknödel vor, denn schließlich sollte er wenigstens für die ersten Tage meiner Abwesenheit etwas zu essen haben. Doch irgendwann konnte selbst ich die warnenden Zeichen nicht mehr übersehen. Da mein Mann erst am späten Nachmittag nach Hause kommen würde, musste ich handeln. Also holte ich vom Kleiderschrank die alte Reisetasche, die aus meinem Elterhaus stammte, und begann zu packen.

Da inzwischen die Wehenpausen zunehmend kürzer wurden, warf ich nur das Notwendigste hinein und machte mich auf den Weg in Richtung Altenheim, wo die Gemeindehebamme ein Entbindungszimmer unterhielt. Das war ein Angebot für solche Frauen, die zu Hause nicht entbinden konnten oder wollten, weil die nötigen Voraussetzungen fehlten. Wenn sie bei jemandem fehlten, dann bei uns. Unsere Wohnung bestand aus zwei winzigen Räumen ohne fließendes Wasser, ohne Toilette. Außerdem hätte es niemanden gegeben, der mich und den Säugling anschließend gepflegt hätte. Also war das Altenheim für mich genau das Richtige.

Kaum war ich auf dem Weg, setzte wieder eine starke Wehe ein. Halt suchend lehnte ich mich an einen Baumstamm und atmete ganz instinktiv kräftig durch, denn gesagt hatte mir das niemand. Und als ich wenig später merkte, dass zwischen den Beinen eine Flüssigkeit herunterlief, hatte ich ebenfalls keine Ahnung, was das zu bedeuten hatte. Ich war nur erleichtert, dass es kein Blut war.

Was sollte ich tun? Weit und breit war kein Mensch zu sehen. Mir blieb nichts anderes übrig, als mit zusammengepressten Oberschenkeln weiterzumarschieren. Die Minuten wurden zu einer Ewigkeit.

Total erschöpft – von der Hitze, von den Schmerzen, von der unnatürlichen Art des Gehens – kam ich an der Pforte des Altenheimes an. Der Schwester dort musste ich nicht erklären, dass ich zum Entbindungszimmer wollte und dass ich die Hebamme brauchte. Ein Blick auf meinen Zustand hatte ihr genügt.

»Da hast Glück. Die Hebamme kommt ohnehin gleich, weil sie nach einer Wöchnerin schauen muss.«

Sie nahm meine Personalien auf und führte mich in ein weiß getünchtes Zimmer, in dem ein Metallbett stand, das von allen Seiten zugänglich war. Die Gitterstäbe waren weiß lackiert und die Kissen mit blütenweißer Wäsche bezogen. Alles wirkte sehr sauber, aber gleichzeitig schrecklich kalt und kahl. Ermattet ließ ich mich auf den einzigen Stuhl, den ich im Raum entdecken konnte, fallen und kam mir gottverlassen vor – trotz der Augusthitze begann ich bis ins Innerste zu frösteln.

Der Abstand zwischen den Wehen wurde immer kürzer und jede Wehe immer stärker als die vorangegangene. Bedeutete das, dass die Geburt unmittelbar bevorstand? Ich fühlte mich allein mit meiner Frage, und Angst stieg in mir hoch. Was, wenn die Hebamme nicht rechtzeitig kam?

Um mich abzulenken, schaute ich mich weiter im Zimmer um. An der dem Bett gegenüberliegenden Wand standen fünf Babykörbchen – zu gern hätte ich hineingeschaut, um zu sehen, ob Säuglinge darin lagen. Aber aus Sorge, mein Kind könnte auf den Boden fallen, blieb ich sitzen. An der Wand neben der Tür stand eine Kommode mit einer weichen Auflage, offensichtlich zum Wickeln der Säuglinge. Daneben erkannte ich eine Babybadewanne, eine Babywaage, einen Stoß Windeln und einige Frotteetücher. Ehe ich dazu kam, die anderen Gerätschaften zu identifizieren, öffnete sich die Tür, und schnellen Schrittes trat jemand ein.

»Grüß Gott, ich bin die Traudl, deine Hebamme«, stellte sie sich vor, reichte mir die Hand und angelte sich dann den Kittel, der am Türhaken hing. Bei ihrem Anblick fiel mir eine Zentnerlast vom Herzen, und aufgeregt erzählte ich ihr von der verlorenen Flüssigkeit.

»Das war nur Fruchtwasser«, beruhigte sie mich. »Dann schauen wir mal, wie weit wir sind.«

Die Art, wie sie das sagte, wie sie mir beim Ablegen der Kleidung half, wie sie mir mein Nachthemd überstreifte und mir in das hohe Entbindungsbett half, tat mir unendlich gut – sie wirkte so ruhig und strömte etwas Beruhigendes aus. Auch bei allem, was sie während und nach der Untersuchung sagte und tat, war sie dermaßen fürsorglich und behutsam, dass ich mich geborgen fühlte wie noch nie in meinem Leben.

Nachdem innerhalb kurzer Zeit ein hübscher, kräftiger Junge ans Licht der Welt gekommen war, brachte sie mich in das sogenannte Wochenzimmer, wo bereits eine andere junge Frau lag. Ich genoss die zehn Tage in der Annehmlichkeit dieses Raumes und ließ mich gern ein wenig verwöhnen und umsorgen. Und als ich schließlich mit meinem kleinen Bündel im Arm das Heim verlassen musste, schwor ich mir, dass ich nie irgendwo anders als in diesem Haus und bei dieser Hebamme entbinden wollte.

Anderthalb Jahre später war es wieder so weit. Abermals stand ich allein auf weiter Flur, als bei mir die Wehen einsetzten. Es war in den ersten Februartagen, und Eisblumen blühten in märchenhafter Pracht an den kleinen Fenstern unserer Wohnung, sodass ich nicht hinausschauen konnte. Gott sei Dank hatte es in der Nacht keinen Neuschnee mehr gegeben, doch der Schnee von gestern reichte völlig aus, um mir den Weg bis zur Bushaltestelle beschwerlich zu machen.

Es war ein Glück, dass ich diesmal meine Vorbereitungen besser getroffen hatte. Den Buben hatte ich vorsichtshalber schon vor einer Woche zu meiner Mutter gebracht, und meine Reisetasche stand gepackt neben der Wohnungstür. Bereits die erste Wehe war so stark, dass ich nicht mehr auf die Idee kam, Suppe oder Knödel zuzubereiten.

Ich zog meinen Mantel über, schlüpfte in meine Schnürschuhe und griff nach der Reisetasche. Dann watete ich durch den Schnee, der mir bis zur halben Wade reichte, zur Bushaltestelle. Als ich dort nach wenigen Minuten ankam, hatte die Nässe meine handgestrickten, schafwollenen Strümpfe völlig durchdrungen. Zum Glück kam bald der Bus und brachte mich ans Ziel, sodass mir die Mühsal eines langen Fußmarsches diesmal erspart blieb.

Wieder saß dieselbe Schwester an der Pforte wie vor anderthalb Jahren. Sie erkannte mich gleich. »Du hast Glück! Die Hebamme ist gerade im Entbindungszimmer.«

»Ja, Nanni, du schon wieder«, begrüßte die Traudl mich erfreut. »Seit wann hast denn Wehen?«

»Seit einer guten Stunde etwa«, gab ich Auskunft.

»Du kannst so lang hier warten, ich bin gleich fertig.« Dabei wies sie auf den einzigen Stuhl, der im Raum stand, und wickelte seelenruhig ihren Säugling zu Ende. Dann nahm sie den nächsten aus seinem Körbchen, untersuchte den Inhalt seiner Windel, säuberte ihn und zog ihm in aller Gemütsruhe saubere Sachen an. Zwischendurch warf sie mir die Frage zu: »Hast Wehen?«

»Ja, schon«, gab ich zu und hielt mir den Bauch vor Schmerzen. Sie aber wickelte und wickelte. Plötzlich spürte ich einen Druck auf der Blase und stöhnte auf: »Ich glaube, ich muss aufs Klo.«

Die Traudl warf mir einen prüfenden Blick zu, und plötzlich kam Leben in sie. Jetzt ließ sie Säugling Säugling sein und packte mich energisch am Arm. »Komm, sofort ins Bett!«, sagte sie, zerrte mich zu dem hohen Bett und warf mich darauf. Die Zeit, mich auszuziehen, blieb nicht mehr, denn schon kam das Kind. Wenn ich mich recht erinnere, habe ich insgesamt nicht mehr als fünf Wehen gehabt.

»Das war aber knapp«, stellte die Traudl aufatmend fest, nachdem sie meine Tochter abgenabelt hatte. Sie packte mich in das letzte freie Bett im Wochenzimmer und meinte: »Jetzt darf aber keine mehr kommen. Das Haus ist voll.«

Damals war mir noch nicht im Entferntesten der Gedanke gekommen, ich könnte eines Tages in Traudls Fußstapfen treten. Erst als meine Freundin Annemarie bei unserem Sonntagsschwatz erwähnte, dass die Gemeinde eine neue Hebamme suche, war die Zeit reif. Deutlich spürte ich mit einem Mal, dass dies ein Beruf sein müsste, der mir eine tiefe innere Befriedigung verschaffen würde. Es musste schön sein, jungen Frauen in den schweren Stunden der Geburt fachkundig beistehen zu können und ihnen Trost und Zuspruch zu geben. Doch obwohl ich mir sicher war, meine Berufung gefunden zu haben, erzählte ich zunächst niemandem von meinem Plan, denn bevor ich als Hebamme arbeiten konnte, musste ich eine harte Ausbildung durchlaufen. Und sollte ich diese nicht schaffen, brauchte niemand von dem fehlgeschlagenen Versuch zu wissen.

Zunächst hatte ich wieder einmal nicht die geringste Ahnung. Wie wurde man überhaupt Hebamme? Wie sah die Ausbildung aus, und an wen hatte man sich zuwenden? Alles musste wohl durchdacht sein, denn immerhin war ich verheiratet und Mutter von zwei kleinen Kindern. Die Traudl fiel mir ein – zu ihr würde ich gehen, denn sie konnte alle meine Fragen bestimmt beantworten und mir raten. Von ihr erhoffte ich mir nicht nur Aufklärung darüber, wie man Hebamme wurde, sondern ich erwartete, dass sie mir kompetent ab- oder zuraten konnte. Ich setzte so viel Vertrauen in sie, dass ich es ganz von ihrer Meinung abhängig machen wollte, ob ich diese Ausbildung beginnen würde oder nicht. Niemand war besser geeignet als sie.

Bereits am nächsten Tag stand ich bei ihr vor der Tür, noch bevor ich mit irgendjemandem aus meiner Familie darüber geredet hatte.

»Ja, Nanni«, rief sie überrascht aus und tastete mit routiniertem Blick meinen Bauch ab. »Was willst denn du bei mir? Es sieht nicht so aus, als ob ich bald was für dich tun könnte.«

»Das sieht nur so aus«, ging ich auf ihren scherzenden Ton ein. »Du kannst gewiss was für mich tun.«

»Da bin ich aber gespannt.«

Bei einer Tasse Kaffee am Küchentisch fiel ich mit der Tür ins Haus: »Wie wird man Hebamme?«

Sie ließ die Tasse, die sie gerade zum Mund führen wollte, sinken. Statt mir eine Antwort zu geben, stellte sie eine Gegenfrage: »Ja, möchtest du etwa Hebamme werden?«

Ich nickte nur.

»Wie kommst du denn auf die Idee?«

Als ich ihr von dem Besuch bei meiner Freundin erzählte und dass mich deren Erzählung auf die Idee gebracht hatte, seufzte sie: »Ja, ja, die Rosa, die gute Seele. Jetzt hat der Herr sie heimgeholt. Ich hab davon gehört. Und jetzt möchtest du ihre Stelle einnehmen?«

Ich nickte eifrig und mit leuchtenden Augen.

»Ja, wie willst denn das machen mit zwei kleinen Kindern? Und warum?«

»Ja, weißt, mein Mann verdient recht wenig, und von dem Wenigen trägt er auch noch einen Teil ins Wirtshaus. Da bleibt für die Kinder und mich zu wenig zum Leben.« Ich erzählte ihr von meinem ersten Versuch, dies zu ändern, nämlich von meiner Arbeit im Sägewerk.

»Als Hebamme in den Bergen wirst auch nicht reich«, versuchte sie meinen Optimismus zu dämpfen. »Auch hier kriegen die Leute immer weniger Kinder, und zudem wandern mehr und mehr Frauen zur Entbindung in die Kliniken ab.«

»Das ist mir bekannt. Trotzdem, wenn ich mich umschaue, es gibt doch noch eine ganze Reihe von Frauen, die ihre Kinder daheim kriegen. Das tät mir langen. Reich zu werden, erhoff ich mir ohnehin nicht. Nur ein bisschen dazuverdienen, damit ich mit meinen Kindern über die Runden komme.«

»Wenn's dir nur ums Verdienen geht, muss ich dir dringend abraten. Da gibt's genug andere Berufe, in denen du wesentlich mehr verdienst und dich wesentlich weniger abplagen musst.«

»Mir geht's ja nicht nur ums Verdienen«, beteuerte ich. »Mir geht es auch darum, eine sinnvolle, eine befriedigende Tätigkeit zu haben. Es muss wunderschön sein, immer wieder neuen Menschenkindern ins Leben zu helfen und die strahlenden Augen der Mütter zu sehen, wenn man ihnen das Neugeborene in den Arm legt.«

»Freilich, das ist sehr schön. Aber es gibt auch andere Momente. Denk an die ledigen Mütter, die oft gar nicht glücklich sind, wenn man ihnen ihr Kind überreicht. Überleg auch, ob du die Kraft hast, einer Mutter sagen zu müssen, dass das Kind tot oder in irgendeiner Weise behindert ist.«

Die Worte der erfahrenen Hebamme gaben mir zu denken. Eine Weile schwieg ich betreten, doch dann gewann mein Optimismus erneut die Oberhand. »Ich glaube, ich schaffe das. Von vornhinein die Flinte ins Korn zu werfen, ist nicht meine Art. Du musst zugeben, die erfreulichen Fälle überwiegen und gleichen leicht die traurigen Erlebnisse aus.«

Sie gab mir Recht, hatte jedoch gleich einen weiteren Einwand parat: »Bedenk aber, dass der Beruf einer Hebamme in den Bergen kein Zuckerschlecken ist. Er erfordert viel Kraft und Opferbereitschaft. Oft musst du mitten in der Nacht raus – egal, ob Sommer oder Winter, egal, ob Glatteis ist oder meterhoher Schnee liegt. Deshalb solltest du dich, wenn du schon unbedingt Hebamme werden willst, um eine Anstellung in einem Krankenhaus bemühen. Da hast du geregelte Arbeitszeiten und bist nicht den Launen der Witterung ausgesetzt.«

»Nein, Traudl, genau das will ich nicht. Ich will nicht Hebamme in einem Krankenhaus werden. Dort sind mir die Menschen zu anonym, da verliere ich sie nach dem Wochenbett gleich wieder aus den Augen. Ich möchte eine Berghebamme sein, die zu den Müttern in die Häuser geht, die ihre Nöte und Probleme kennt, die den Kontakt zu ihnen behält, wenn die Wochenpflege längst zu Ende ist. Ich möchte Müttern beistehen, die mich immer wieder rufen, möchte die Entwicklung der Familie beobachten und verfolgen, was aus ›meinen‹ Kindern wird. Sag doch selbst, das ist es doch auch, was dich in den Bergen gehalten hat.«

»Gewiss, das stimmt. Bei mir ist es allerdings ein wenig einfacher als drüben in Kirchfeld, wo die Ansiedlungen teilweise sehr weit auseinander liegen und wo du auch ganz schön in die Berge hinauf musst.«

»Du weißt, dass ich ein Kind der Berge bin. Nirgendwo würde ich mich wohler fühlen als dort. Das Kirchfelder Tal sieht dem unseren so ähnlich, dass ich bestimmt kein Heimweh bekommen werde. Müsste ich dagegen in der Stadt leben, würde ich vor Sehnsucht nach den Bergen sterben.«

»Wenn du das so siehst, will ich dir nicht abraten. Aber du sollst wissen, es gehört viel Idealismus dazu. Wenn du den hast und dazu viel Courage und Opferbereitschaft, dann wirst du deinen Weg machen.«

Nachdem diese grundsätzlichen Dinge geklärt waren, konnten wir die praktische Seite angehen. Ich erfuhr, dass ich, um mein Berufsziel zu erreichen, auf eine sogenannte Hebammenlehranstalt gehen müsse, wo ich in einer achtzehnmonatigen Ausbildung praktisch und theoretisch auf meine zukünftigen Aufgaben vorbereitet würde.

»Am besten gehst du nach Salzburg. Da befindet sich nicht nur die am nächsten gelegene Schule, sondern sie genießt überdies einen ausgezeichneten Ruf.«

»Ja, und was muss ich da tun, damit die mich annehmen?«

»Das ist ganz einfach. Du brauchst dich nämlich gar nicht selbst dort zu bewerben. Am besten sprichst du bei der zuständigen Gemeindeverwaltung vor, die dir in jedem Fall weiterhelfen wird.«

Bereits am nächsten Tag wurde ich im Kirchfelder Rathaus vorstellig und erlebte die große Überraschung meines Lebens. Hatte ich mich ursprünglich in der Rolle der Bittstellerin gesehen, so wurde ich, kaum dass ich mein Anliegen vorgetragen hatte, eines Besseren belehrt, denn alle hofierten mich und nannten mich überschwänglich gar ein Geschenk des Himmels. Man ermunterte mich, die Ausbildung so bald wie möglich zu beginnen, und sicherte mir sogar einen Zuschuss zu den Ausbildungskosten zu.

Welch ein Glück, dachte ich, denn dass die Ausbildung etwas kostete, das war ein Punkt, den ich bei meiner euphorischen Planung überhaupt nicht berücksichtigt hatte. Mit dem Zuschuss aber würde ich so einigermaßen über die Runden kommen, wenn ich meine Ersparnisse aus der Sägewerkszeit dazulegte. Eine finanzielle Unterstützung vonseiten meines Mannes war dagegen nicht zu erwarten. Ich verließ das Rathaus mit der festen Zusicherung, dass ich mich um nichts zu kümmern brauche. Alle notwendigen Anrufe und Schreiben würden von amtlicher Seite erledigt. Ich müsse nur zu gegebener Zeit in Salzburg zur Aufnahmeprüfung erscheinen.

Mein Gott, eine Aufnahmeprüfung! Das Herz rutschte mir bis in die Knie. Auch daran hatte ich überhaupt nicht gedacht. Was man da wohl von mir wissen wollte? Ob es irgendeine Möglichkeit gab, sich ein wenig vorzubereiten? Plötzlich bekam ich Angst vor meiner eigenen Courage und hätte die Bewerbung am liebsten wieder zurückgezogen. Doch dann fielen mir die Worte des Bürgermeisters ein, der mir zugesichert hatte, mich nach dem Examen sofort zu übernehmen. Wenn es für ihn selbstverständlich war, dass ich das Abschlussexamen bestand, welchen Grund hatte dann ich, an mir wegen einer lächerlichen Aufnahmeprüfung zu zweifeln?

Nachdem sich alles so schnell und positiv entwickelt hatte, war es an der Zeit, meine Familie zu informieren. Die Reaktionen auf meine Mitteilung waren sehr unterschiedlich.

Mein Mann knurrte vor sich hin: »Eine verrückte Idee ist das, ganz eine verrückte. Wenn du dir das in den Kopf gesetzt hast, dann mach's halt. Aber glaub nicht, dass ich dir in irgendeiner Weise helfe.« Noch ehe ich etwas darauf entgegnen konnte, fuhr er fort: »Von mir brauchst mit keinerlei Unterstützung zu rechnen, weder in finanzieller Hinsicht, noch was den Haushalt und die Kinder betrifft.«

Da ich so etwas Ähnliches erwartet hatte, fiel ich nicht gerade aus allen Wolken, denn ich wusste, dass ich eine von meinem Mann unabhängige Lösung finden musste. Dabei hoffte ich sehr auf die Unterstützung meiner Mutter, von der ich erwartete, dass sie zumindest eines meiner Kinder für die Ausbildungsdauer aufnehmen würde. Das andere würde ich mit Sicherheit bei ihrer ledigen Schwester, meiner Patentante, unterbringen können.

»Stell dir das nur nicht zu leicht vor«, war der besorgte Einwand meiner Mutter. »Damit meine ich nicht nur das Lernen und die Schule. Das wirst du schaffen. Ich rede von der Zeit danach, wenn du zu jeder Tages- und Nachtzeit raus musst, bei Wind und Wetter. Du weißt auch nicht immer, wer vor der Tür steht, und trotzdem musst du mit jedem mitgehen.«

»Ich weiß, Mutter, aber davor hab ich keine Angst.«

»Und außerdem«, fuhr sie in ihren Vorhaltungen fort, »eine Hebamme trägt eine große Verantwortung. Wie leicht kannst du da mit dem Gesetz in Konflikt kommen.«

»Wenn ich alles richtig mache, kann mir nichts passieren.«

»Das hat schon manch eine gedacht, und hernach hat sie den Ärger gehabt.«

»Mutter, wenn alle Frauen solche Bedenken hätten, wer würde dann noch Hebamme werden wollen? Dann gäbe es ja niemanden, der den Müttern in ihrer schweren Stunde beisteht.«

»Da hast auch Recht. Also, in Gottes Namen, dann geh halt den Weg, den du gehen musst.«

Mein Vater dagegen reagierte völlig anders. Als er von meinem Vorhaben hörte, rastete er völlig aus. »Was fällt dir ein?«, schrie er. » Du bist ja verrückt geworden! Das ist ein Hirngespinst! Du solltest lieber arbeiten, als solch einen Blödsinn zu machen.«

Meinen Einwand, das sei doch auch eine Arbeit, ließ er überhaupt nicht gelten. Für ihn war Arbeit nur das, was man auf dem Feld, im Wald oder im Stall tat. Zusätzlich hielt er mir noch vor, ich sei viel zu blöd für diesen Beruf, dazu brauche man Gescheitere als mich. Damit hatte er bei mir allerdings einen sehr wunden Punkt getroffen, und ich warf ihm jetzt alles vor, was ich ihm gern schon längst einmal gesagt hätte.

»Dass ich nur eine mangelhafte Schulbildung hab, das brauchst du mir nicht vorzuwerfen, und das hat auch rein gar nichts mit meiner Intelligenz zu tun. Dass ich nicht mehr kann und weiß, daran hast du Schuld. Du vor allem hast verhindert, dass ich in den Sommermonaten eine Schule von innen gesehen hab. Du warst es doch, der mich im Sommer immer hat freistellen lassen, weil du mich für die Feldarbeit brauchtest. Darüber will ich mich nicht beklagen. Ich sehe ein, dass es notwendig war. Deswegen hast du aber noch lang nicht das Recht, mir Dummheit vorzuwerfen. Es ist doch viel eher so, dass du grundsätzlich der Meinung bist, ein Mädchen brauche nichts zu lernen. Aber ich werde meinen Weg schon machen, du wirst es sehen. Alles, was ich wissen muss, kann man lernen.«

Daraufhin war er still. Später jedoch sollte er derjenige sein, der fast vor Stolz platzte und überall mit seiner Tochter angab, die ihr Hebammenexamen bestanden hatte.

Als Letzte suchte ich meine Patentante auf, die nicht nur den Vorzug hatte, eine äußerst liebenswürdige Person zu sein, sondern praktischerweise in Kirchfeld wohnte, auf jenem Bergbauernhof, von dem meine Mutter stammte. Das würde mir später bestimmt sehr nützlich sein.

»Was? Hebamme möchtest werden?«, fragte sie mit verklärtem Blick. »Das wäre auch mein Traum gewesen.

Aber als ich das daheim auszusprechen wagte, hieß es: ›Schlag dir den Blödsinn aus dem Kopf. Auf dem Hof gibt's genug Arbeit für dich.‹ Arbeit hat es wirklich genug für mich gegeben, tagaus, tagein. So hab ich mich auf dem Hof verschleißen lassen, erst von meinen Eltern, später von meinem Bruder. Ein eigenes Leben hab ich nie führen dürfen. Jetzt, wo ich für die schwere Arbeit nicht mehr tauge, kann ich froh sein, dass mir noch das Gnadenbrot bleibt.«

Eine so lange Rede hatte ich bei dieser stillen, bescheidenen Tante noch nie erlebt. Völlig überrascht sagte ich zu ihr: »Das hab ich ja gar nicht gewusst, dass du hast Hebamme werden wollen.«

»Nein, außer meinen Eltern hat das niemand gewusst. Mit der Zeit hab ich gelernt, meinen Wunsch zu begraben. Aber grad eben, wo du gesagt hast, du willst Hebamme werden, kam's mir vor, als wärst du eine verjüngte Ausgabe von mir. Mir ist, als wärst dazu berufen, meinen Traum zu verwirklichen. Deshalb helf ich dir dabei, wo ich nur kann. Jetzt nehm ich erst mal dein Dirndl für die anderthalb Jahre, und nachher, wenn du fertig bist, kannst jederzeit auf mich zählen.«

Ich hätte mir keine wertvollere Unterstützung wünschen können.

In der Hebammenschule

Der Stein war ins Rollen gekommen. Ich war froh, dass alles ohne mein weiteres Zutun lief, aber meine Aufregung wuchs von Tag zu Tag. Als ich dann ein Schreiben von der Hebammenlehranstalt erhielt, öffnete ich es mit zitternden Händen. Darin wurde ich aufgefordert, mich zu dem angegebenen Datum zur Aufnahmeprüfung einzufinden.

Es war ein schöner Maitag, als ich in Salzburg ankam. Ich war noch nie dort gewesen, aber an diesem besonderen Tag hatte ich auch keine Augen für die Schönheiten dieser Stadt. Für mich gab es nur ein Ziel: die Hebammenlehranstalt, und überpünktlich traf ich dort ein. Als ich mich zwischen all den jungen Dingern, die gerade der Schule entwachsen waren, wiederfand, kam ich mir mit meinen mehr als achtundzwanzig Jahren schon ein bisschen fehl am Platze vor und war erleichtert, schließlich auch noch einige Frauen zu entdecken, die etwa in meinem Alter sein mussten.

Wir wurden in einen großen Saal geführt und einzeln an Tische gesetzt. Wieder überfiel mich heftiges Herzklopfen. Auf was hatte ich mich da nur eingelassen, fragte ich mich, doch gottlob wurden meine Gedanken bald auf andere Dinge gelenkt, auf den Fragebogen nämlich. Erneut fiel mir ein Stein vom Herzen, als ich entdeckte, dass die Aufgaben bei Weitem nicht so schwer waren, wie ich mir das ausgemalt hatte. Es wurde Wissen in den üblichen Schulfächern wie Geschichte, Geografie und

Biologie abgefragt; wir mussten einen Aufsatz schreiben, um unsere Ausdrucksfähigkeit zu prüfen, und ein paar Mathematikaufgaben lösen, und das war's auch schon.

Bangen Herzens wartete ich das Ergebnis ab, und als nach sechs Wochen der ersehnte Brief kam, konnte ich es kaum glauben, dass ich wirklich und wahrhaftig angenommen war. Der Lehrgang würde Mitte Juli beginnen.

Am Vortag des Kursbeginns reiste ich mit meinem Köfferchen an, das fast alles enthielt, was ich an Kleidung außer den Sachen, die ich auf dem Leib trug, besaß: zwei Kleider, zwei Nachthemden, ein bisschen Unterwäsche, ein Paar Hausschuhe, zwei Paar Strümpfe, ein Paar Schuhe und dazu zwei Frotteetücher. Bitter wenig für die nächsten anderthalb Jahre! Ich räumte meine bescheidenen Habseligkeiten in den schmalen Kleiderschrank in dem kleinen Zimmer, das man mir im Internat zugewiesen hatte und das ich mit einer Mitschülerin teilte. Alle Kursteilnehmerinnen wohnten hier, das war obligatorisch selbst für jene Mädchen, die aus der Umgebung stammten.

Doch die meisten kamen ohnehin aus ganz anderen Ecken des Landes, und ich wertete dies als Zeichen, dass die Salzburger Anstalt wirklich einen sehr guten Ruf genießen musste. Um die Konzentration der Schüler auf den Lehrplan zu erhöhen, bestand für die ersten drei Monate eine Reisesperre. Keine von uns durfte nach Hause, was ich zunächst meiner Kinder wegen nur schwer akzeptieren konnte, doch bald erkannte ich, dass es eine sinnvolle und berechtigte Vorschrift war, die sowohl die Lernergebnisse als auch das Gemeinschaftsgefühl steigerte.

Der Kurs wurde offiziell eröffnet durch den Leiter der Schule, zugleich Chefarzt oder, wie es in Österreich heißt, Primarius der Frauenklinik, der einen kurzen Begrüßungsvortrag hielt, in dem er auf die Bedeutung unseres Berufes und auf die enorme Verantwortung hinwies, die in unsere Hände gelegt werden würde.

Anschließend ging es gleich zur Sache, denn die Schulhebamme erteilte uns theoretischen Unterricht. Schon am ersten Tag schwirrte es in meinem Kopf nur so von Fremdwörtern, die mir doch sehr zu schaffen machten – in dieser Hinsicht hatte ich eine deutlich schlechtere Ausgangsposition als meine Mitschülerinnen, die zum großen Teil das Gymnasium besucht hatten. Mit meiner unvollständigen Volksschulbildung kam ich dagegen ganz schön ins Schleudern. Erneut überfielen mich Bedenken, ob ich das alles wirklich packen würde.

Nur nicht den Kopf hängen lassen, machte ich mir selbst Mut und nahm mir nach dem Unterricht entschlossen mein Lehrbuch vor. Ich wollte es allen beweisen, dass so eine »Alte« wie ich, die zudem nur eine mehr als lückenhafte Schulbildung besaß, durchaus mithalten konnte. Meine Mitschülerinnen und Lehrer sollten es merken, meinem Vater wollte ich beweisen, was in mir steckte, und nicht zuletzt mir selbst. Ich kannte nur noch das eine Ziel: Ich wollte, ich musste Hebamme werden.

In den ersten vier Wochen hatten wir nur theoretischen Unterricht und bekamen keinen Kreißsaal von innen zu sehen. Mit der Zeit machte mir das Lernen immer mehr Spaß, und bereits nach einem Monat hatte ich meine jüngeren Kurskolleginnen überflügelt, was zu einem guten Teil daran gelegen haben mag, dass viele der jungen Mädchen, im Unterschied zu mir, nicht nur Lernen im Kopf hatten. Sie hatten sich zumeist, nach Absprache mit den Eltern, für den Hebammenberuf als eine

Möglichkeit unter vielen entschieden – Berufung aber war es bei ihnen nicht, noch nicht zumindest.

Überhaupt hatte ich aufgrund meiner Vorgeschichte eine ganze Reihe Vorteile. Ich war bereits an selbständiges Arbeiten gewöhnt, hatte Erfahrung im Haushalt und mit Kindern – und ich konnte nähen. Dieser Umstand kam mir sehr zugute, als uns einfach Stoff in die Hände gedrückt wurde, aus dem wir uns unsere Ausstattung nähen mussten: Kittel, Schürzen und Hauben. Macht mal, hieß es einfach.

Überhaupt mussten wir alles in eigener Regie und nach einem streng geregelten Arbeitsplan erledigen, was in den Zimmern und Gemeinschaftsräumen so anfiel. Lediglich um das Essen brauchten wir uns nicht zu kümmern, weil das von der Krankenhausküche geliefert wurde.

Nach vier Wochen stiegen wir in die Praxis ein. Die vierzehn Kursteilnehmerinnen wurden aufgeteilt auf fünf Bereiche: Kreißsaal, Säuglingsstation, Wochenstation, Operationssaal und Gynäkologie, wobei wir in letzterer allerdings die kürzeste Zeit verbrachten. Mit Absicht, denn dort gehörten Schwangerschaftsabbrüche zum Alltag, obwohl es so etwas offiziell nicht gab. Es wurden jedoch immer wieder junge Frauen und Mädchen mit mysteriösen Blutungen eingeliefert, die entweder selbst an sich herumgepfuscht oder sich in die Hände einer sogenannten Engelmacherin begeben hatten. In der Klinik blieb dann nichts anderes übrig, als fachmännisch eine Ausschabung vorzunehmen, um noch größeren gesundheitlichen Schaden zu verhindern.

Allerdings war der Leiter dieser Abteilung der Ansicht, die Hebammenschülerinnen sollten nicht zu viel von diesen Leben zerstörenden Dingen mitbekommen.

Unser Berufsbild sei schließlich darauf ausgerichtet, neuem Leben den Weg in die Welt zu bahnen, es zu erhalten und zu schützen. Andererseits hielt er es jedoch für wichtig, dass wir auch diese Seite menschlichen Lebens kennenlernten.

»Denn«, so dozierte er, »es wird einer jeden von euch passieren, dass an sie ein solches Ansinnen gestellt wird. Man wird euch bitten, kaum begonnenes Leben zu vernichten. Dann heißt es, stark zu sein.« Außerdem wies er uns gern immer wieder darauf hin, mit welchen Argumenten man die werdende Mutter zum Austragen des Kindes bewegen und welche konkreten Hilfen man den verzweifelten Frauen anbieten könne.

Besonders beliebt und spannend war natürlich der Dienst im Kreißsaal – auch für mich, denn jetzt erlebte ich die Ereignisse dort von der anderen Seite. Vier von uns waren jeweils den verschiedenen Hebammen zugeteilt und hatten im ersten halben Jahr im Wesentlichen nichts anderes zu tun, als aufmerksam zuzuschauen, um für den Ernstfall gerüstet zu sein. Irgendwann aber kam für jede von uns die Stunde der Wahrheit, denn nun hieß es, die erste Entbindung selbstständig vorzunehmen.

Dazu gehörten die Erledigung des Papierkrams und das Zuweisen eines Entbindungsbettes ebenso wie die Untersuchung der Schwangeren, das Abhorchen der kindlichen Herztöne und die hygienische Geburtsvorbereitung. Die Lehrhebamme stand daneben und schaute zu, ob man alles richtig machte und den Ablauf gewissenhaft dokumentierte.

Manchmal lag nur eine Frau im Kreißsaal, meist aber waren es zwei. Die Betten waren nur durch Paravents voneinander abgeteilt, sodass die Gebärenden theoretisch alles mitbekommen konnten, was sich beim

Nachbarbett abspielte, doch vermutlich war jede zu sehr mit sich selbst beschäftigt, um auf etwas anderes zu achten.

Ich war froh, dass es sich bei meiner ersten Entbindung nicht um eine Erstgebärende, sondern, wie es im Fachjargon so schön heißt, um eine Mehrgebärende handelte, die bereits über eine reiche Erfahrung verfügte und sich demzufolge kaum aus der Ruhe bringen lassen würde. So war es dann auch. Die Presswehen kamen Schlag auf Schlag, und alles ging zügig und glatt vonstatten. Die werdende Mutter atmete perfekt nach Lehrbuch, hechelte wenn nötig und presste, als es an der Zeit war. Mir blieb eigentlich nur die Aufgabe, den Dammschutz zu machen und das Kind aufzufangen. Es war ein runder, gesunder Bub, den ich der glücklichen Mutter präsentieren konnte. Ich wunderte mich über mich selbst, wie ruhig ich gewesen war – bei meinem anschließenden ersten Nabelverband war ich wesentlich nervöser, obwohl ich ihn zur Zufriedenheit meiner Lehrhebamme hinbekam.

Noch heute bin ich davon überzeugt, dass man uns gerade in dieser Salzburger Anstalt eine sehr gute Ausbildung mit auf den Weg gab – nicht nur in fachlicher, sondern ebenso in menschlicher Hinsicht. Dazu gehörte auch eine strenge Erziehung zu Disziplin, Ordnung und Gewissenhaftigkeit – preußische Tugenden in Österreich, möchte man fast sagen. Wie auch immer, ohne Beachtung solcher Spielregeln ist es undenkbar, als Hebamme zu arbeiten, denn in diesem Beruf muss man zur Stelle sein, wenn man gefordert ist. Kinder lassen sich auf ihrem Weg in die Welt nicht vertrösten!

Als ich nach drei Monaten zum ersten Mal heim durfte, erlebte ich eine böse Überraschung. Es war am

Vortag von Allerheiligen, es war Abend, und es war dunkel, als ich vor meinem Wohnhaus ankam. Zu meiner Verwunderung stellte ich fest, dass in unserer Wohnung kein Licht brannte. Mein Mann war wohl über seiner Zeitung eingeschlafen, dachte ich mir, denn Fernsehen gab es damals in unserem Tal noch nicht. Da er aber weder auf der Couch noch in seinem Sessel oder im Bett zu finden war, nahm ich an, er sei ins Wirtshaus gegangen, um sich etwas Abwechslung zu verschaffen.

Irgendetwas stimmte jedoch nicht, denn es war kalt und ungemütlich in der Wohnung. Komisch, dachte ich, alles wirkte irgendwie unbewohnt. Ich öffnete den Kleiderschrank und sah gähnende Leere. Nicht nur meine Sachen und die der Kinder waren weg, sondern auch seine Garderobe fehlte. Was hatte das zu bedeuten? Hatte mein Mann mich verlassen? War das der Preis, den ich für mein eigenmächtiges Handeln zahlen musste?

Ich drehte mich auf dem Absatz um, um meine Eltern aufzusuchen und bei dieser Gelegenheit gleich meinen Sohn nach so langer Zeit wiederzusehen. Dort angekommen, erlebte ich die nächste Überraschung, denn wer saß da, zufrieden in seiner Zeitung blätternd, auf dem Kanapee? Mein Angetrauter! Ich erfuhr, dass er kurz nach meiner Abreise daheim die Zelte abgebrochen hatte und zu meinen Eltern übergesiedelt war.

»Was sollte ich allein daheim rumsitzen? Warum sollte ich mir selbst etwas zu essen machen? Hier wird bestens für mich gesorgt«, meinte er. Er hatte wirklich Glück, denn meine Mutter war eine Seele von Mensch. In ihren ohnehin großen Haushalt nahm sie ohne Klage ihren Schwiegersohn zusätzlich auf. Dass ich unter diesen Umständen ebenfalls für ein paar Tage in meinem Elternhaus blieb, war selbstverständlich.

Praktisch wie ich veranlagt war, sagte ich, um dieses Thema zu einem Abschluss zu bringen: »Wenn ohnehin keiner mehr in unserer Wohnung wohnt, wozu sollen wir dann noch Miete zahlen? Also lösen wir sie auf.«

»Und wo sollen wir wohnen, wenn du wieder zurück bist?«

»In Kirchfeld. Wenn ich dort arbeite, muss ich auch dort leben. Außerdem ist die alte Wohnung für uns schon lange zu klein.«

Die Möbel stellten wir bei meinen Eltern in der Scheune unter, und ich machte mich auf den Weg nach Kirchberg, wo ja meine Tochter untergebracht war. Bei dieser Gelegenheit bat ich meine Tante sowie meine Freundin, der ich ebenfalls einen Besuch abstattete, sich für mich nach einer neuen Wohnung umzusehen. Aber die Sache ließ sich gar nicht gut an.

In den Weihnachtsfeiertagen erfuhr ich nämlich, dass es um die Wohnungssituation in meinem zukünftigen Wirkungskreis schlecht bestellt sei. An Ostern gab es noch immer nichts Neues. Das war zwar nicht tragisch, weil wir ja noch ein Dreivierteljahr Zeit hatten, aber es war trotzdem nicht gerade ermutigend. Einige Wochen später jedoch erhielt ich einen Brief von meiner Freundin Annemarie, in dem sie von einem kleinen Holzhaus nah am Wildbach berichtete.

Ich musste mich bis zu den Sommerferien gedulden, bis ich es mir anschauen konnte. Es lag wirklich idyllisch, war zwar nicht riesig, verfügte aber immerhin über drei Zimmer, eine Küche und eine Abstellkammer. Das Häusl mit dem Herz in der Tür befand sich draußen auf dem großen Grundstück. Die Miete war erschwinglich, und schon wollte ich den Vertrag unterschreiben.

»Damit du diesen Schritt nicht bereust, muss ich dir noch was sagen«, stoppte die Besitzerin des Anwesens meinen Enthusiasmus.

»Und das wäre?«, fragte ich mit einer Mischung aus Neugier und Bangen.

»Bisher hat meine Schwiegertochter hier gewohnt. Im Mai ist sie dann Hals über Kopf davon.«

»Ja, um Gottes Willen, warum denn?«

»Als die große Schneeschmelze kam und es zudem Tag und Nacht geregnet hat, konnte der Bach die Wassermassen nicht mehr fassen. Er ist über die Ufer getreten, und das Wasser hat das Haus total eingeschlossen. Da ist meine Schwiegertochter in Panik geraten.«

Erleichtert atmete ich auf. Wenn es weiter nichts war! »Das ist anständig von dir, dass du mir das nicht verschwiegen hast. Wie oft kommt denn so was vor?«

»Das lässt sich nicht genau sagen. Das kann in zehn Jahren wieder so weit sein, es kann aber auch zwanzig Jahre dauern. Heuer hatten wir halt extrem viel Schnee, und dazu der viele Regen.«

»Dann nehme ich das Haus.«

Diesen Entschluss sollte ich nie bereuen, denn bereits nach einem Jahr wurde das Bachbett vertieft und das Ufer so befestigt, dass Überschwemmungen so gut wie ausgeschlossen waren. Bevor ich wieder nach Salzburg zurückkehrte, renovierten wir das Häuschen und richteten es ein. Jetzt konnte ich dem Ende meiner Ausbildung gelassen entgegensehen – wir hatten wieder eine Bleibe und noch dazu in meinem künftigen Wirkungskreis.

Die Feuertaufe

Eine Woche vor Weihnachten war der große Tag gekommen. Nachdem wir die Abschlussprüfung bestanden hatten, wurde uns in einer offiziellen Feierstunde unser Diplom überreicht, und wir wurden mit vielen guten Wünschen in den Alltag entlassen. Bei den meisten stand nun das Problem an, Bewerbungen zu schreiben oder auf Ämtern und in Krankenhäusern anzufragen, ob eine Hebamme gebraucht würde. Gott sei Dank, das hatte ich nicht nötig, denn ich wurde ja bereits in meinem künftigen Wirkungskreis sehnsüchtig erwartet. Berghebammen gab es eben nicht mehr allzu viele!

Auf der Heimfahrt am folgenden Tag, als der Zug mich durch die verschneite Landschaft meinem neuen Zuhause entgegen trug, stürzten die verschiedensten Gedanken auf mich ein: Da kommst du als Neuling von der Hebammenschule und wirst gleich auf die Menschheit losgelassen. Du bist vollgestopft mit theoretischem Wissen, aber die Realität, Entbindungen nämlich, hast du nur im geschützten Raum des Krankenhauses und unter der Aufsicht einer Lehrhebamme erlebt. Immer stand ein ganzer Trupp von Fachkräften hinter dir, der im Ernstfall zum Einspringen bereitstand. Jetzt aber würde bald der Tag kommen, an dem ich ganz allein am Bett einer Schwangeren stehen und mir niemand mehr die Verantwortung abnehmen würde. Plötzlich stürzten mir Tränen aus den Augen, denn mit einem Mal hatte ich Angst, mir zu viel vorgenommen zu haben. Selbst heute noch, wenn ich an diese Situation zurückdenke, muss ich mit den Tränen kämpfen.

Gewiss, ich hatte es nicht anders gewollt, sondern mich vollkommen freiwillig in das Abenteuer »Hebamme« gestürzt, sogar gegen viele Warnungen. Mir selbst und auch allen anderen hatte ich es beweisen wollen, dass ich dazu in der Lage war, die Ausbildung durchzustehen. Vor allem aber hatte ich mir den Wunsch nach meinem Traumberuf erfüllen wollen.

Bis zu diesem Zeitpunkt hatte ich geglaubt, mein Ziel wäre erreicht, sobald ich das Diplom in Händen hielt. Nun wurde ich mir dessen bewusst, dass ich erst am Anfang stand – das Diplom besagte alles und nichts. Vermutlich war man in diesem Beruf nie am Ziel, denn jede Geburt war anders, würde ihre eigenen Herausforderungen mit sich bringen. Ich konnte mir nie sicher sein, durfte nie in Routine erstarren. Jedes Mal würde ich von neuem vor eine Aufgabe gestellt, die ich ganz allein bewältigen musste. Sicher, es gab den Gemeindearzt oder andere niedergelassene Ärzte, die ich in kritischen Fällen hinzuziehen konnte oder sogar musste. Es gab Kliniken, wenn ich mit meinem Latein am Ende war. Aber in jedem einzelnen Fall lag es an mir, eine Entscheidung zu treffen.

Mein Stimmungstief verschwand angesichts der herzlichen Begrüßung durch den Bürgermeister des Ortes, dem ich stolz mein Diplom präsentierte. Der gute Mann strahlte übers ganze Gesicht und gratulierte mir mit den Worten: »Meine besten Glückwünsche im Namen der ganzen Gemeinde. Wie schön, dass wir wieder eine eigene Hebamme haben. Wir freuen uns auch, dass wir uns in dir nicht getäuscht haben.«

Seine Worte gingen mir runter wie Honig, und ich war stolz und gerührt in einem, als er in meinem Beisein seine Unterschrift auf den vorbereiteten Vertrag setzte, der Anfang Januar in Kraft treten würde. Er enthielt außer den üblichen vertraglichen Regelungen die Klausel, dass ich, sollte in einem Jahr nicht eine gewisse Anzahl von Geburten anfallen, einen finanziellen Ausgleich erhalten würde.

Dann kam eine große Überraschung. Sie zeigte mir, wie wichtig den Gemeindevertretern die neue Hebamme war und welche Wertschätzung man mir entgegenbrachte. Der Bürgermeister öffnete einen Schrank, entnahm ihm ein großes, in Packpapier eingeschlagenes Paket und stellte es vor mich auf den Schreibtisch.

»Mit den besten Wünschen von der Gemeinde«, sagte er feierlich, »damit du immer alles zur Hand hast, was du für die kleinen neuen Mitbürger brauchst.«

Weil ich noch zögernd dastand, ermunterte er mich, das Paket aufzumachen. Ich war überwältigt, denn vor mir stand ein funkelnagelneuer Hebammenkoffer aus braunem Leder mit Schnappverschluss, so wie ich ihn von der Hebamme aus meiner Kindheit kannte. So ein Ding kostete ein Vermögen! Wie oft hatte ich in Salzburg vor dem Schaufenster des Sanitätshauses gestanden und mir diese Koffer angeschaut. Immer wieder hatte ich überlegt, wie viele Monate ich wohl daran abzahlen müsste, und nun stand ein solches Prachtstück vor mir! Ein Blick ins Innere überzeugte mich davon, dass die Gemeinderäte nicht gespart hatten, denn die Tasche war wirklich mit dem Neuesten und Besten ausgestattet, was es an Instrumenten zur damaligen Zeit gab.

Bevor ich mich zum Gehen anschickte, zog mich der Gemeindevorsteher vor eine Gebietskarte, die an der Wand hing und in der sämtliche Ortsteile, Weiler und Höfe eingezeichnet waren. »Hier hast du einen Überblick über deinen künftigen Wirkungskreis«, erläuterte er. »Damit du weißt, was auf dich zukommt.«

Aufmerksam studierte ich die Karte, und er gab mir einige zusätzliche Erklärungen. Kirchfeld lag in einem relativ engen Tal, in dem sich mehrere Dörfer wie Perlen auf einer Schnur aneinanderreihten. Die drei nördlichsten Dörfer bildeten den Sprengel, für den ich ab Januar zuständig war. Sie lagen auf einer Meereshöhe von zwischen neunhundert und elfhundert Metern. Kirchfeld, mein Wohnort, war der mittlere der drei Orte. Bergauf lag Oberach am Ende des Tales, das hier einen Kessel bildete, und Unterach war das unterste der drei Dörfer, und von hier ging es weiter abwärts zu der engen Klamm, die den einzigen Ausgang aus dem Tal bildete und die sich die Ache in vielen Jahrtausenden gegraben hatte.

In jedem Dorf zweigten Seitentäler ab, die ebenfalls vor Urzeiten durch Wildwasser entstanden waren. Auf der Suche nach Siedlungsraum hatten sich unsere Vorfahren sehr weit in diese Täler hineingewagt, und somit gehörten zu meinem Einzugsbereich viele versprengte Siedlungen und schwer zugängliche Einzelgehöfte.

Von meinem heimatlichen Tal, das ähnlich strukturiert war, wusste ich, dass ich beachtlichen klimatischen Unterschieden ausgesetzt sein konnte. Wenn im untersten Dorf längst der Frühling eingezogen war, konnte in den oberen Seitentälern noch tiefster Winter herrschen – darauf würde ich mich einstellen müssen, hinsichtlich meiner Kleidung und meiner Fortbewegungsmittel.

Überglücklich eilte ich mit meinem Hebammenkoffer in unser neues Zuhause. Mit den Worten: »Da, schau her«, stellte ich ihn vor meinen Mann hin und hielt ihm mit stolzgeschwellter Brust meinen Vertrag unter die Nase.

»Na, dann viel Glück«, knurrte er nur.

Wenn er auch meine künftige Berufstätigkeit missbilligte, so gelang es mir doch, ihm das Versprechen abzuringen, dass er meine Patentante verständigen würde, sollte ich unerwartet zu einer Entbindung gerufen werden, ohne für die Kinder selbst noch entsprechende Vorkehrungen treffen zu können.

Im Dorf sprach es sich offenbar schnell herum, dass wieder eine Hebamme da war, denn bereits am nächsten Tag stand ein fremder Mann vor meiner Tür, der sich als Schreinermeister vorstellte und mir mit besten Wünschen ein in Zeitungspapier eingewickeltes Etwas überreichte. Neugierig packte ich es aus und entdeckte ein helles Holzschild, auf dem in akkuraten Lettern das Wort »Hebamme« eingebrannt war. Als ich mich herzlich dafür bedankte, wehrte er verlegen ab: »Ach, nicht der Rede wert. Wir alle freuen uns, dass wir wieder eine Hebamme haben. Damit dich auch jeder findet, hab ich das Schild gemacht.«

»Das ist aber sehr aufmerksam von dir, dass du so an deine Mitbürger denkst.«

»Na ja, ein bisschen Eigennutz ist auch dabei. Ich wollte einen guten Eindruck bei dir machen. Ich bin frisch verheiratet, und es kann sein, dass wir dich irgendwann mal brauchen.«

Ich musste lachen über die entwaffnende Ehrlichkeit des freundlichen Schreinermeisters und bat ihn gleich noch darum, das Schild anzubringen. »Könntest du mir das Schild gleich aufhängen? Mein Mann macht das bestimmt nicht. Und mit Hammer und Nagel kann ich nicht so gut umgehen.«

»Aber das macht man doch nicht mit Hammer und Nagel«, belehrte er mich. »Das macht man mit Schrauben.« Dabei zog er, als ob er auf diesen Auftrag nur gewartet hätte, zwei Schrauben nebst Schraubenzieher aus seiner Hosentasche und befestigte das Schild direkt neben meiner Haustür.

So begann ich meine Hebammenlaufbahn mit nichts als einem Diplom, einem Schild und einer Hebammentasche. Ich besaß weder ein Telefon noch ein Auto; lediglich ein altersschwaches Fahrrad nannte ich mein Eigen, das mich zu meinen Einsätzen bringen sollte.

Zunächst aber standen die Weihnachtsfeiertage vor der Tür, die ersten im neuen Heim, und ich war glücklich, sie mit meinen Kindern verbringen zu können, die sich sichtlich freuten, dass ihre Mama wieder zu Hause war. Je näher es jedoch auf den ersten Januar zuging, desto mulmiger wurde mir zumute. Einerseits konnte ich es nicht erwarten, zu meiner ersten Entbindung gerufen zu werden, um mein erlerntes Wissen endlich unter Beweis stellen zu können, andererseits hatte ich eine panische Angst davor, plötzlich ganz allein eine so große Verantwortung zu tragen.

Jeden Morgen, den der Herrgott kommen ließ, dachte ich zitternd: Hoffentlich heute noch nicht. So reihte sich ein Tag an den anderen, und nichts geschah. Weil mir das wiederum auch nicht recht war, betete ich abends: »Lieber Gott, schick mir bald eine Entbindung«, um dann am nächsten Morgen erneut in meine alte Zauderei zu verfallen: »Lieber Gott, heute noch nicht«, flehte ich, weil ich mich aufs Neue unsicher fühlte.

Solch widersprüchliche Gebete müssen selbst den Herrgott verwirrt haben, denn der ganze Januar verging, ohne dass etwas geschah. Ich saß tatenlos herum, beruflich gesehen, und starrte mein Diplom an, das sorgfältig eingerahmt im Wohnzimmer an der Wand hing und mir bestätigte, dass ich eine staatlich geprüfte Hebamme war. Aber nur auf dem Papier, grübelte ich, denn solange ich keine Entbindungen durchführte, war ich keine wirkliche Hebamme. Wenn das noch lange so weiterging, würde ich alles verlernt haben, bis ich zum ersten Mal gerufen wurde.

Die erste Februarwoche verstrich, dann die zweite. Herrgott, dachte ich, wurden denn in diesem Tal keine Kinder mehr geboren? War ich in eine aussterbende Gemeinde geraten? Warum, um alles in der Welt, wollten die wieder eine eigene Hebamme haben, wenn ohnehin keine Kinder geboren wurden?

Selbstzweifel stiegen in mir auf: Zogen die werdenden Mütter vielleicht allesamt eine Entbindung in der Klinik vor, weil sie zu mir, der Neuen, kein Vertrauen hatten? Ich war innerlich hin und her gerissen, denn trotz solch trüber Gedanken schwelte in mir weiterhin die Furcht vor dem ersten Einsatz. Gewiss, eine ganz normale Geburt würde ich schon hinkriegen, doch was war, wenn es nicht normal lief und Komplikationen auftauchten? Unablässig malte ich mir die vielen schrecklichen Möglichkeiten aus, die wir im Unterricht theoretisch durcharbeiten mussten, und ich dachte an die vereinzelten Problemfälle, die ich im Kreißsaal miterlebt hatte.

Eines Morgens beschloss ich, dass es sinnvoll sei, mit jemandem zu reden, und niemand schien mir geeigneter als der Arzt unseres Sprengels. Es war ohnedies an der Zeit, dass ich mich bei ihm vorstellte. Im Wartezimmer fügte ich mich brav in die Reihe der Wartenden ein, bis mich die Sprechstundenhilfe endlich zum Doktor geleitete, einem älteren, knorrigen Herrn.

»Wen haben wir denn da? Wieso kenne ich dich nicht? Wo fehlt's denn?«, begrüßte er mich.

»Das sind ja gleich drei Fragen auf einmal, Herr Doktor«, erwiderte ich lachend. »Also, ich bin die Marianne Feldmoser oder die Nanni – Sie wissen schon, die neue Hebamme, und mir fehlt eigentlich nichts.«

Er lachte laut auf. »Du bist nicht auf den Mund gefallen, das gefällt mir. Warum aber, wenn dir nichts fehlt, kommst dann zu mir?«

In kurzen Zügen erklärte ich ihm, dass ich zu Hause säße und einerseits sehnlichst auf meine erste Entbindung warte und andererseits eine höllische Angst davor hätte. »Ich weiß zwar, dass ich Sie beim Auftreten von Komplikationen hinzuziehen kann oder sogar muss. Da ich aber nicht weiß, ob bereits bei meiner ersten Entbindung Probleme auf mich zukommen und ob Sie schnell genug zur Stelle sein können, wäre es mir sehr lieb, wenn Sie von Anfang an dabei sind, sozusagen als mein Schutzengel und Nothelfer.«

Seine erste Reaktion auf meine Ausführungen war, dass er abermals schallend lachte. Dann tätschelte er mir väterlich die Schulter und versicherte: »Ja, ja, Nanni, ich werde da sein, wenn du mich brauchst. Gib mir nur Bescheid, wenn du dich auf den Weg zu deiner ersten Entbindung machst.«

Eine Zentnerlast fiel mir von der Seele, und von nun an sah ich meinem ersten Fall mit großer Gelassenheit entgegen. Doch obwohl ich auf der Stelle mit meinen widersprüchlichen Gebeten aufhörte, verging auch die dritte Februarwoche, ohne dass jemand meine Dienste in Anspruch genommen hätte, und mit jedem Tag wurde ich deprimierter.

Dann, an einem der letzten Tage dieses kurzen Monats, wurde ich in der Nacht durch ein Geräusch aus dem Schlaf geschreckt. Ein Blick auf meinen Wecker zeigte mir, dass es kurz nach zwei Uhr war. Dann hörte ich es erneut, das ungeduldige Klopfen an meinem Fenster, denn eine Türklingel hatte unser Haus nicht. Sofort war ich hellwach, sprang aus dem Bett und eilte ans Fenster, um es einen Spalt breit zu öffnen. Ich konnte nichts erkennen, denn die Nacht war dunkel und sternenlos.

»Bist du die Hebamme?«, vernahm ich jedoch eine Männerstimme, die, ohne eine Antwort abzuwarten, hastig fortfuhr: »Du musst sofort mitkommen. Mein Weib liegt in den Wehen.«

»Seit wann?«, erkundigte ich mich.

»Seit etwa zwei Stunden.«

»Das wievielte Kind?«, wollte ich noch wissen.

»Das vierte.«

»Dann eilt's wirklich«, konstatierte ich. »Warte, ich komm gleich.«

So schnell war ich noch nie in meinen Kleidern gewesen wie in dieser Nacht. Dennoch blieb mir Zeit, wiederum ein kurzes Dankgebet zum Himmel zu schicken, dass mein erster Einsatz einer erfahrenen Gebärenden gelten würde – ähnlich wie bei meiner ersten selbständigen Entbindung im Salzburger Kreißsaal. Ich war unendlich beruhigt und sah den Dingen, die da kommen würden, recht gelassen entgegen.

Im Hausgang warf ich meinen Mantel über und schnappte mir meinen Hebammenkoffer, der griffbereit neben der Haustür stand. Endlich würde er zum Einsatz kommen! Im Schein des Hoflichtes nahm ich einen großen, breitschultrigen Mann von Anfang vierzig wahr, der, seiner Statur und seiner Kleidung nach zu urteilen, Bauer sein musste. Der letzte Zweifel an dieser Vermutung schwand, als er mich zu seinem Traktor führte, den er gegenüber von meinem Haus geparkt hatte. Er hielt meinen Koffer, während ich aufstieg, und reichte ihn mir nach. Sehr gesprächig war er nicht, und ich musste ihn erst nach seinem Namen fragen, bevor er ihn mir verriet.

»Ich bin der Thaler Franz, vom Tannenhof aus Oberach«, erklärte er kurz. Ich bat den Mann, kurz beim Arzthaus anzuhalten, um, gemäß meiner Absprache, den Doktor zur Entbindung mitzunehmen. Obwohl nichts auf Komplikationen hindeutete, war mir diese Absicherung lieber.

Ich läutete Sturm, doch es schien eine Ewigkeit zu dauern, bis es im Haus hell wurde und an dem kleinen Fensterchen neben dem Hauseingang der graue Kopf einer Frau erschien. »Wer ist denn da? Und was gibt's so Dringendes?«

»Die Nanni bin ich, die neue Hebamme«, stellte ich mich vor. »Ich bin auf dem Weg zu meiner ersten Entbindung. Der Doktor hat mir versprochen, dass er mich das erste Mal begleiten wird.«

»Ist gut. Ich werde es dem Herrn Doktor ausrichten. Hier, schreib mir die Adresse auf.«

Sie schob mir einen Zettel und einen Stift durch die Öffnung. Hastig kritzelte ich den Namen und die Anschrift auf das Papier.

»Ach, die Thaler Lisbeth ist es«, konstatierte der dienstbare Geist. »Alles klar, ich werde es dem Herrn Doktor ausrichten«, sagte sie und schlug das Fensterchen wieder zu. Ich aber kletterte zurück auf meinen luftigen Sitz auf dem Traktor, und gemächlich zuckelten wir in südlicher Richtung aus dem Dorf hinaus.

Bis Oberach stieg der Weg nur gemächlich an und war lediglich mit einer dünnen, festgefahrenen Schneeschicht bedeckt, doch mitten im Ort mussten wir in ein Seitental einbiegen – jetzt würde es langsamer vorangehen. Tiefste Finsternis umfing uns, nachdem wir die Lichter des Dorfes hinter uns gelassen hatten. Nur die Scheinwerfer des Traktors huschten gespenstig durch die Nacht. Der Weg wurde nun immer steiler und war kaum geräumt. Im Schnee erkannte man deutlich die Reifenabdrücke, die der Traktor beim Herunterfahren hinterlassen und sich auf diese Weise für die Fahrt nach oben eine Spur gebahnt hatte, ohne die wir es auf dem schmalen Weg kaum geschafft hätten. Ich wurde ordentlich durchgeschüttelt auf meinem Sitz und hatte Mühe, mich mit der einen Hand am Traktor festzuhalten, während ich mit der anderen meine wertvolle Tasche umklammerte.

Als wir endlich auf dem Hof ankamen, hatte ich das Gefühl, dass jeder Knochen im Leib von dem Gerüttel schmerzte. Steifbeinig folgte ich dem Bauern in den ersten Stock, wo sich die Schlafkammer der Bauersleute befand. Die Lisbeth streckte mir die Hand entgegen.

»Du bist also die neue Hebamme«, stellte sie fest, und während ich ihr meine halb erfrorene Rechte reichte, sagte ich entschuldigend: »Ich hoffe, dass du noch ein bisschen Zeit hast. Im Moment sind meine Hände viel zu kalt, um dich zu untersuchen.«

»Das wird schon«, munterte sie mich auf. »Trink erst mal ein Schnapserl, dann wirst von innen her warm. Schau, da steht die Flasche.«

Ich schaute sie leicht irritiert an. Ihr Vorschlag mochte ja gut gemeint sein, aber ich zog es vor, einen klaren Kopf zu behalten, und lehnte dankend ab.

»Das versteh ich nicht. Die Rosa hat immer zuerst einen Schnaps gemocht.«

»Nein, ehrlich gesagt, mir wäre ein heißer Kaffee lieber.«

»Der kommt gleich«, versprach mir die Bäuerin. »Ich hab es der Vevi schon angeschafft.«

Tatsächlich ging, wie aufs Stichwort, die Tür auf, und eine Magd reichte mir einen großen Becher mit frischem, heißem Kaffee. Der wärmte nicht nur meine Hände, sondern weckte auch meine Lebensgeister.

Nach kurzer Zeit konnte ich es wagen, die Lisbeth zu untersuchen, um den Stand der Dinge festzustellen. Es blieb noch Zeit genug, einen Einlauf zu machen und den Geburtsbereich zu rasieren, wie ich das in der Schule gelernt hatte. Weil die Lisbeth nicht sehen konnte, was ich da tat, erkundigte sie sich: »Was machst denn da?«

»Rasieren tu ich dich.«

»Rasieren?«, fragte sie ungläubig. »Und wozu soll das gut sein?«

»Das ist für das Kind hygienischer und für dich auch, nachher bei der Wochenpflege.«

»Neumodischer Kram, neumodischer«, räsonierte sie. »Die Rosa hat mich nie rasiert. Die hat keine rasiert, und das ist auch gegangen.«

Da sie mich durch ihre Proteste nicht von meiner Tätigkeit abbringen konnte, ließ sie den Rest klaglos über sich ergehen. Ich verzichtete im Gegenzug darauf, ihr einen ausgiebigen Vortrag über Hygiene im Wochenbett zu halten.

»So, jetzt mach ich dir einen Einlauf«, erklärte ich mein weiteres Vorgehen.

»Einen Einlauf?«, fragte sie mit weit aufgerissenen Augen. »Wozu soll denn der gut sein?«

»Das ist ebenfalls wegen der Hygiene«, erläuterte ich. »Wenn der Darm vor der Geburt entleert wird, kann es nachher nicht passieren, dass beim Pressen Kot abgeht.«

»Mich tät das nicht stören.«
»Mich schon.«
»Die Rosa hat's auch nicht gestört.«
»Das waren ja schöne Zustände. Es wird Zeit, dass damit aufgeräumt wird. Für dein Kind ist es auf jeden Fall hygienischer. Oder willst du, dass es bei seiner Ankunft in deinem Dreck landet und sich gleich irgendwelche Bakterien einsammelt?«

Nun ließ sie auch den Einlauf über sich ergehen, und nebenbei erkundigte ich mich, wie ihre bisherigen Entbindungen verlaufen seien. Ach, da gebe es nicht viel zu erzählen, meinte sie. Bei ihr sei immer alles gut gegangen.

Gab es bei ihr wirklich nicht viel zu berichten, oder war sie so wortkarg, weil sie verärgert über meine neuen Methoden war? Da ich mir unbedingt ein Bild machen wollte, hakte ich nach. »Es wäre schon hilfreich für uns beide, wenn ich ein bisschen mehr über deine bisherigen Geburten wüsste.«

Daraufhin versicherte sie mir, es seien immer ganz leichte und normale Geburten gewesen. Schon atmete ich auf, als sie in einem Nebensatz erwähnte, nur wegen der starken Nachblutungen habe sie jedes Mal einen Doktor dagehabt. Also doch!

Wie gut, dass ich in weiser Voraussicht den Arzt gleich bestellt hatte, lobte ich mich innerlich. Er würde bestimmt bald ankommen und zwar nicht nur, weil er es mir versprochen hatte. Wenn er auf meinem Zettel den Namen der Patientin las, würde er wissen, dass sein Kommen dringend erforderlich war. Nur, wie wollte er zum Hof hinaufkommen bei dem vielen Schnee?

Nun ja, da er schon lange in diesem Sprengel tätig war, würde er seine Erfahrung mit den Schneemassen haben, hoffte ich. Bestimmt hatte er Schneeketten für sein Auto und konnte damit in der Spur des Traktors fahren. Ich rechnete mir bereits aus, dass er jeden Moment eintreffen müsste. Doch immer wieder wanderte mein Blick zur Uhr, ohne dass der alte Arzt kam. Immer wieder untersuchte ich die Bäuerin, und alles schien abzulaufen wie ein Paradebeispiel aus dem Lehrbuch. Der Muttermund öffnete sich genau, wie er sollte, und das Kind befand sich in der Ideallage. Alles perfekt also, wäre da nicht die Sache mit der Nachgeburt gewesen. Wo blieb der Doktor nur? Hatte ihn seine Haushälterin vielleicht aus lauter Rücksichtnahme nicht geweckt? Oder machte ihm der Weg hier herauf doch mehr zu schaffen, als ich gedacht hatte?

Äußerlich war ich die Ruhe selbst, doch innerlich starb ich tausend Tode. Was sollte ich machen, wenn die Blutungen einsetzten und der Arzt nicht rechtzeitig erschien?

Ich war schon drauf und dran, den Thalerbauern mit seinem Traktor auf die Suche nach dem Mediziner zu schicken, als es bei meiner Gebärenden ernst wurde und die Presswehen einsetzten. Voll damit beschäftigt, der Mutter Anweisungen zu geben, konnte ich mich nicht mehr darum kümmern, ob der Arzt kam oder nicht. Als das Köpfchen erschien, packte ich es und drehte es ganz leicht nach rechts, damit die Schulter durchtreten konnte. Dann eine leichte Drehung nach links und auch die andere Schulter kam zum Vorschein.

Wenig später, als ich das Kind in den Händen hielt, seinen ersten Schrei vernahm und der überglücklichen Lisbeth sagen konnte: »Es ist ein Bub. Er ist rundum gesund«, waren plötzlich der Doktor und meine ganze Angst vergessen. Ich nabelte den Kleinen ab, wog und maß ihn – über siebeneinhalb Pfund brachte er auf die

Waage und war einundfünfzig Zentimeter lang. Anschließend wickelte ich ihn in ein bereitliegendes Handtuch und legte ihn neben seine Mutter unter die Decke, damit er es warm genug hatte.

Dann kümmerte ich mich um die Nachgeburt, die ebenfalls problemlos kam und so vollständig war, wie es im Lehrbuch nicht besser hätte abgebildet sein können. Damit es erst gar nicht zu der gefürchteten Nachblutung kam, ließ ich mir vom Bauern einen Eimer Schnee bringen, den ich in die mitgebrachte Wärmflasche füllte, die jetzt den Bauch der Wöchnerin kühlen sollte, denn Kälte stillt bekanntlich Blutungen. Nun endlich konnte ich in aller Ruhe das Neugeborene baden und ihm die Erstlingssachen anziehen.

In diesem Augenblick fühlte ich mich ebenso erleichtert wie stolz. Ich hatte ein Kind auf die Welt geholt! Ganz allein! Meine erste selbstständige Entbindung! Ohne Doktor, ohne Hebamme oder Schwester im Hintergrund! Damit hatte ich meine Meisterprüfung bestanden. War ich vorher fast vor Angst gestorben, so verging ich jetzt vor Freude.

Als auch nach der dreistündigen Beobachtungszeit noch alles in Ordnung und keinerlei Nachblutung aufgetreten war, ließ ich mich, mit mir und der Welt zufrieden, vom Thaler Franz wieder im Bauern-Taxi nach Hause bringen. Als wir bei mir ankamen, ging es inzwischen auf zehn Uhr zu.

»Am Nachmittag zur Wochenpflege finde ich schon allein zu euch rauf«, rief ich ihm beim Abschied nach.

»Wie ist es gelaufen?«, wollte meine Tante wissen, die mein Mann gerufen hatte, damit sie nach den Kindern schaute. Bei einer Tasse Kaffee musste ich ihr alles haarklein schildern, und so durchlebten wir die Ereignisse der Nacht quasi noch einmal gemeinsam. Obwohl meine Nachtruhe jäh unterbrochen worden war und anstrengende Stunden hinter mir lagen, empfand ich den ganzen Tag über keine Müdigkeit, so aufgekratzt war ich von meinem nächtlichen Abenteuer.

Bevor ich mich zur Wochenpflege auf den Tannenhof begab, platzte ich noch vor Beginn der Nachmittagssprechstunde bei dem Sprengelarzt herein und fragte: »Warum haben Sie mich heute Nacht versetzt?«

Statt mir eine Antwort zu geben, stellte er mir eine Gegenfrage: »Und wie ist es gelaufen bei der Thalerbäuerin?«

Ich erstattete ihm einen kurzen Bericht. »Na also, du hast es ja doch gekonnt«, war sein einziger Kommentar. Dann wandte er sich an seine Helferin: »Kannst mir den ersten Patienten schicken!«

Mich ließ er einfach stehen, als sei ich gar nicht vorhanden. Da ich einsah, dass angesichts des überfüllten Wartezimmers jetzt keine Zeit für weitere Erklärungen war, und weil auf mich zudem die Lisbeth wartete, verließ ich das Arzthaus. Trotzdem ließ mir die Sache keine Ruhe. Warum nur hatte er mich im Stich gelassen, obwohl er mir seine Unterstützung versprochen hatte? Als ich ihn das nächste Mal traf, stellte ich ihn erneut zur Rede, warum er in jener Nacht nicht gekommen sei.

»Schau, Kind«, sagte er väterlich zu mir. »Ich bin absichtlich nicht gekommen, damit du es lernst, selbstständig zu arbeiten und Entscheidungen zu treffen. Hätte ich dir dieses Mal geholfen, wärst du bei deiner nächsten Entbindung ebenso unsicher gewesen, weil du noch immer nicht wüsstest, dass du es auch allein kannst.«

Er hatte Recht, wie ich, wenn auch widerstrebend, zugeben musste. Einen Einwand hatte ich in diesem speziellen Fall allerdings doch: »Es war trotzdem leichtsinnig von Ihnen, nicht zu kommen. Oder haben Sie vergessen, dass die Lisbeth zu Nachblutungen neigt?«

»Das war mir schon bewusst. Bisher hat es aber immer gereicht, wenn die alte Hebamme den Franz losschickte, um mich zu holen.«

»Sie sind ein Schlitzohr, Herr Doktor«, tadelte ich ihn scherzhaft. »Aber ich bin Ihnen für diese Lektion sehr dankbar.« Ja, dafür würde ich ihm mein ganzes Berufsleben lang dankbar bleiben.

Während ich mich in dem Gefühl sonnte, praktisch eine Heldentat begangen zu haben, begannen im Sprengel wilde Gerüchte zu kursieren. Ob es die Bäuerin selbst gewesen ist oder ob die Magd aus der Wochenstube geplaudert hat, weiß ich nicht. Auf jeden Fall erzählte man sich unter der Hand schlimme Dinge über mich. Ich selbst erfuhr davon erst Monate später, als mir eine wohlmeinende Mitbürgerin etwas zuraunte, doch ich habe nie erfahren, ob sie selbst nicht auch darüber empört war.

»Das glaubst nicht, wie sich die Leute die Mäuler über dich zerreißen«, sagte sie.

»So, tun sie das?«

»Ja, rasieren tätst du die Mütter! Und ihnen einen Einlauf machen! Und einen Haufen Wäsche würdest verbrauchen.«

»Ja, das stimmt alles«, bestätigte ich mit einem Lächeln, während sie Mund und Augen aufriss. »Es wird höchste Zeit, dass in diesem Tal, was die Hygiene angeht, endlich moderne Zeiten anbrechen.«

Aber so etwas ging nicht von heute auf morgen – das würde ich noch erfahren müssen.

In der Dachkammer

In unserer Gegend war es üblich, jeden Menschen, egal ob jung oder alt, zu duzen. Es sei denn, jemand war auf den ersten Blick als Fremder zu erkennen oder sprach einen auf Hochdeutsch an. In einem solchen Fall redete zumindest ich die betreffende Person mit Sie an und bemühte mich automatisch, keinen ausgeprägten Dialekt zu sprechen. Dennoch gab es mitunter Verständigungsschwierigkeiten.

Mit dem wachsenden Wohlstand in den fünfziger Jahren gab es in den Städten immer mehr Menschen, die sich einen Urlaub in den Bergen leisteten. Im Sommer kamen die Wanderer und im Winter die Skifahrer. Vor allem der Wintertourismus erlebte einen gewaltigen Aufschwung und ließ auch in unseren entlegenen Tälern eine wachsende Zahl von Hotels, Pensionen und Restaurants aus dem Boden schießen. Die alten, bescheidenen Dorfgasthäuser wurden umgebaut und renoviert, damit sie den Ansprüchen der Gäste gerecht wurden.

In der ersten Zeit meiner Tätigkeit als Berghebamme kannte ich von diesen Häusern nur die eindrucksvollen Fassaden und die Namen. Für mich gab es keine Veranlassung, ein Hotel aufzusuchen oder in einem Restaurant zu speisen, und so waren mir weder Besitzer noch Personal bekannt.

Eines frühen Morgens im April – mein Mann war gerade zur Arbeit gegangen, und die Kinder schliefen noch – klopfte es an meiner Haustür. Draußen stand ein Mann mittleren Alters in blauer Livree. Der Schriftzug auf seiner Dienstmütze wies ihn als Mitarbeiter des »Blauen Enzian« aus, das zu den besten Hotels am Platz gehörte.

»Die Wirtin schickt mich. Du sollst sofort mitkommen«, sprudelte er aufgeregt hervor.

»Ich? In den Enzian? Was gibt's denn da für mich zu tun?«

»Das wird die Wirtin dir schon sagen.«

Zugegeben, ich war gespannt und schnappte meinen Koffer, um dem Mann in Livree zu folgen. Vor meinem Haus stand wartend eine elegante Limousine, wie ich sie noch nie gesehen hatte. Und gefahren war ich mit einem so noblen Gefährt natürlich erst recht nicht. Etwas befangen setzte ich mich auf den Beifahrersitz und bat den Chauffeur, einen kleinen Umweg zu meiner Tante zu fahren, damit ich sie zu meinen Kindern schicken konnte.

Während der kurzen Fahrt versuchte ich herauszufinden, wer im Hotel eine Hebamme brauchte. Aber so sehr ich auch bohrte und wie geschickt ich meine Fragen formulieren mochte, es war nichts aus dem Livrierten herauszulocken. Er zuckte immer nur die Schultern und antwortete: »Das weiß ich nicht.«

Wollte er aus Loyalität seiner Chefin gegenüber nichts verraten? Hatte sie es ihm gar verboten? Oder wusste er tatsächlich nicht, was man von mir wollte? Der verschwiegene Mensch in Livree geleitete mich zum Hintereingang und führte mich zu einer eleganten Frau in einem gut sitzenden dunkelblauen Schneiderkostüm, zu dem sie eine cremefarbene Bluse und farblich abgestimmte hochhackige Schuhe trug. Ihr langes blondes Haar hatte sie am Hinterkopf kunstvoll aufgesteckt.

Dass diese Dame nicht in anderen Umständen war, erkannte ich auf den ersten Blick. Ihrer Erscheinung nach zu urteilen, handelte es sich vermutlich um die Hotelchefin persönlich.

Ich betrachtete sie eingehend: Sie mochte etwa zehn Jahre älter sein als ich und sah überwältigend aus – so sehr, dass ich vor Ehrfurcht erstarrte und es nicht wagte, sie etwa zu duzen. Bevor ich mir jedoch klar werden konnte, wie ich sie anreden sollte, kam sie bereits ungeduldig auf mich zu. »Du bist also die Hebamme«, konstatierte sie mit offensichtlicher Erleichterung. »Komm mit.«

Ich folgte ihr die Hintertreppe hinauf in den obersten Stock, besser gesagt auf den Dachboden, zu dem schließlich nur noch eine Art Hühnerleiter hinaufführte. Wir gingen einen langen Gang entlang, auf dem sich zu beiden Seiten Türen befanden. Vor einer machten wir schließlich Halt, und mir war, als hörte ich dahinter ein leises Wimmern. Die Hotelchefin drückte die Tür auf, bedeutete mir mit der Hand einzutreten und erklärte wenig freundlich: »Da haben wir die Bescherung.«

Der Raum, in dem ich jetzt stand, war so winzig, dass eine zweite Person nur im Weg gestanden hätte, und deshalb war ich froh, dass die elegante Dame es vorzog, draußen zu bleiben. Im Bett sah ich ein sehr junges Mädchen, fast noch ein Kind, mit einem verängstigten, von Tränen verschmierten Gesicht.

Bei meinem Eintreten hörte das leise Klagen für einen Moment auf, und ich nutzte die Gelegenheit, um mich vorzustellen: »Ich bin die Hebamme, die Nanni, und wer bist du?«

»Ich bin die Susanna.«

»Aha, und du kriegst ein Kind?«

»Ja, kann sein – ich weiß nicht.«
»Na, dann schauen wir mal nach.«
Ich schlug die Bettdecke zurück und erschrak. Einen so mageren und unterentwickelten Körper hatte ich bei einer werdenden Mutter noch nie gesehen. »Wie alt bist du?«, kam es mir unwillkürlich von den Lippen.

»Fünfzehn«, flüsterte sie und stöhnte dann laut auf, weil offensichtlich eine Wehe kam.

»Fünfzehn?«, wiederholte ich ungläubig und konzentrierte meine Aufmerksamkeit auf das Bäuchlein, das sich bei dieser mageren Gestalt deutlich abzeichnete. Vorsichtig tastete ich es ab. Ja, da bewegte sich etwas. Da war mit Sicherheit ein Kind drin, und wenn ich mich nicht täuschte, befand es sich in der idealen Lage, mit dem Hinterkopf nach unten, schien allerdings winzig zu sein, sodass ich eine Frühgeburt vermutete.

»In welchem Monat bist du, Susanna?«, wollte ich wissen.

»Ich weiß nicht«, lautete die wenig aufschlussreiche Antwort. Ich setzte mein Stethoskop an und hörte erstaunlich kräftige kindliche Herztöne. Nach einer erneuten Wehe kontrollierte ich die Öffnung des Muttermundes und wusste Bescheid. Wenn ich die Schwangere jetzt noch in die Klinik zu schaffen versuchte, würde ich riskieren, dass das Kind unterwegs zur Welt kam, denn die Geburt war schon ziemlich weit fortgeschritten.

Ob ich den Arzt verständigen sollte? Um diese Frage mit der Hotelchefin abzuklären, warf ich einen Blick in den Gang, doch die Gesuchte war wohl wieder an ihre Arbeit zurückgekehrt. Sollte ich ins Erdgeschoss laufen? Unmöglich! Ich durfte die kleine Susanna jetzt nicht allein lassen, denn das Kind konnte jeden Moment kommen. Nachher war überdies immer noch Zeit genug, zu entscheiden, ob Mutter und Kind einen Arzt brauchten.

Ich wunderte mich, woher das kleine Persönchen die Kraft nahm zu pressen, aber sie machte das ausgezeichnet, besser als viele reifere Frauen. Nach nur wenigen Presswehen hielt ich das Kind in der Hand, aber es war ein ziemlich armseliges Würmchen! Allerdings schrie es sofort aus Leibeskräften, und was mich vor allem überraschte, war seine beachtliche Größe. Das Neugeborene war eindeutig ausgereift und voll ausgetragen und abgesehen von seinem geringen Gewicht, das dem eines Frühchens entsprach, offenbar auch gesund. Trotzdem war es ein Bild des Jammers – ihm fehlte jedes bisschen Babyspeck, und sein mageres Gesichtchen wirkte fast greisenhaft. Nun ja, ein Wunder war es natürlich nicht bei dem kindlichen Körper der Mutter.

Da für den Empfang des Kindes absolut nichts vorbereitet war, wickelte ich es in eines von meinen Frotteetüchern und legte es Susanna in den Arm. Deren Gesicht wirkte plötzlich wie verzaubert – es leuchtete geradezu von innen heraus wie bei einem kleinen Mädchen, das auf dem weihnachtlichen Gabentisch eine schöne Puppe vorgefunden hat. Sie drückte das Baby behutsam an sich, streichelte mit dem Zeigefinger der freien Hand über die eingefallenen Bäckchen und murmelte: »Mein Kind. Ich hab ein richtiges Kind.« Dann drückte sie ihm einen zärtlichen Kuss auf die Stirn. In diesem Moment hätte ich vor Freude weinen können.

Nachdem auch die Nachgeburt da war, machte ich mich daran, das Kind zu versorgen. Obwohl der Enzian ein für damalige Verhältnisse äußerst komfortables Hotel war, gab es in den Dienstbotenkammern nichts dergleichen. Draußen auf dem Gang hätte ich nur kaltes

Wasser holen können, und deshalb machte ich mich auf den Weg ins Erdgeschoss, um die Küche zu suchen. Weil dort ein ziemlich geschäftiges Treiben herrschte, wollten alle mich am liebsten abwimmeln, und es dauerte eine geraume Zeit, bis ich einem der Mädchen endlich nachdrücklich klarmachen konnte, dass ich dringend einen Kessel heißes Wasser nebst einer großen Blechschüssel brauchte. Warum ich diese Dinge haben wollte, dafür schien sich niemand zu interessieren.

Ich räumte den Nachtkasten neben Susannas Bett frei, damit ich Platz für meine Schüssel hatte. Dann mischte ich heißes und kaltes Wasser, bis die Badetemperatur genau richtig war für ein Neugeborenes. Interessiert schaute mir die junge Mutter zu, wie ich ihr Baby badete, anschließend den Nabel versorgte und es auf ihrem Bett wickelte und anzog. Dazu verwendete ich Sachen aus meiner Tasche, denn für solche Notfälle hatte ich stets eine Erstlingsausstattung sowie Windeln dabei. Meine Hemdchen und Jäckchen waren dem dünnen Kind allerdings viel zu weit.

Weil nichts vorbereitet war und Susanna in dieser armseligen Dachkammer lag, war ich der festen Überzeugung, sie sei eines der Küchen- oder Zimmermädchen und hätte ihren Zustand bis vor wenigen Stunden vor der Chefin geheim gehalten.

Mangels eines Babykorbes legte ich das wohl verpackte Kind neben der Mutter ins Bett, die es sogleich fest in ihre Arme schloss. Ich konnte mir beim besten Willen nicht vorstellen, wie man in diesem Raum noch eine Wiege oder ein Kinderbett unterbringen sollte, aber darüber musste man später nachdenken.

Zunächst verbrachte ich an Susannas Bett die vorgeschriebene Beobachtungszeit, ohne dass die elegante Frau sich nur ein einziges Mal blicken ließ. Freilich, als Chefin eines so großen Betriebes hatte sie alle Hände voll zu tun und konnte sich nicht um die Eskapaden eines Stubenmädels kümmern, dachte ich bei mir. Dennoch hätte ich so viel Menschlichkeit von ihr erwartet, dass sie wenigstens kurz nach dem armen Ding schaute.

Ich saß also wartend am Bett der jungen Mutter und beobachtete, wie sie glücklich das kleine Bündel Mensch betrachtete. Durch behutsames Fragen versuchte ich herauszufinden, wie Susanna an das Kind gekommen war. Auf meine Frage, ob ihr Freund davon wisse, dass sie ein Kind erwartete, antwortete sie, sie habe keinen Freund.

»Ja, wenn du keinen Freund hast, wer ist dann der Vater deines Kindes?«

Sie schaute mich so verständnislos an, dass ich dachte, sie könne nicht bis drei zählen. Sie zuckte die Schultern und antwortete: »Woher soll ich das wissen?«

»Ja, wenn du es nicht weißt, wer soll es dann wissen? Sind es denn so viele, mit denen du geschlafen hast?«

»Geschlafen?«, fragte sie gedehnt. »Ich hab mit keinem geschlafen.«

»Ja, Mädchen, du willst mir doch nicht weismachen, dass dein Kind durch Jungfernzeugung entstanden ist?«

»Was meinst du damit?« Das fragte sie mit so ehrlich naivem Gesichtsausdruck, dass ich mich genötigt sah, mit meiner Aufklärung bei Adam und Eva anzufangen. »Schau mal, du hast doch vor einiger Zeit deine Periode gekriegt.«

»Was ist das?«

»Nun, irgendwann hast du doch in deiner Unterhose Blut entdeckt.«

»Ach so, du meinst die Tage? Kurz nach meinem vierzehnten Geburtstag hatte ich sie zum ersten Mal. Da hat mir die Mutter Binden gegeben und erklärt, das sei nichts Schlimmes und das komme jetzt öfters.«

»Ja, und danach musst du doch mit einem Mann Kontakt gehabt haben.«

»Was für einen Kontakt?«

Aus meiner Tasche angelte ich mein Lehrbuch. Ich kannte es zwar auswendig, hatte es in der Anfangszeit aber immer dabei für den Fall, dass ich einmal etwas schwarz auf weiß demonstrieren wollte.

Ich zeigte ihr die Seiten, auf denen die Anatomie der Frau dargestellt war, doch leider fehlten damals in den Lehrbüchern die entsprechenden Abbildungen über den Mann. Deshalb nahm ich einen Bleistift und malte ihr mehr schlecht als recht die Geschlechtsteile des Mannes auf und beschrieb ihr den Geschlechtsakt. Sie folgte meinen Ausführungen sehr aufmerksam und platzte auf einmal heraus: »Ach, so ist das! Jetzt erinnere ich mich wieder an das schreckliches Erlebnis, das ich im vorigen Sommer hatte.«

»Was für ein Erlebnis?«, hakte ich nach.

Ihrem Gesichtsausdruck zufolge war sie bemüht, sich diese Szene ins Gedächtnis zurückzurufen. Stockend erzählte sie: »Es muss im letzten Juli gewesen sein. Da wachte ich eines Nachts auf durch einen stechenden Schmerz im Unterleib. Und dann merkte ich, dass jemand auf mir lag. In dem schwachen Lichtschein, der durchs Fenster hereinfiel, hab ich die Umrisse eines Mannes erkannt. Ich hatte fürchterliche Angst und versuchte, ihn wegzustoßen, hatte aber nicht die Kraft dazu. Weil er spürte, dass ich mich wehren wollte, hielt er mir den Mund zu, noch ehe ich anfangen konnte zu schreien und zischte: ›Still! Nicht schreien! Es ist alles gut. Ich geh ja schon.‹ Wenig später war er verschwunden, und ich schlief bald wieder ein. Am nächsten Morgen glaubte ich, ich hätte das nur geträumt. Deshalb erzählte ich niemandem davon. Über der vielen Arbeit hab ich es auch bald vergessen. Von da an schloss ich aber vorsichtshalber jeden Abend meine Kammer zu.«

»Hast du am Morgen nicht ein bisschen Blut in deiner Wäsche entdeckt?«

»Doch, schon. Ich dachte aber, meine Tage wären zu früh gekommen. Ich wunderte mich allerdings, dass sie so schnell wieder vorbei waren.«

Aufgrund ihres Gesichtsausdrucks bei meiner Ankunft und aufgrund der äußerst knappen Auskünfte, die sie mir während der Entbindung gegeben hatte, war bei mir der Eindruck entstanden, Susanna sei geistig vielleicht ein bisschen minderbemittelt. Im Verlauf unseres Gesprächs aber musste ich meine Meinung revidieren. Sie sprach ganz normal und wusste sich korrekt auszudrücken. Aber sie war völlig ahnungslos.

Im Geist schlug ich die Hände über dem Kopf zusammen. Dieses arme Ding war ja noch unaufgeklärter, als ich es in ihrem Alter gewesen war. Im Gegensatz zu mir hatte sie wohl keine Freundinnen oder Kolleginnen, die ihr wenigstens einen Hauch von Informationen über das Entstehen menschlichen Lebens mitgegeben hätten.

»Du hast keine Ahnung, wer der Mann gewesen sein könnte, der bei dir im Zimmer war?«, forschte ich weiter.

»Es war ja dunkel. Ich hab sein Gesicht nicht erkennen können.«

»Könnte es einer der Hausangestellten gewesen sein?«

»Nein, auf keinen Fall. Er sprach hochdeutsch. Vermutlich war es ein betrunkener Gast, der sich in der Etage geirrt hat.«

In der Etage hatte der Mann sich bestimmt nicht geirrt, schon eher im Zimmer. Wahrscheinlich hatte er mit einer der Serviererinnen ein Rendezvous ausgemacht und das richtige Zimmer verfehlt. Während er sich anderweitig vergnügte, hatte die Ärmste vergeblich auf sein Erscheinen gewartet. Eines verstand ich jedoch immer noch nicht. »Dir muss doch aufgefallen sein, dass von diesem Zeitpunkt an die Tage bei dir ausgeblieben sind.«

»Das schon, aber das war mir nicht unangenehm. Was hat das denn damit überhaupt zu tun?«

Mein Gott, das Kind wusste ja wirklich nichts. Also erzählte ich etwas vom weiblichen Zyklus, von Eisprung und Befruchtung, und eine staunende Susanna hörte zu.

»Mein Gott, war ich blöd!«, entfuhr es ihr. »Ich dachte immer, Kinder entstehen vom Küssen.«

Mir war nun klar, dass das arme Mädchen ohne jede Schuld in dieses Schlamassel geraten war. Ob das aber auch die Chefin wusste?

Susanna war es sehr angenehm, dass ich ihr diese Aufgabe abnehmen wollte. Außerdem konnte ich die Frau dann gleich bitten, für Babykleidung, Windeln und ein Bettchen zu sorgen.

»Das wird sie gewiss tun«, gab sich das Mädchen optimistisch. »Schließlich ist sie meine Mutter.«

»Deine was?« Mir blieben die Worte im Hals stecken. Sobald ich mich wieder gefangen hatte, legte ich los: »Deine Mutter ist die Besitzerin dieses prachtvollen Hotels? Und dann lässt sie ihre eigene Tochter in einem so elenden Loch wohnen?«

»Sie selbst wohnt auch nicht viel besser«, verteidigte das Mädchen die Mutter. »Genau wie das übrige Personal müssen wir uns mit den kleinsten Räumen begnügen. Die schönen Zimmer sind für die Feriengäste.«

So war das also. Man lernte immer noch etwas dazu. Nur weil ein Hotel eine repräsentative Fassade hatte, nur weil die Chefin elegant gekleidet und frisiert war, glaubte man, diese Leute müssten in einem gewissen Wohlstand, wenn nicht gar Luxus leben. Ja, da wohnten selbst wir in unserem kleinen gemieteten Holzhaus komfortabler!

In diesem Moment klopfte es an der Tür, und die Frau, über die ich soeben nachgedacht hatte, steckte den Kopf herein: »Wie sieht es aus?«, fragte sie ein wenig atemlos.

Anstatt lange Erklärungen abzugeben, nahm ich den schlafenden Säugling und reichte ihn ihr. »Herzliche Glückwünsche zur Enkelin! Ihre Tochter war sehr tapfer und hat alles gut überstanden.«

Während die schöne Hotelbesitzerin die Kleine in den Armen wiegte, traten ihr Tränen in die Augen, und Susanna und ich weinten vor Rührung gleich mit.

»Jetzt bin ich also Großmutter«, konstatierte sie. »Mit zweiundvierzig Jahren Großmutter! Das hätte ich mir gestern noch nicht träumen lassen. Wenn es meiner Tochter wieder besser geht, werde ich mal ein ernstes Wörtchen mit ihr darüber reden müssen.«

Ihre Reaktion war verständlich, aber im Augenblick waren andere Dinge wichtiger. Ehe die viel beschäftigte Frau wieder an ihre Arbeit zurückkehrte, bat ich sie noch, den Arzt rufen zu lassen. »Die Kleine scheint mir zwar eigentlich gesund zu sein, aber sie ist stark untergewichtig, und deshalb möchte ich sie gern unserem Doktor vorstellen.« Als die frischgebackene Großmutter zustimmend nickte, meinte ich ergänzend: »Bei der Gelegenheit kann er sich gleich die junge Mutter anschauen, denn deren Gewicht gefällt mir auch nicht.« Mir war an einer solchen Kontrolle gelegen, weil sich bestimmt das Jugendamt einschalten und eventuell Fragen stellen würde, ob dieses junge Mädchen überhaupt geeignet war, ein Kind aufzuziehen.

In erstaunlich kurzer Zeit war Dr. Bodmer, der alte Brummbär, in Begleitung der Hotelbesitzerin da.

»Na, Nanni, was hast denn da wieder fabriziert«, pflaumte er mich an, als ich das spindeldürre Kind auspackte. Doch sogleich wurde er ernst und untersuchte sorgfältig das magere kleine Wesen. Dann wandte er sich an die junge Mutter. »Anscheinend fehlt dem Kind nichts«, war sein Befund, »nur ein bisserl Fett. Das müsst ihr ihm halt ranfüttern.«

Anschließend untersuchte er Susanna von Kopf bis Fuß. Er tastete ihren Bauch ab und schaute sich den Damm an, ob nicht vielleicht genäht werden müsste, aber es gab nichts zu beanstanden.

»So weit ist alles in Ordnung, aber um sicher zu gehen, schau ich mir die beiden morgen noch mal an. Du musst beide halt aufpäppeln, Rosa«, wandte er sich an die Wirtin. »Auch deine Tochter braucht was auf die Rippen.«

Nachdem der Arzt sich verabschiedet hatte, ließen wir Susanna allein, damit sie endlich den versäumten Schlaf nachholen konnte. Ich wollte die Gelegenheit nutzen, um mit der Mutter über das Zustandekommen dieser Schwangerschaft zu reden, doch zuvor erzählte diese mir ihre Lebensgeschichte, die auch nicht so einfach war, wie der schöne Schein vermuten ließ.

Ihr Mann, der das Hotel groß gemacht hatte, war vor zwei Jahren ganz plötzlich an einem Herzinfarkt gestorben. Der Sohn, inzwischen einundzwanzig Jahre alt, steckte noch in der Ausbildung auf einer Hotelfachschule, und so war der Witwe nichts anderes übrig geblieben, als mit Hilfe fähiger Mitarbeiter die Leitung des Hotels zu übernehmen, bis sie es eines Tages in die Hände des Sohnes übergeben konnte. Und es war selbstverständlich gewesen, dass auch Susanna nach Beendigung der Schulzeit mit angepackt hatte, und offensichtlich war das zierliche Mädchen eine wichtige Stütze der Mutter geworden. Sie war überall eingesprungen, wo Not am Mann war, als Zimmermädchen, als Bedienung, an der Rezeption, in der Küche. Erst heute morgen, als sie bis halb sieben nicht zum Frühstück erschienen war, hatte die Hotelbesitzerin gemerkt, dass etwas nicht stimmte.

»Die Susanna war bis jetzt die Pünktlichkeit in Person, und deshalb war ich sehr beunruhigt, als sie nicht auftauchte. Ich ging sofort nach oben und fand sie weinend in ihrem Bett. Sie müsse gestern etwas Falsches gegessen haben, meinte sie, denn seit Stunden schon habe sie immer wieder schreckliche Bauchschmerzen. Wenn sie denke, sie seien endlich vorbei, kämen sie umso stärker wieder. ›Das hört sich ja grad nach Wehen an‹, scherzte ich, doch als ich mir ihren Bauch anschaute und abtastete, wurde mir ganz anders. ›Das sieht ja tatsächlich aus, als ob du ein Kind kriegst. Wir brauchen sofort die Hebamme.‹ In Panik bin ich davon gestürmt, um dich holen zu lassen. Den Rest kennst du ja.«

Den Rest wusste ich, und zwar wesentlich mehr, als die junge Großmama ahnen konnte. Während ich mir noch überlegte, wie ich die Wahrheit am schonendsten formulieren konnte, kam sie mir zuvor. »Den ganzen Vormittag hab ich mir das Gehirn zermartert, wie das passieren konnte. Was hab ich falsch gemacht? Das Kind ist doch so behütet aufgewachsen. Es hat auch keinen Freund, soviel ich beobachten konnte. Für Männer hat sich Susanna noch gar nicht interessiert, wie mir schien. Außerdem war sie von früh bis spät eingespannt.«

Nun packte ich behutsam mein Wissen aus.

»Um Gottes Willen, das arme Mädchen!«, rief die Mutter erschrocken und erschüttert aus. »Und ich hatte sie schon, wer weiß wie, verdächtigt. Wie kann ich das nur wieder gutmachen?«

»Nun ja, der Verdacht allein hat Susanna bis jetzt nicht gekränkt, denn sie wusste ja nichts davon. Trotzdem können Sie ihr etwas Gutes tun. Wie wäre es, wenn Sie Ihrer Tochter ein größeres Zimmer geben, damit sie es mit ihrem Kind ein wenig bequemer hat?«

»Das hab ich bereits angeordnet – sie wird heute noch umquartiert. Übrigens, du kannst ruhig Du zu mir sagen, ich bin doch von hier.«

Ich zuckte die Schultern und meinte ein wenig verlegen: »Es ist mir gar nicht in den Sinn gekommen, dich zu duzen. Mit deiner eleganten Kleidung und der gewählten Aussprache dachte ich, dass du eine aus der Stadt bist, und zu denen sagen wir halt nicht Du.«

Immerhin war nach diesem Gespräch zwischen uns eine gewisse Vertraulichkeit hergestellt, die es mir erleichterte, auch meine anderen Wünsche vorzubringen, und ich bat sie, doch für ihr Enkelkind alles zu besorgen, was man für ein Baby brauchte. Darüber würde sich die Susanna bestimmt freuen.

Die Rosa lächelte. »Darum hab ich mich längst gekümmert. Was meinst du, warum ich heute Morgen so lange unsichtbar war? Weil ich in der engen Kammer doch nur im Weg gewesen wäre, hab ich in den

Speicherzimmern gestöbert und das Bettchen von der Susanna gesucht. Der Himmel und die Bettwäsche waren auch noch da, und in einem Koffer hab ich einige schöne Babysachen gefunden, die ich damals aufgehoben hab. Es ist alles bereits in der Waschküche, und was dann noch fehlt, das besorge ich demnächst in der Stadt.«

Ehe ich das Haus verließ, schauten wir gemeinsam noch einmal bei der jugendlichen Wöchnerin herein. Friedlich schlafend lag sie da, den Arm schützend um ihr Kind gelegt. Sie sah aus wie ein Kind, das mit seiner Puppe im Arm eingeschlafen ist.

Rosa begleitete mich bis an die Haustür. Als ich ihr zum Abschied die Hand reichte, sagte sie: »Übrigens, wenn du ein Telefon hättest, wärst du viel einfacher zu erreichen gewesen.«

»Ja, weißt, darüber hab ich auch schon nachgedacht. Aber es lohnt noch nicht, denn die meisten Leute hier könnten mich ohnehin nicht anrufen, weil sie selbst keines haben. Außerdem ist es praktisch, wenn die Leute mich gleich mitnehmen. So finde ich leichter hin und werde meist bequem gefahren, zwar nie so bequem wie mit eurer Limousine, aber zur Not tut's ein Traktor auch.«

Die Rosa lachte und verabschiedete sich mit nochmaligem Dank von mir.

Als ich anderntags zur Wochenpflege erschien, staunte ich nicht schlecht. Wie eine Prinzessin gebettet, lag Susanna in einem geräumigen hellen Gastzimmer, das sogar ein eigenes kleines Bad hatte, damals selbst für ein Luxushotel fast eine Seltenheit. Ihr zur Seite stand das Bettchen, in dem sie selbst noch vor wenigen Jahren gelegen hatte, und darin schlummerte die kleine Rosanna, deren

Name eine Neuschöpfung aus den Namen ihrer Mutter und ihrer Großmutter war.

Wenig später erschien auch der Arzt, wie er versprochen hatte. Staunend schaute er sich in dem Zimmer um und sagte nur anerkennend: »Donnerwetter!«

Als wir gemeinsam das Hotel verließen, fragte er: »Wie machst du das nur? Das ist erst das fünfte Kind, das du in diesem Sprengel auf die Welt geholt hast, du bist erst seit ein paar Wochen hier und genießt schon so großes Vertrauen – ich hab dafür ganze vier Jahre gebraucht.«

»Vielleicht liegt es daran, dass ich nicht nur eine von ihnen bin, weil ich selbst aus einem Dorf stamme, sondern auch, weil ich selbst Mutter bin und weiß, worüber ich rede – nicht nur theoretisch.« Ich schaute ihn lächelnd an und scherzte: »Bei Ihnen ist das etwas anderes. Ein Studierter aus der Stadt und dazu ein Mann – da gehen unsere Bauersfrauen eben zunächst auf Distanz.«

Lawinen

Kinder haben es an sich, dass sie sehr oft nachts beschließen, auf die Welt zu kommen. Normalerweise hat es mir nicht viel ausgemacht, wenn ich aus dem Schlaf zu einer Entbindung geholt wurde, denn als ich mich für diesen Beruf entschied, hatte ich schließlich gewusst, auf was ich mich einließ. Eine Dezembernacht allerdings, die auf den Tag nach Nikolaus folgte, bildete eine Ausnahme. Da wäre ich froh gewesen, wenn der Kelch an mir vorübergegangen wäre. Doch ich will nicht vorgreifen.

Alles begann am späten Vormittag des Nikolaustages, als eine Kutsche vor meinem Haus hielt. Neugierig spähte ich durchs Küchenfenster und sah, wie sich der Sonnbichlerbauer vom Kutschbock schwang und eiligen Schrittes auf mein Haus zustrebte – eindeutig ein Alarmzeichen. Ich ließ alles liegen und stehen, eilte in den Hausgang und zog meinen Mantel über. Als der Sonnbichler klingelte – inzwischen hatte ich mir eine Türglocke anbringen lassen –, war ich bereits startklar.

»Du bist aber schnell«, lobte er mich statt einer Begrüßung. »Es pressiert auch. Als ich daheim weg bin, kamen bei meiner Kathrein die Wehen schon dicht hintereinander.«

Das konnte ich mir vorstellen, denn immerhin erwartete sie bereits ihr viertes Kind. Für mich war es die zweite Geburt auf dem Sonnbichlerhof; die beiden ältesten Kinder waren noch zu Lebzeiten meiner Vorgängerin zur Welt gekommen.

Der Bauer half mir in die Kutsche, umhüllte meine Beine sorgfältig mit einem Pelz, und schon ging's los. Er schnalzte er mit der Zunge, sein Pferd setzte sich in Bewegung, und er trieb es zur Eile an. Zwei Wege führten zum Sonnbichlerhof, doch der kurze, steile war mit der Kutsche nicht zu passieren, sodass der Sebastian wohl oder übel den längeren Weg nehmen musste, und selbst auf diesem hatte das Pferd seine Mühe, weil auch hier eine ganz beachtliche Steigung zu überwinden war. Folglich kamen wir nur langsam vorwärts – schweißbedeckt erreichte das Tier schließlich den Hof und musste im Stall erst einmal trocken gerieben werden.

Während der Sebastian noch mit seinem Pferd beschäftigt war, ging ich schon ins Haus, wo mich die Kathrein erleichtert begrüßte: »Da bist ja! Gott sei Dank! Ich glaub, es geht bald los.«

Die Untersuchung zeigte, dass die Bäuerin mit ihrer Vermutung richtig lag. Trotzdem blieb noch Zeit für die hygienischen Geburtsvorbereitungen, gegen die inzwischen niemand mehr protestierte. Die umsichtige Magd hatte schon alles bereitgestellt oder herausgelegt, was ich brauchte, vor allem heißes Wasser und saubere Tücher, Säuglingswäsche und Windeln.

Der Bauer ließ es sich nicht nehmen, bei der Geburt anwesend zu sein und seiner Frau beizustehen, und bereits nach kurzer Zeit konnte ich ihm seinen Sohn in den Arm legen. Der Sebastian und seine Frau strahlten vor Glück. Endlich war nach drei Töchtern der ersehnte Hoferbe angekommen! Aus Dankbarkeit über seine Geburt und weil Nikolaustag war, bekam er – gegen alle Tradition – den Namen Nikolaus. Der Name des Vaters, Sebastian, wurde nur als Zweitname angehängt. »Damit er später wählen kann«, schmunzelte der Bauer.

Die Geburt des kleinen Nikolaus war glatt und ohne jegliche Komplikation verlaufen und wäre als solche gar nicht erwähnenswert. Aber dann kam der Tag danach, der erste Tag der Wochenpflege. Ich hatte der Sonnbichlerin versprochen, dass ich mich rechtzeitig auf den Weg machen werde, um so zwischen halb neun und neun bei ihr einzutreffen.

Der nächste Morgen bescherte mir jedoch eine unliebsame Überraschung, denn in der Nacht hatte es etwa dreißig Zentimeter Schnee gegeben, im Dorf wohlgemerkt, und das bedeutete, dass es in den Bergen vermutlich mehr war. Zudem schneite es unentwegt weiter. An einem solchen Tag mein Fahrrad zu nehmen, wäre völlig sinnlos, und so machte ich mich seufzend zu Fuß auf den Weg. Als ich gegen sieben Uhr die Bundesstraße erreichte, war sie bereits für den Berufsverkehr geräumt, und so kam ich ganz gut vorwärts.

Ich marschierte noch nicht lange, als neben mir ein Autofahrer anhielt. Es war der Jackl, ein Automechaniker, der auf dem Weg zur Arbeit war. Erst vor kurzem hatte ich seinen Sohn entbunden. »Wo geht's denn hin, Nanni?«, erkundigte er sich freundlich. »Ist der Storch wieder im Anmarsch?«

»Nein, er ist gestern bereits auf dem Sonnbichlerhof gelandet. Jetzt bin ich unterwegs zur Wochenpflege.«

»Dann pressiert's ja nicht gar so«, meinte er. »Aber trotzdem, steig ein. Bis zur Schlucht kann ich dich mitnehmen. Dann hast immer noch ein gutes Stück Weg vor dir.«

An der Schlucht, die sich weiter oben zu einer Klamm verengte, führte der kürzere Weg vorbei, der üblicherweise von den Fußgängern benutzt wurde. Ich kam also mit dem Auto meinem Ziel ein anständiges

Stück näher und konnte meine Kräfte für den Aufstieg schonen.

»Was hast denn bei den Sonnbichlers abgeliefert?«, wollte mein Fahrer wissen.

»Einen strammen Buben haben sie bekommen.«

»Das freut mich für die beiden. Nach drei Dirndln wurde es auch Zeit für einen Stammhalter«, meinte der Jackl, dessen Kommentar ziemlich typisch für die damals allgemein verbreitete Denkweise war.

Ich bedauerte es sehr, an der Abzweigung das warme Auto wieder verlassen zu müssen. Ab hier war nichts mehr geräumt, und der Schnee reichte mir bis zu den Kniekehlen. Da er aber zum Glück sehr pulvrig war, kam ich trotzdem einigermaßen zügig voran. Anstrengend war jedoch, dass ich meine schöne Tasche vor dem Bauch tragen musste, weil sie sonst durch den Schnee geschleift und womöglich beschädigt worden wäre.

So quälte ich mich auf dem schmalen Pfad, der zusehends steiler wurde, Meter für Meter nach oben. Dabei hielt ich mich dicht an den Fels, der links von mir steil aufragte, denn rechts von mir gähnte die Klamm, die so tief war, dass man den Wildbach, der sie gegraben hatte, nur ganz leise und entfernt hören konnte. Plötzlich bot sich mir ein Schauspiel, das mir fast das Herz stehen bleiben ließ, denn nur vier, fünf Meter von mir entfernt wälzte sich eine riesige weiße Wolke zu Tal – es war eine Lawine. Wäre ich ein paar Schritte weiter gewesen, hätte sie mich unweigerlich mit in die Tiefe gerissen.

Als ich mich aus meiner Erstarrung gelöst hatte, schickte ich ein Dankgebet zum Himmel. Erst dann wurde mir bewusst, dass mir der Weg abgeschnitten war, weil nämlich ein großer Teil der Schneemassen nicht in die Klamm gestürzt, sondern auf dem Weg vor mir liegen geblieben war und sich nun als unüberwindlicher Wall auftürmte. Ein Durchkommen war unmöglich. Was sollte ich nur machen, denn schließlich wartete oben die Kathrein auf mein Kommen! Bei alledem war es noch ein Glück, dass ich nicht auf dem Weg zu einer Entbindung war. Guter Rat war jetzt teuer.

Mich auf der Talseite des Weges an dem Schneehaufen vorbeizuhangeln, wäre einem Selbstmord gleichgekommen. Vielleicht konnte ich ein Stück an der Felsseite hinaufkraxeln und den Schneeberg von oben umgehen, überlegte ich. Ein Blick nach oben belehrte mich jedoch, dass dies ebenfalls aussichtslos war, denn direkt über mir befand sich ein Felsbrocken, der wie ein Vordach in den Weg hineinragte. Mir blieb nichts anderes übrig, als umzukehren, musste ich mir eingestehen.

In dem Moment aber, als ich umkehren wollte, brach hinter mir die Hölle los. Instinktiv flüchtete ich mich weiter unter den Felsvorsprung und drückte mich so eng an die Wand, wie es nur ging, um nicht in den Sog der ins Rutschen geratenen Schneemassen zu geraten. Entgeistert beobachtete ich, wie auch diese Wolke aus Schnee in die Klamm stürzte.

Als der Spuk vorbei war, dankte ich zwar dem Himmel ein zweites Mal, dass ich mit heiler Haut davongekommen war, doch ich saß jetzt endgültig in der Falle, denn durch die zweite Lawine war auch der Weg nach unten versperrt. Ich malte mir aus, wie lange es dauern würde, bis ich zwischen diesen Schneewänden erfrieren, verhungern oder verdursten würde. Wer sollte mich hier schon finden? Das konnte Tage dauern oder gar Wochen – niemand würde bei diesem Wetter diesen Weg benutzen. Meine Gedanken wurden immer schwärzer, und ich haderte mit mir, dass ich nicht den längeren Fahrweg genommen hatte. Auf die Idee, dass man mich bestimmt suchen würde, kam ich gar nicht.

Vielleicht zu meinem Glück, denn weil ich keinerlei Hilfe von außen erwartete, blieb mir nichts anderes übrig, als alle meine geistigen und körperlichen Kräfte zu mobilisieren. Du musst hier raus, murmelte ich immer wieder vor mich hin. Mit meinen Bergschuhen prüfte ich die Beschaffenheit des Schnees hinter mir und konstatierte, dass er fest war. Wenn ich irgendwo durchkam, dann nur in dieser Richtung, weil dieser Schneehaufen, der den Weg versperrte, zumindest wesentlich kleiner war als der obere.

Wäre da nicht mein schwerer Koffer gewesen, hätte ich mich auf allen Vieren über den Schnee arbeiten können, aber meine Tasche zurückzulassen, das kam nicht in Frage. Und so hielt ich diesen kostbaren Besitz krampfhaft in einer Hand und stützte mich mit der anderen im Schnee ab. Allerdings konnte ich in dieser Situation keine Rücksicht mehr darauf nehmen, ob die Tasche bei diesem Manöver verkratzt oder nass wurde. Es war auch so schon mühsam genug, mich nach oben zu arbeiten. Mit den Absätzen musste ich bei jedem neuen Schritt tief in die weiße Masse hineinhacken, um nicht abzurutschen, was möglicherweise einen Sturz in die Klamm zur Folge gehabt hätte.

Ich war so konzentriert darauf, einen falschen Tritt zu vermeiden, dass ich gar nicht an die Möglichkeit eines neuen Lawinenabgangs dachte. Das fiel mir erst ein, nachdem ich es geschafft hatte, doch der Berg war zum Glück ruhig geblieben. Als ich das Hindernis glücklich überwunden hatte und der Weg nach unten frei war, schickte ich ein drittes Dankgebet gen Himmel.

Sobald ich die geräumte Straße erreicht hatte, ging ich keineswegs nach Hause, um mich von dem Schrecken zu erholen, sondern nahm Richtung auf den Fahrweg, der zum Sonnbichlerhof führte. Es schneite noch immer. Zwar war der Schnee inzwischen etwas zusammengesackt, aber dafür war er schwerer, und jeder Schritt bereitete mir Mühe. Kein Wunder, denn ich fühlte mich völlig zerschlagen.

Als ich etwa drei Viertel des Weges zurückgelegt hatte, sah ich durch den Schleier der fallenden Schneeflocken undeutlich etwas entgegenkommen. Es dauerte eine Weile, bis ich ein Pferd erkennen konnte, das einen Schneepflug zog, hinter dem ein Mensch stapfte.

Ich atmete auf. Das war bestimmt der Sebastian, der sich auf die Suche nach der verschollenen Hebamme gemacht hatte. Wie enttäuscht war ich jedoch, als ich beim Näherkommen ein fremdes Gesicht erblickte. Das war nicht mein Bauer, der mir den Weg ebnete, sondern der Nachbar, der sein Gehöft ein gutes Stück unterhalb des Sonnbichlerischen Anwesens hatte.

»Ich dank dir schön, dass du mir den Weg geräumt hast«, rief ich ihm zu.

»Den hab ich doch nicht für dich geräumt«, rief er verwundert zurück, »sondern für den Viechdoktor.«

Freilich, bei mehr als fünfzig Zentimetern Schnee würde es der Tierarzt mit seinem alten VW trotz Schneeketten hier herauf nicht schaffen. Die Ehrlichkeit des Bauern amüsierte mich, zeigte mir jedoch auch, wie verbunden die Leute mit ihren Tieren waren und dass sie alles für sie taten. Das Wohlergehen des Viehs konnte über die Existenz eines Bauern entscheiden, und deshalb holte man in dieser Region eher einen Arzt für das Vieh als für einen Menschen.

»Wann kommt er denn, dein Viechdoktor?«, fragte ich in der Hoffnung, dass der Tierarzt mich vielleicht später mit nach unten nehmen könnte.

»Der kommt heute eigentlich nicht. Ich hab nur geräumt für den Fall, dass im Stall mal was passieren sollte.«

Das war ganz bezeichnend. Für den Tierarzt wurde sogar prophylaktisch geräumt, aber für die Hebamme zu räumen, die auf jeden Fall erwartet wurde, daran dachte der Sebastian nicht.

Die Sonnbichlers staunten nicht schlecht, als ich kurz nach Mittag auftauchte. Niemand hatte mehr mit mir gerechnet, sondern alle waren davon ausgegangen, ich hätte mich von dem vielen Schnee abhalten lassen. Als ich ihnen dann von meinem Abenteuer mit den beiden Lawinen und meinem Befreiungsversuch auf eigene Faust berichtete, staunten sie noch mehr und bewunderten meinen Mut.

Die Wochenpflege war rasch erledigt, denn bei Mutter und Kind war alles in bester Ordnung. Routinemäßig überprüfte ich den Nabel, schaute in die Windeln, ob der erste Stuhlgang erfolgt war, der wegen seiner schwarzen Farbe Kindspech genannt wird, schaute anschließend bei der Mutter nach dem Rechten und legte ihr das Baby erstmals zum Trinken an.

Zur Belohnung für meine Mühen wurde ich mit einer kräftigen Suppe bewirtet, anschließend einem heißen Kaffe und einem Schnaps, den ich an diesem Tag weiß Gott gut gebrauchen konnte. Dermaßen gestärkt trat ich den Rückweg an, der mir nicht mehr so schwerfiel, zumal ab dem nächsten Hof ja geräumt war – für den Tierarzt. Ich begegnete wiederum dem fürsorglichen Bauern, der mir auf halber Strecke mit seinem Schneepflug entgegenkam.

»Ich dank dir fürs Räumen, wenn's auch nicht für mich ist, sondern für den Viechdoktor«, rief ich ihm gut gelaunt zu. Er grunzte irgendetwas, das ich nicht verstand, und dann war ich auch schon an ihm vorbei.

Es war fast später Nachmittag, als ich endlich zu Hause ankam. Ich war todmüde und fühlte mich völlig zerschlagen, sodass ich mich am liebsten gleich ins Bett gelegt hätte. Doch ich zwang mich dazu, erst einmal die jetzt notwendigen Dinge zu erledigen. Dazu gehörte vor allem, dass ich in meiner Tasche ergänzte, was ich bei der Wochenpflege verbraucht hatte. Das war wichtig, denn schließlich musste ich jederzeit einsatzbereit sein – man konnte ja nie wissen. Zudem forderten meine Kinder ihr Recht, auch wenn die Tante sie noch eine Weile betreut hätte. Aber da sie ohnehin des Öfteren auf mich verzichten mussten, wollte ich sie jetzt nicht enttäuschen und spielte ein wenig mit ihnen.

Um acht Uhr endlich hielt es mich nicht mehr auf den Beinen. Während ich erleichtert ins Bett sank, schickte ich einen Stoßseufzer zum Himmel: »Lieber Gott, lass heute Nacht kein Kind auf die Idee kommen, geboren zu werden.«

Anscheinend war ich mit meinem Gebet zu spät dran, oder der liebe Gott hatte Wichtigeres zu tun, als sich um eine erschöpfte Hebamme zu kümmern. Kaum eine Stunde hatte ich geschlafen, als mich das neu angeschaffte Telefon jäh erwachen ließ. Noch ganz benommen tappte ich in die Diele, wo der Apparat stand, der neuerdings immer häufiger als Kommunikationsmittel benutzt wurde. Ich hatte es geahnt: Man teilte mir die bevorstehende Ankunft eines neuen Erdenbürgers mit.

»Kannst bitte gleich kommen«, drängte der werdende Vater.

Das war genau die Situation, von der ich eingangs gesprochen habe. Das war jene Nacht, einen Tag nach Nikolaus, als ich am liebsten den Hilferuf ignoriert hätte und ich mich angesichts der Strapazen meiner morgendlichen Klettertour kaum in der Lage sah, vielleicht erneut mit den Unbilden des Wetters kämpfen zu müssen. Aber es half nichts. Wenn die Pflicht rief, musste man auf seinem Posten sein, denn eine Frau brauchte dringend meine Hilfe. Wie gut, dass wenigstens meine Tasche schon bereitstand!

Alle Heiligen

Seit der ungarische Gynäkologe Ignaz Philipp Semmelweis Mitte des neunzehnten Jahrhunderts den Zusammenhang zwischen Unsauberkeit und Kindbettfieber aufgedeckt hatte, wurde in der Hebammenausbildung das Wort Hygiene ganz groß geschrieben. Bevor eine Schülerin auch nur in die Nähe einer Gebärenden gelassen wurde, musste sie ihre Hände unter fließendem Wasser gründlichst, etwa zehn Minuten lang, mit Seife waschen, denn Gummihandschuhe waren damals im Kreißsaal noch unüblich.

Damit die sorgfältig geschrubbten Hände nicht vorzeitig unsteril wurden, durfte man nichts mehr berühren, nicht einmal die eigene Schürze, was nicht immer einfach war, da zwischen der Waschprozedur und der eigentlichen Geburtsphase oft eine nicht unbeträchtliche Wartezeit lag. Um nur ja nicht in Versuchung zu kommen, irgendetwas Unsteriles anzufassen, legte man die Handflächen wie zum Gebet gegeneinander und hielt sie, etwas vom Körper entfernt, in Brusthöhe vor sich hin.

Als ich wieder einmal in solcher Position wartend neben einer werdenden Mutter verharrte, erkundigte diese sich mit ängstlicher Miene: »Warum betest denn vor der Entbindung?«

»Aber nein, ich bete doch nicht«, beeilte ich mich zu versichern. Da sie mich weiterhin skeptisch anschaute, erklärte ich ihr die sonderbare Haltung meiner Hände, und erst dann atmete sie erleichtert auf.

Allerdings sollten im Verlauf meiner vielen Berufsjahre als Berghebamme immer wieder Situationen auf mich zukommen, in denen ich wirklich betete. Es gab Momente, da rief ich den Himmel und alle Heiligen um Beistand an. Natürlich waren es nur stumme Gebete, versteht sich. In diesem Zusammenhang fällt mir auch die Prachtlhofbäuerin ein.

Allerdings waren meine ersten Begegnungen mit ihr völlig unspektakulär. Es war im zweiten Jahr meiner Amtszeit, als es eines frühen Morgens an meiner Tür Sturm läutete. Draußen stand ein aufgeregter junger Mann und stieß atemlos hervor: »Schnell, schnell, steig sofort auf, meine Frau kriegt ein Kind.« Hinter ihm entdeckte ich am Straßenrand eine einspännige Kutsche – er musste also von einem der außerhalb liegenden Höfe kommen.

»Seit wann hat sie Wehen?«, war meine erste Frage.

Er schaute auf seine Armbanduhr: »Vor einer Stunde hat's angefangen, da bin ich gleich losgefahren.«

»Aha, es ist euer erstes Kind?«

»Stimmt. Wie kommst jetzt darauf?«

»Weil du gar so nervös bist. Erfahrene Väter sind die Ruhe selbst. Jetzt fährst wieder heim und sagst deiner Frau, ich käme rechtzeitig nach.«

»Das kannst doch nicht machen! Du musst sofort kommen, hat sie gesagt.«

»Keine Angst, beim ersten Kind geht's nicht so schnell. Ihr könnt froh sein, wenn es bis heute Abend da ist.«

»Meinst?«, fragte er mit unsicherem Blick. Dann setzte er noch eins drauf, um mich vielleicht doch zu größerer Eile bewegen zu können: »Jetzt könntest halt bequem in der Kutsche mitfahren.«

»Das ist sehr nett von dir. Aber dann würde ich bei euch nur stundenlang herumhocken und bei mir bliebe unnötigerweise die Arbeit liegen. Glaub mir, ich komm noch früh genug.«

»Ja, wennst meinst. Aber wie willst nachher zu uns raufkommen?«

»Mit dem Radl. Du brauchst mir nur zu verraten, wo du wohnst.«

»Ganz hinten im Wiesbachtal.«

Zu dieser Zeit kannte ich mich in der Geografie meines Sprengels zwar noch nicht so gut aus, aber wo das Wiesbachtal zu finden war, das wusste ich. Ich musste nur die Dorfstraße hinunterfahren bis zum Anfang von Unterach, wo es rechts ab in ein breites Seitental ging. Zunächst verlief die Straße fast eben, bis sie am Ende, wenn das Tal sich verengte, etwas steiler wurde. Aber ich hatte schon wesentlich Schlimmeres erlebt.

In der Aufregung hatte der werdende Vater allerdings vergessen, seinen Namen zu nennen, und ich hatte meinerseits nicht daran gedacht, ihn danach zu fragen. Aber was machte das schon? Es genügte mir, zu wissen, dass er am Ende des Wiesbachtales wohnte. Also konnte ich alle Gehöfte, die am Wegesrand lagen, vergessen.

Es war ein liebliches Tal. So kam es mir jedenfalls vor, als ich an diesem schönen Tag Ende Mai gegen Mittag meinem Ziel entgegenstrampelte. Die Sonne schien mild vom Himmel, und ein laues Lüftchen wehte. Die Vögel zwitscherten und flatterten erschreckt vor meinem Rad auf. Rechts und links blühten in den Wiesen Frühlingsblumen in bunter Fülle, und Schmetterlinge taumelten von Blüte zu Blüte. Der Weg, der auch befahren werden konnte, folgte den Windungen des Wiesbaches, dem das Tal seinen Namen verdankte. Die Steigung war nur mäßig, sodass ich nicht einmal absteigen musste, und zudem wies der Weg nicht solche Buckel und Schlaglöcher auf, wie ich es in anderen Seitentälern bereits erlebt hatte. Offensichtlich wurden die Schäden, die das Schmelzwasser anrichtete, hier regelmäßig ausgebessert.

Zum Ende hin kam allerdings doch noch ein Stück, wo ich mein Rad schieben musste, weil der Weg zusehends steiler wurde. Ich begann es ein wenig zu bedauern, dass ich das Angebot des jungen Bauern nicht angenommen hatte, mich bequem in der Kutsche an mein Ziel bringen zu lassen. Dann plötzlich weitete sich das Tal und saftige, nicht allzu steile Wiesen breiteten sich vor meinen Augen aus, in denen malerisch verstreut drei Gehöfte lagen. Welches war nun das richtige? Dass es am Ende des Tales mehrere Höfe gab, davon hatte der aufgeregte werdende Vater nichts gesagt.

Aber ich war schließlich nicht auf den Mund gefallen und konnte fragen, dachte ich mir, und so schwang ich mich wieder auf mein Rad, um zum nächstgelegenen Gehöft zu fahren. Vor dem Haus traf ich auf eine junge Frau, die sich nicht ohne Stolz als Huber Resi, Bäuerin vom Lenzenhof, vorstellte. Als ich mich erkundigte, ob hier Nachwuchs erwartet werde, lachte sie belustigt auf und wollte wissen, ob ich eine Hellseherin sei.

»Wieso das?«, fragte ich verdutzt.

»Weil ich tatsächlich in anderen Umständen bin.«

Prüfend ließ ich meinen Blick über ihre gertenschlanke Figur gleiten. »Aber das hat wohl noch Zeit. Da braucht man nicht Hebamme zu sein, um das zu erkennen.«

»Nein, gewiss nicht. Aber wenn du in fünf, sechs Monaten wieder hereinschauen würdest, dann könnten wir ins Geschäft kommen«, lachte die Bäuerin vom Lenzenhof.

»Den Termin werde ich mir vormerken. Aber heute bin ich gerufen worden zu einer, die schon in Wehen liegt.«

»Das kann nur die Annemie vom Prachtlhof sein. Die hab ich lange nicht mehr gesehen. Die Gusti vom Hutzenhof hat nämlich noch zwei bis drei Monate Zeit, das hat sie mir gestern erst verraten.«

Nun, das Wiesbachtal schien jedenfalls eine fruchtbare Gegend zu sein.

»Gott sei Dank, da bist ja endlich«, empfing mich der Jungbauer erleichtert an der Haustür, während der alte Vater in einiger Entfernung fleißig Holz hackte.

Obwohl ich allein für den Weg anderthalb Stunden gebraucht und mich bei der Huber Resi ein wenig verplaudert hatte, war ich noch reichlich früh dran, wie mir die Untersuchung der Schwangeren zeigte.

»Siehst«, wandte ich mich an den aufgeregten jungen Mann von heute Morgen, »eher hättet ihr mich gar nicht brauchen können.«

Verlegen lächelnd verzog er sich zu seiner Arbeit, steckte jedoch immer wieder den Kopf zur Tür herein, um zu sehen, wie weit es war mit der Geburt.

Bei einer Tasse Kaffee hielt ich mit der Schwiegermutter der jungen Frau ein Schwätzchen und erfuhr dabei einiges Wissenswerte über die Familie sowie über die Nachbarn, bevor ich wieder zu der werdenden Mutter ging. Aber noch immer war es zu früh, denn die Geburt zog sich Stunde um Stunde hin, sodass die junge Frau völlig abgekämpft war, als das Kind seinen ersten Schrei tat.

»Beim nächsten Mal geht's schneller«, versprach ich ihr, um sie aufzumuntern.

»Gut zu wissen«, seufzte sie. »Denn noch mal so eine Strapaze, die hätt ich nicht mitgemacht.«

Zur Freude aller Beteiligten war es ein gesunder Bub. Stolz präsentierte der Jungbauer, der gerade im rechten

Moment gekommen war, seinem Vater den Stammhalter, der den Bestand des alten Hofes für eine weitere Generation sichern konnte.

Ein paar Monate später war ich erneut am Ende des Wiesbachtales, denn wie mir die junge Bäuerin vom Lenzenhof prophezeit hatte, wurde ich Mitte August wirklich zur Gusti auf den Hutzenhof gerufen. Diesmal erschien mir das Tal nicht mehr ganz so lieblich. Es war um die Mittagszeit, und die Sonne brannte gnadenlos vom wolkenlosen Himmel, als ich mich mit meinem Rad bergauf kämpfte. Wesentlich früher als bei meinem ersten Besuch hier zog ich es vor, abzusteigen und zu schieben.

Bei der Gusti war es das zweite Kind, dem ich auf die Welt half. Es war ein zierliches Mädchen, das jedoch gleich aus Leibeskräften schrie und nach der Großmutter Sanne heißen sollte. Die Familie hatte bereits eine vierjährige Tochter, die wie die Mutter hieß und bereits vor meiner Zeit geboren worden war. Da die Geburt schnell und problemlos vonstatten gegangen war, konnte ich zu meiner Erleichterung noch vor Einbruch der Dunkelheit heimwärts radeln.

Wiederum einige Monate später musste ich erneut ins Wiesbachtal. Am späten Vormittag eines grauen Novembertages erreichte mich nämlich die Nachricht, ich werde auf dem Lenzenhof von der Resi erwartet. Ich warf einen besorgten Blick aus dem Fenster, denn das Wetter war äußerst unwirtlich – nicht nur wegen der Kälte, sondern auch wegen des Dauerregens, der den Bach bei unserem Haus gewaltig hatte anschwellen lassen. Der Berg, der sich in einem gewissen Abstand majestätisch vor meinem Wohnzimmerfenster erhob, hatte über Nacht eine weiße Haube bekommen. Oh je, dachte ich, im Wiesbachtal wird's bestimmt schneien. Da hieß es, auf jeden Fall kräftige Schuhe anzuziehen sowie schützende Schals und Mützen.

Ich ließ mein Rad am letzten Haus vor der Abzweigung ins Wiesbachtal stehen, denn angesichts der Straßenverhältnisse kam ich zu Fuß sicherlich besser voran. Dass meine Entscheidung richtig gewesen war, zeigte sich schon bald, als der Regen sich allmählich in Schnee verwandelte, und mit jedem Meter, den ich langsam aufwärts ging, wurde die Schneedecke dichter. Es dauerte nicht lange, da bedeutete jeder Schritt eine Anstrengung. Aber in solchen Situationen sagte ich mir immer wieder, dass ich mir diesen Beruf und diesen Wirkungskreis in den Bergen sehr bewusst selbst ausgesucht hatte.

Nach etwa anderthalbstündigem Fußmarsch kam ich schließlich auf dem Lenzenhof an, wo ich von der Resi freudig begrüßt wurde. »Tut mir leid, dass ausgerechnet heute so ein scheußliches Wetter ist«, entschuldigte sie sich.

»Deswegen brauchst dich nicht zu entschuldigen. Du hast es dir nicht ausgesucht«, entgegnete ich.

Dann wurde uns beiden viel Geduld abverlangt, denn, wie bei Erstgebärenden meist üblich, zog sich die Entbindung hin. Stunde um Stunde verrann, und draußen brach langsam die Dunkelheit herein. Als endlich ein gesunder Bub in den Armen der erschöpften Mutter lag, ich alles ordnungsgemäß versorgt und auch noch die Beobachtungszeit abgewartet hatte, war es pechschwarze Nacht. Zwar hatte es aufgehört zu schneien, aber der wolkenverhangene Himmel ließ weder Mond noch Sterne sehen, die mir den Weg hätten weisen können. Deshalb nahm ich das Angebot des Jungbauern gerne an, mich mit der Laterne bis zum Ortsanfang zu begleiten.

Zu zweit stapften wir dann durch den immer dünner werdenden Schnee bergab. Weil wir nicht viel redeten, gingen mir allerlei Gedanken durch den Kopf. Vor allem dachte ich daran, dass ich morgen früh, in wenigen Stunden also, diesen Weg schon wieder würde hinaufsteigen müssen, um nach Mutter und Kind zu sehen. Da begann sich in meinem Kopf eine Idee einzunisten, die mir in anderen Situationen bereits vage in den Sinn gekommen war. Ich dachte an die kleine Entbindungsstation im Altersheim meines Heimatortes, wo auch ich meine Kinder zur Welt gebracht hatte. Eine solche Einrichtung war nützlich, wenn die hygienischen Verhältnisse zu Hause mehr als unzureichend waren oder wenn ein Hof so abseits lag, dass zumal im Winter ein rechtzeitiges Eintreffen nicht immer gewährleistet war. Ein eigenes Entbindungszimmer – das wär's, dachte ich mir in dieser trüben Novembernacht auf meinem Heimweg aus dem Wiesbachtal. Aber zunächst nahmen mich andere Dinge so gefangen, dass ich nicht dazu kam, dieses Vorhaben zu realisieren.

Inzwischen war über ein Jahr vergangen, als ich erneut zum Prachtlhof gerufen wurde. Es war an einem frühen Nachmittag Mitte Januar, draußen war es bitterkalt, und meine Schritte knirschten auf dem hart gefrorenen Schnee. Alle Bäume, alle Sträucher waren von eisigem Weiß bedeckt. Kalt und feindselig stiegen die schroffen Felsen rechts und links von meinem Weg hoch, und selbst der sonst munter plätschernde Bach war erstarrt. Dennoch war diese Winterlandschaft von einer bizarren Schönheit.

Die Dunkelheit senkte sich gerade über das Hochtal, als ich an Annemies Kammertür anklopfte, wo ich bereits ungeduldig erwartet wurde.

»Du hast mir versprochen, dieses Mal geht's schneller«, erinnerte mich die Jungbäuerin an meine Aussage vom letzten Jahr, gleich nachdem wir uns begrüßt hatten.

»Dazu stehe ich auch«, behauptete ich selbstbewusst, nachdem ich sie untersucht hatte, denn die Wehen kamen bereits im Abstand von wenigen Minuten. Und wirklich konnte die junge Mutter bereits nach einer Stunde ein hübsches kleines Mädchen in Empfang nehmen.

»Das war diesmal so einfach, dass man es glatt noch mal versuchen könnte«, scherzte sie und lachte ihren Mann dabei an.

»An mir soll's nicht liegen«, antwortete der Jungbauer.

»An mir auch nicht«, fügte ich hinzu. »Aber dann bittschön nicht mehr im Winter. Es sei denn …« Ich hielt inne, denn über ungelegte Eier wollte ich nicht reden. Aber warum eigentlich nicht? Sicher tat es gut, einmal mit jemandem über meine Pläne zu diskutieren, noch dazu wenn es sich um eine möglicherweise Betroffene handelte.

»Es sei denn was …?«, wollte die Wöchnerin wissen. Da ich ohnehin noch nicht nach Hause konnte, weil es Vorschrift war, drei weitere Stunden zu warten, nachdem die Nachgeburt gekommen war, hatte ich genügend Zeit, vor der Annemie meine Idee auszubreiten.

»Das ist vernünftig«, stimmte sie mir zu. »Ich würde auf jeden Fall kommen, selbst wenn es nicht gerade Winter sein sollte.«

Bis ich meine Zeit abgesessen hatte, war es Nacht geworden. Der Bauer hatte bereits die Laterne hergerichtet, um mich ins Dorf zu begleiten, doch als wir die Haustür öffneten, pfiff uns ein eisiger Sturm um die Ohren und peitschte uns Schneeflocken ins Gesicht, die wie Nadeln stachen.

»Nein«, entschied der Lois, »bei dem Wetter steigst mir nicht ab. Du bleibst über Nacht bei uns.«

Ich war ihm unendlich dankbar für dieses Angebot, denn damit ersparte ich mir nicht nur den langen Heimweg, sondern auch den noch mühsameren erneuten Aufstieg am nächsten Morgen, denn die Wochenpflege durfte unter keinen Umständen ausgelassen werden. Da keine weitere Entbindung anstand und ich meine Familie gut versorgt wusste, gab es für mich keinen Grund, nicht auf dem Prachtlhof zu bleiben. Ohne Widerspruch ließ ich mich also in die Küche führen, wo die alte Bäuerin noch herumwerkelte, sich dann aber gleich daran machte, mir in einer der früheren Mägdekammern ein Bett herzurichten.

Nachdem ich mein Nachtgebet gesprochen und dem Herrgott für die weise Entscheidung des Bauern und die glückliche Geburt seiner Tochter gedankt hatte, nahm ich mir fest vor, die Sache mit dem Entbindungszimmer jetzt endlich in Angriff zu nehmen.

Sobald ich am nächsten Tag über einen vom Lois freundlicherweise geräumten Weg im Dorf zurück war, wurde ich beim Altersheim vorstellig und stieß dort mit meinem Anliegen auf offene Ohren. Es folgten einige Gänge zu verschiedenen Behörden; Anträge waren zu stellen und Formulare auszufüllen, aber bis Mai hatte ich es geschafft! Zwei Räume waren für meine Zwecke und nach meinen Angaben hergerichtet worden – beide mit fließend kaltem und warmem Wasser, was damals auf dem Land keineswegs selbstverständlich war.

Die Frage der Möblierung war ebenfalls schnell und ohne große Kosten zu klären. Entbindungsbett und

Wickelkommode wurden vom Jugendamt bezahlt. Die Oberin des Altersheims stellte zwei ausrangierte Betten nebst Nachtkästen und Kleiderschrank für das Wöchnerinnenzimmer zur Verfügung, und die Gemeindeväter spendierten zwei brandneue, wunderschöne Babykörbchen, das eine rosa, das andere himmelblau ausgeschlagen, damit sich die Neuankömmlinge in der Gemeinde gleich wohlfühlen sollten. Sie spendierten ebenfalls eine Babybadewanne und eine Säuglingswaage, sodass nur noch die Mütter zu kommen brauchten.

Es dauerte ein Weilchen, bis sich diese Neuerung herumgesprochen hatte und alte Vorbehalte abgebaut waren. Aber alle Frauen, die einmal im Altersheim entbunden hatten, kamen immer wieder. Sie wussten nicht nur die Annehmlichkeit zu schätzen, dass die Entbindung hier in einer ruhigeren Atmosphäre ablief als zu Hause, sondern genossen auch die stressfreie Zeit im Wochenbett. Es kam nicht dauernd irgendein Familienmitglied, das etwas wollte, und so wurden durch Mund-zu-Mund-Propaganda immer mehr werdende Mütter des Sprengels auf diese neue Einrichtung aufmerksam.

Nachdem meine kleine Entbindungsstation bereits ein Jahr lang in Betrieb war, klopfte es eines Tages an meiner Tür, und draußen stand die Annemie vom Prachtlhof!

»Siehst, ich habe Wort gehalten«, rief sie mir fröhlich zu, obwohl sie Wehen hatte. »Das freut mich aber. Dann lass uns gleich zum Heim hinübergehen.« Das waren nur zehn Minuten Fußmarsch, für eine Frau mit Wehen vielleicht ein wenig mehr.

»Was heißt hier gehen?«, fragte die Bäuerin. »Der Lois steht mit der Kutsche vor der Tür, der kann uns leicht dorthin bringen.«

Und weil diese Entbindung noch problemloser ablief als die vorhergehende, rief mir die Annemie bei der Verabschiedung nach neun Tagen fröhlich zu: »Auf Wiedersehen also, bis zum nächsten Mal!«

»Wenn's wahr ist«, antwortete ich zweifelnd, denn mittlerweile war die Kenntnis über Verhütungsmittel bis in unser Tal vorgedrungen, was meinem »Geschäft« leider eher abträglich war.

Aber was rede ich! Nach gut zwei Jahren fuhr die Kutsche vom Prachtlhof erneut bei mir vor. Es war an einem sonnigen Junitag, doch diesmal blieb die werdende Mutter in der Kutsche sitzen. Der Lois war es, der an meine Tür pochte und aufgeregt rief: »Nanni, schnell, steig auf, es pressiert.«

Wenig später lag die Annemie bereits auf dem Entbindungsbett, und ich dachte, beim vierten Kind machen wir das mit Links. Als ich jedoch ihren Bauch abtastete, durchfuhr mich ein heftiger Schreck, denn das Kind befand sich in Steißlage! Äußerlich musste ich ganz ruhig bleiben und so tun, als ob nichts wäre – das hatte ich gelernt und schon öfters durchexerziert.

Unter einem Vorwand verließ ich also das Zimmer und wählte mit zitternden Fingern die Telefonnummer des Sprengelarztes. Er sei auf Krankenbesuch, hieß es, und es könne Stunden dauern, bis er zurück sei. Du lieber Himmel! Handys gab es ja noch nicht, und ein Funkgerät besaß er nicht. Ich versuchte es beim Arzt vom Nachbarsprengel, doch auch der war nicht zu erreichen.

Mir rutschte das Herz in die Hose. Selbst von den niedergelassenen, also den nicht von der Gemeinde bestallten Ärzten war keiner zu erreichen. Es war gerade so, als hätten sie sich gegen mich verschworen. Sollte ich allen Ernstes ohne Arzt eine Steißlage entbinden, denn für einen Transport ins nächste Krankenhaus war es bereits zu spät. Was also tun? Mit Erschrecken wurde mir bewusst, dass ich ganz auf mich gestellt war und es irgendwie schaffen musste.

Ich atmete tief durch, rief sämtliche Heiligen an und ging wieder ans Bett der Gebärenden. Tun konnte ich vorerst nichts, nur abwarten und beobachten und der werdenden Mutter Mut zusprechen, wobei ich mir beinahe selbst mehr Mut machte als ihr. Meine größte Sorge war, dass eines der Füßchen sich vorschieben könnte, was zu einer äußerst prekären Situation führen konnte. Doch auch ohne diese Eventualität blieb eine Steißlage eine kritische Angelegenheit.

Bei einer normalen Entbindung kam der Kopf zuerst, und für Mutter und Kind war damit das Schlimmste überstanden, weil ja der Kopf im Regelfall der dickste Körperteil bei einem Neugeborenen war. Sobald er da war, wusste man, der Rest kam von allein, und notfalls konnte man durch ein sanftes Ziehen etwas nachhelfen. Kam dagegen der Po des Kindes zuerst, wusste man nie, ob der Geburtsweg weit genug geöffnet war, um Schultern und Kopf durchzulassen. Außerdem konnten sich Arme und Schultern verhaken, doch das schwerwiegendste Problem stellte der Austritt des Kopfes selber dar, weil in diesem Moment die Gefahr bestand, dass die Nabelschnur abgeklemmt wurde und das Kind zu wenig Sauerstoff erhielt.

Lauter solche unschönen Möglichkeiten schwirrten mir durch den Kopf, während ich wartend am Bett von Annemie saß. Als Hebamme musste ich viele Eigenschaften mitbringen – ich musste organisieren und improvisieren können, geduldig und einfühlsam sein, aber gleichzeitig über Entschlusskraft und Durchsetzungsvermögen verfügen. In dieser Situation allerdings musste ich vor allem eines sein, nämlich eine gute Schauspielerin.

Obwohl ich vor Angst fast gestorben bin und mein Mut und meine Zuversicht nahezu am Boden lagen, versuchte ich einen solchen Optimismus auszustrahlen, dass die Gebärende glaubte, es sei alles in bester Ordnung. Ich musste ihr vorspielen, dass diese Entbindung das Einfachste von der Welt sei, obwohl ich wusste, dass es für das Kind um Leben oder Tod ging.

Sitzen und warten, sitzen und warten und unaufhörlich tickte die Uhr – da auf einmal schob sich der Po des Kindes gleichzeitig mit den Füßen nach draußen. Dennoch empfand ich vorerst keine wirkliche Erleichterung, weil uns der schwierigste Teil, der Durchtritt des Kopfes, noch bevorstand.

Am liebsten hätte ich ein bisschen an dem Kind gezogen, damit wir die Entbindung schnell zu Ende brachten, doch ich wusste, dass man dies unter keinen Umständen bei einer Steißlage tun durfte. Nur nicht nervös werden, redete ich mir gut zu. Sonst würde nämlich auch die Mutter nervös werden und falsch reagieren. Es blieb nichts anderes übrig, als weiterhin zu warten und zu warten, bis die Natur von selbst weitermachte. Doch die Natur ließ sich in diesem Fall viel Zeit.

Angespannt saß ich da, bereit zuzugreifen, sobald es möglich war. Währenddessen wanderten die Zeiger der Uhr träge vorwärts, und die geplagte Annemie stöhnte. Dabei tat sie wirklich ihr Bestes. Endlich kam Bewegung in die Geschichte. Jetzt waren meine Nerven bis zum Äußersten gespannt, denn es galt, genau den richtigen Zeitpunkt zu erwischen, wenn der Kopf in den

Geburtskanal einzudringen begann, und dann mit einer geschickten und schnellen Drehung zu verhindern, dass die Nabelschnur abgeklemmt und die Sauerstoffzufuhr unterbrochen wurde.

Es klappte. Ich weiß nicht mehr wie, aber plötzlich war das ganze Kind da! Es lebte und war ein entzückender Bub, der spontan aus Leibeskräften schrie. Vor Freude und vor Erleichterung traten mir Tränen in die Augen.

»Diesmal hat's aberlänger gedauert als beim dritten Kind«, beschwerte sich die Annemie, als ich ihr den Kleinen überreichte.

»Da hast Recht«, gab ich zu. »Ich meinerseits bin allerdings froh, dass wir das Kind überhaupt allein rausgebracht haben.«

»Wie meinst du das?«

»Eine Steißlage war's. Damit hättest eigentlich in ein Krankenhaus gehört – wenigstens hätten wir einen Doktorgebraucht.«

»Ja, was du nicht sagst! Du hast es doch allein auch ganz gut hingekriegt.«

»Nicht ganz allein«, gestand ich ihr ein. »Alle Heiligen haben mir beigestanden.«

Gewissensentscheidung

Es war in den ersten Jahren meiner Hebammentätigkeit, da erschien eines Tages eine blasse, sehr junge Frau an meiner Tür. Hautenge Jeans, die damals gerade in Mode kamen, und ein eng anliegendes Oberteil unterstrichen ihre gertenschlanke Figur, verrieten aber auch die Städterin. Mein geschultes Auge signalisierte mir sofort: Die kam nicht, weil sie über eine irgendwann anstehende Entbindung mit mir reden wollte. Aber möglicherweise hatte sie ja eine Verwandte oder Bekannte geschickt.

Anstatt überhaupt mit ihrem Anliegen herauszurücken, wie es meine Besucher üblicherweise tun, druckste sie herum, schaute verlegen zur Seite, arbeitete nervös mit ihren Händen, als würde sie eine imaginäre Waschhandlung vollziehen, und brachte schließlich heraus: »Ich muss dringend mit Ihnen sprechen.«

»Aber gern«, sagte ich und lächelte sie erwartungsvoll an.

»Das kann ich aber nicht an der Haustür machen.«

Oha, dachte ich und bat sie in meine Stube: »Dann kommen Sie halt rein, Fräulein.«

Ich bedeutete ihr, auf einem Sessel Platz zu nehmen, und ließ mich selbst ihr gegenüber auf der Couch nieder.

»Was haben Sie denn auf dem Herzen?«, versuchte ich sie endlich zum Sprechen zu bewegen.

»Ja, wissen Sie«, begann sie und machte wieder eine lange Pause. Ich wartete ab. »Sie müssen wissen, ich komme aus gutem Haus, wie man so sagt. Mein Vater ist Jurist, und auch meine Mutter hat studiert, übt allerdings ihren Beruf nicht aus. Ich bin sehr behütet aufgewachsen, und meine Eltern haben hohe Erwartungen, was meine Zukunft angeht. Und dann, dann …«

Ich sagte noch immer nichts, beobachtete sie nur verstohlen und ließ sie die passenden Worte selbst finden.

»Also, seit zwei Jahren habe ich einen Freund. Er ist nur einige Jahre älter als ich, und wir lieben uns sehr. Meine Eltern haben auch nichts gegen ihn, denn er stammt ebenfalls aus einer angesehenen Familie. Der Vater hat eine eigene Firma, die sein Sohn eines Tages übernehmen soll. Jetzt ist er allerdings noch Student. Und ich stehe ein Jahr vor dem Abitur. Kurz, es ist momentan unmöglich für uns zu heiraten.«

Das Problem wurde mir immer deutlicher, aber ich schwieg weiterhin.

»So sagen Sie doch auch einmal etwas!«, platzte meine junge Besucherin heraus.

»Was soll ich sagen?«, fragte ich verwundert. »Soll ich vielleicht fragen, ob Sie schwanger sind?«

»Ja«, kam es irgendwie erleichtert über ihre Lippen.

»Da sind Sie bei mir ein bisschen zu früh dran. So schlank, wie Sie noch sind, sollten Sie vielleicht in fünf, sechs Monaten wiederkommen.«

»Dann ist es zu spät!« Ihre Worte klangen wie ein Aufschrei. »Denn bald wird man es sehen können. Wir leben in einer Kleinstadt, müssen Sie wissen, und wenn es erst alle Verwandten, Bekannten und Nachbarn erfahren haben … Nein, diese Schande kann ich meinen Eltern nicht antun.«

»Ja, und weshalb kommen Sie dann zu mir?«, fragte ich, obwohl ich den Grund ihres Besuches längst ahnte.

»Das können Sie sich doch denken. Wegmachen sollen Sie es, ehe irgendjemand etwas merkt.«

In diesem Augenblick meinte ich die Stimme unseres Gynäkologieprofessors zu hören, der uns auf die dunklen Seiten unseres Berufes aufmerksam machen wollte. »Eines Tages«, hatte er gesagt, »wird es einer jeden von euch passieren, dass an sie das Ansinnen herangetragen wird, eine Schwangerschaft abzubrechen.«

Nun war es bei mir also soweit. Da saß ein junges Menschenkind vor mir und hoffte darauf, dass ich ihr aus der Patsche helfen würde. Wenn solche Fälle in der Theorie vorgetragen werden, mag alles ganz einfach erscheinen. Wenn man jedoch in der Praxis einem verzweifelten jungen Mädchen gegenübersitzt, schaut das etwas anders aus, weil man Mitleid verspürt. Dennoch empfand ich große Dankbarkeit dem Professor gegenüber, weil er uns so ausführlich über diese Problematik aufgeklärt hatte. Bis dahin hatte ich geglaubt, solche Bitten würden nur an dubiose Ärzte oder die berüchtigten Engelmacherinnen herangetragen, nicht aber an seriöse Hebammen.

Nun stand ich also vor einem Problem. Das junge Mädchen in seiner Verzweiflung tat mir zwar leid, doch ich hatte klare Richtlinien und einen klaren Standpunkt. Ich dachte lange nach, was ich ihr sagen wollte, und vor allem musste ich den richtigen Ton treffen, um das unglückliche Mädchen nicht noch mehr zu verletzen.

»Ich bin Hebamme«, sagte ich schließlich. »Bei der Übernahme dieses Amtes habe ich auch die Verpflichtung übernommen, Leben zu erhalten und zu schützen. Deshalb darf und will ich es nicht auf mich nehmen, Leben zu vernichten.«

»Ist das nicht übertrieben! Leben vernichten! Da ist doch noch nicht viel an Leben vorhanden, nur ein winziges Etwas. Das wegzumachen, müsste für Sie doch ein Klacks sein.«

»Wenn ich mich zu einem Schwangerschaftsabbruch hergeben würde, und mag es in einem noch so frühen Stadium sein, würde ich damit gegen mein Berufsethos verstoßen. Aber abgesehen davon, könnte ich es auch mit meinem Gewissen nicht vereinbaren.«

»Wenn Sie das nicht können, muss ich eben zu einer anderen gehen«, kam es trotzig von ihren Lippen, und ihr hübsches Gesicht verzog sich unwillig. »Irgendeine wird sich schon finden, die bereit ist, mir zu helfen, denn schließlich zahle ich gut dafür.«

»Das mag sein, mein Kind«, räumte ich ein. »Aber damit wäre Ihnen nicht wirklich geholfen. Für den Moment, für ein paar Tage oder Wochen vielleicht, würden Sie Erleichterung empfinden. Aber irgendwann kommen die Gewissensbisse, mit denen Sie allein fertig werden müssen, denn dabei kann Ihnen niemand helfen. Die werden Sie am Tag verfolgen und auch nachts in Ihren Träumen. Das sage ich nicht, um Ihnen Angst einzujagen. Das sage ich Ihnen, weil ich es mit Ihnen gut meine. Weil ich Sie vor einem Schritt bewahren möchte, der nie mehr rückgängig zu machen ist. Ich habe von Frauen gehört, die zum Alkohol gegriffen haben oder zu Medikamenten, um ihr Gewissen zu betäuben. Es ist mir sogar der Fall einer Frau bekannt, die darüber den Verstand verloren hat.«

Meine Worte stimmten das junge Mädchen nachdenklich. »Ist das wirklich wahr?«, fragte sie verunsichert.

»Das ist wahr, darauf können Sie sich verlassen. Bisher habe ich nur von den seelischen Folgen gesprochen, aber es können durch einen Schwangerschaftsabbruch auch körperliche Schäden entstehen. Zum Beispiel kommt es vor, dass die Frauen später keine Kinder mehr bekommen können. Und wenn Sie eines Tages heiraten, möchten Sie doch sicher Kinder haben?«

»Und ob. Mein Freund soll ja, wie ich Ihnen sagte, eines Tages die Firma seines Vaters übernehmen. Allein schon deshalb ist es für die Familie wichtig, einen Nachkommen zu haben, der die Firma nach ihm erbt. Aber mit Kindern hat es für uns noch Zeit.«

»Das schon. Aber sollten Sie durch einen Abbruch unfruchtbar werden, ist dieser Traum für immer ausgeträumt.«

»Das wäre eine Katastrophe.«

»Genau das meine ich, und deshalb sollte das Ganze sehr gut überlegt sein. Übrigens, mich würde interessieren, wie Sie gerade auf mich gekommen sind. Ihrer Sprache nach scheinen Sie nicht von hier zu sein. Ich tippe eher auf Norddeutschland.«

»Stimmt. Ich mache hier mit meinen Eltern Urlaub. Da dachte ich, bei der Gelegenheit ließe sich mein Problem ganz diskret aus der Welt schaffen.«

So war das also. Wir sprachen noch zwei Stunden miteinander, überlegten, was sie tun konnte und mit welchen Konsequenzen sie zu rechnen hatte. Als sie sich von mir verabschiedete, vermochte sie sogar ein wenig zu lächeln. Sie drückte mir die Hand mit den Worten: »Vielen Dank für Ihre eindringlichen Worte. Wahrscheinlich haben Sie Recht.«

»Ganz bestimmt. Ihre Eltern werden sicherlich wenig erfreut über Ihre Schwangerschaft sein, aber das geht schneller vorüber, als Sie denken. Was danach bleibt, ist die Freude an dem Kind.«

»Das kann ich mir noch nicht so recht vorstellen. Da Sie das aber als Hebamme so oft beobachtet haben, will ich Ihnen einfach glauben und heute noch mit meinem Freund telefonieren.«

Ob meine Worte auf fruchtbaren Boden gefallen waren, wusste ich zunächst nicht, denn ich habe das Mädchen nie wiedergesehen. Allerdings habe ich noch sehr oft an sie denken müssen, bis mich dann ein paar Jahre später ein Brief erreichte, der mir Aufklärung darüber gab, wie es mit ihr weitergegangen war. Unter anderem hieß es darin:

»Schon lange hatte ich das Bedürfnis, Ihnen zu schreiben und mich bei Ihnen zu bedanken. Sie hatten mit allem Recht. Das Geschwätz im Städtchen war halb so schlimm wie befürchtet, und auch meine Eltern haben sich schnell beruhigt. Jetzt sind sie ganz verrückt nach ihrem Enkel. Und er ist wirklich ein richtiger Wonneproppen, unser Matthias. Wenn Sie mir damals nicht so ins Gewissen geredet hätten, gäbe es ihn gar nicht. Denn sicher hätte ich jemanden gefunden, der … Nicht auszudenken! Wie Sie mir damals rieten, habe ich ein paar Monate mit der Schule ausgesetzt und daheim fürs Abitur gelernt. Glücklicherweise hatte ich verständnisvolle Lehrer. Die Prüfung habe ich mit Leichtigkeit bestanden, während sich meine Mutter um den Kleinen gekümmert hat. Inzwischen sind mein Freund und ich längst verheiratet. Und nicht nur er ist stolz auf seinen Stammhalter. Auch seine Eltern lieben den kleinen Firmennachfolger heiß und innig. Übrigens haben wir außer ihm noch zwei Mädchen …«

Es folgten Grüße und ein nochmaliges Dankeschön, und ich betrachtete das Foto, das ebenfalls in dem Umschlag gesteckt hatte und einen hübschen, etwa dreijährigen Jungen zeigte, in dessen Gesicht ich die Züge seiner Mutter wiederzuerkennen glaubte.

Ein nächtliches Abenteuer

Nach zwei Jahren war ich es leid, mich bei Tag und bei Nacht, bei Wind und Wetter mit dem Fahrrad abzustrampeln. Am liebsten hätte ich natürlich ein Auto gehabt, aber selbst ein kleines altes Modell war für mich unerschwinglich. Die Anschaffung eines Mopeds war vermutlich das höchste der Gefühle, wenngleich es mich nicht vor schlechtem Wetter schützen würde. Es war lediglich schneller als mein Rad.

Da ich nicht die geringste Ahnung hatte, was es so alles auf dem Markt gab und worauf ich zu achten hatte, wandte ich mich an einen meiner Brüder, der seit Jahren in einer Werkstatt für Zweiradfahrzeuge arbeitete und sich bestens auskannte. Auf meinen Wunsch brachte er mir wunderschöne Hochglanzprospekte ins Haus, in denen farb- und formschöne Mopeds abgebildet waren. Die Preise waren jedoch schwindelerregend.

»Ja, es gibt auch billigere«, rückte er schließlich heraus, »aber die haben keinen so leistungsstarken Motor. Damit bleibst am ersten Berg hängen.«

»Wozu gibt's die dann überhaupt? Denn grad für die Steigungen brauche ich einen motorisierten Untersatz.«

»Die sind für Leute im Flachland gedacht«, belehrte mich mein Bruder.

Seufzend blätterte ich die Prospekte noch einmal durch, doch die Preise blieben erschreckend.

»So viel hab ich einfach nicht«, gestand ich. »Und selbst wenn ich es hätte, möchte ich für so ein kleines Ding, bei dem man nicht mal ein Dach überm Kopf hat, nicht so viel ausgeben. Denn ich hoffe, dass ich mir über kurz oder lang ein Auto leisten kann.«

»Wenn's so ist, dann nimm doch eine kleine gebrauchte Maschine. Für den Anfang tut sie's. Und wenn sie wirklich mal am Berg streikt, steigst ab und gehst nebenher. Schieben brauchst nicht, denn die fährt von allein den Berg hoch. Du musst nur lenken.«

Das hörte sich gut an, weil ich auf diese Weise nämlich meine Tasche nicht mehr schleppen musste, und so gab ich meinem Bruder den Auftrag, für mich nach einem guten gebrauchten Moped Ausschau zu halten.

Ich hatte Glück. Schon nach wenigen Tagen rief er an, dass ihm ein nettes kleines Maschinchen in Zahlung gegeben worden sei. Mit dem Bus fuhr ich zur Werkstatt, und mit dem Moped fuhr ich stolz zurück, nachdem mir mein Bruder die notwendigen Instruktionen gegeben hatte. Eine Fahrerlaubnis besaß ich bereits. Da ich in der Landwirtschaft meiner Eltern immer mithelfen musste, hatte ich nämlich frühzeitig den Führerschein für den Traktor gemacht, und der beinhaltete die Erlaubnis zum Fahren eines Mopeds. Ungeduldig wartete ich nun auf den ersten Einsatz mit meinem motorisierten Untersatz.

Einige Tage später riss mich das Telefon aus dem ersten Schlaf. Im Dunkeln tastete ich nach dem Hörer und meldete mich mit belegter Stimme, doch wie immer war ich sofort hellwach, als ich die vertrauten Worte hörte: »Du musst sofort kommen. Meine Frau hat starke Wehen.«

Als ich allerdings erfuhr, dass der Anrufer nicht in meinem Sprengel wohnte, atmete ich auf und strebte schon halb ins Bett zurück. »Das liegt nicht in meinem Bereich. Für dich ist die Kollegin zuständig.«

In der Tat war es so, dass eine Hebamme nur in ihrem eigenen Sprengel agieren durfte, und ebenso mussten sich werdende Eltern an die für ihren Wohnort zuständige Hebamme wenden.

»Ich weiß«, antwortete die fremde Stimme. »Aber unsere Hebamme ist krank. Sie hat mir deine Telefonnummer gegeben und gesagt, ich soll dich anrufen.«

Also musste ich hin. »Wie heißt du, bittschön?«, wollte ich noch wissen, »und wie ist die Adresse?«

Er nannte sich Birnbichler Adi, doch statt mir die genaue Adresse mit Straße und Hausnummer zu geben, beschrieb er mir umständlich den Weg, den ich nehmen sollte. Demnach musste ich, sobald ich meinen Sprengel in südlicher Richtung verlassen hatte, links abbiegen in einen Hohlweg hinein. Um Gottes Willen, dachte ich, was hatte das zu bedeuten? Siedendheiß fielen mir die Worte meiner Mutter ein, die sie mir einst mit auf den Weg gegeben hatte: »Weißt, wenn du Hebamme bist, musst du mit jedem mitgehen, der dich holt. Auch mitten in der Nacht. Das kann gefährlich sein, denn du kennst die Leute nicht.«

Die Erinnerung an diese mütterliche Warnung lähmte mich jedoch nur für einige Sekunden. Dann war ich wieder ganz die professionelle Hebamme, pflichtbewusst und konzentriert und lauschte weiter der Streckenbeschreibung des Unbekannten. Ich könne diesen Weg gar nicht verfehlen, meinte er. Ich müsse ihn nur ein Stück entlangfahren bis zu einer Gabelung, wo er dann auf mich warten werde, weil es ab dort kompliziert sei, sich zurechtzufinden. Ich schluckte, ließ ihn die Wegbeschreibung wiederholen und wiederholte sie selbst ebenfalls noch einmal. Es war wichtig, dass ich sie mir einprägte, denn auf dem Moped konnte ich schließlich nicht immer irgendwelche Notizen nachlesen.

Ich seufzte ein wenig, als ich mich anschickte, mich für diesen nächtlichen Ausflug ins Unbekannte zurechtzumachen. Dann schnappte ich meine Tasche und schwang mich auf mein Moped. Auf der Straße war alles noch wunderbar, doch als ich den Hohlweg erreichte, wurde mir erneut mulmig. Am liebsten wäre ich umgekehrt, und die gespenstischen Schatten der Bäume und Büsche, die zu beiden Seiten an mir vorbeihuschten, waren nicht dazu angetan, meine Stimmung zu heben. Gewaltsam musste ich mich zur Ordnung rufen, schalt mich einen Hasenfuß und gab entschlossen Gas.

Aber es war verhext. Ich konnte mich einfach nicht beruhigen. Immer wieder drängten sich die düsteren Mahnungen meiner Mutter in mein Bewusstsein. Was passierte, wenn die Entbindung nur eine Finte war? Quatsch, warum sollte mir einer in der Nacht etwas antun wollen, beruhigte ich mich. Diese Möglichkeit war doch wesentlich geringer, als dass tatsächlich eine Frau in den Wehen lag und auf mich wartete.

Ich musste mich die nächsten Minuten so auf den Weg konzentrieren, um Steinen, Wurzeln und Schlaglöchern auszuweichen, dass meine Angst für eine Weile in den Hintergrund trat. Sie kam aber prompt zurück, als ich plötzlich im Lichtkegel meines Scheinwerfers vor mir die Umrisse eines Mannes entdeckte, der neben einem Motorrad stand.

Als ich nah genug heran war, rief ich zwar beherzt: »Bist du der Birnbichler?«, aber die Unkenrufe meiner Mutter hatten Früchte getragen – ich war innerlich in Panik. Argwöhnisch beobachtete ich jede seiner Bewegungen, ob er sich etwa auf mich stürzen würde. Deshalb stieg ich auch nicht ab, als ich mich ihm bis auf wenige Schritte genähert hatte. Krampfhaft hielt ich bei laufendem Motor den Lenker fest, um beim ersten Anzeichen von Gefahr gleich kehrtzumachen und den Berg hinunterzurasen. Bevor ich mich in weitere Katastrophenszenarien hineinsteigern konnte, etwa dass ich mit meinem kleinen Moped gegen seine schwere Maschine im Ernstfall nichts würde ausrichten können, schwang der Mann sich bei meinem Anblick umgehend auf sein Motorrad und rief mir zu: »Gott sei Dank, dass du da bist. Fahr nur hinter mir her!«

Mein Gott, hatte ich mich albern benommen, dachte ich jetzt, als ich sein ehrliches Gesicht sah und aus seiner Stimme die Besorgnis um seine Frau heraushörte. Ich nahm mir in diesem Moment zwar fest vor, mich nie wieder dermaßen verrückt zu machen, aber wie man weiß, ist das meist leichter gesagt als getan.

Jedenfalls zuckelte ich zunächst erleichtert hinter seiner schweren Maschine her, und bald begriff ich, warum er mir bis zu der Gabelung entgegengekommen war, denn mal bog er rechts und mal links ab, und es war unmöglich, die kleinen Schilder, die den Weg weisen sollten, vom Moped aus zu lesen. Ohne ihn hätte ich völlig die Orientierung verloren.

Immer weiter ging es bergauf, immer steiler wurde der Weg, und schließlich streikte mein Motor. Ich drückte auf die Hupe, um meinen Motorradfahrer ebenfalls zum Halten zu bewegen. Es blieb nichts anderes übrig, als hinter ihn auf den Soziussitz zu klettern, und meine Tasche fest umklammernd, spähte ich angespannt in die Dunkelheit. Nach einer Weile tauchte endlich ein

Lichtschein auf, der sich beim Näherkommen als Fenster eines Hofes entpuppte. Mein Fahrer bremste sein Motorrad direkt vor der Haustür scharf ab und führte mich, ohne viel Worte zu verlieren, in den Hausgang und eine schmale Stiege hoch. Wir betraten den Raum, in dem seine Frau lag.

»Du bist also die Hebamme von Kirchfeld?«, begrüßte sie mich. »Ich bin die Gerti. Gut, dass du da bist, es kann jeden Moment kommen.« Die Magd hatte zum Glück schon heißes und kaltes Wasser in zwei Steingutkannen bereitgestellt, wie sie nebst dazugehörigen Waschschüsseln in jedem alten Haus zu finden waren. Nachdem ich mir die Hände gewaschen und eine erste Untersuchung vorgenommen hatte, bestätigte sich der Verdacht der werdenden Mutter: Das Kind würde nicht mehr lange auf sich warten lassen.

An der Art, wie die Gerti sich bei jeder Wehe verhielt und wie sie atmete, erkannte ich, dass ich es mit einer erfahrenen Gebärenden zu tun hatte. Das Kind lag so, wie es sein sollte, sein Herzschlag war kräftig, und mit Komplikationen war folglich nicht zu rechnen. Nach zwei, drei heftigen Presswehen erschien dann auch ein strammer Bub, der aus Leibeskräften schrie, wie es sich gehörte, wenn ein Kind in diese raue Welt eintrat. Ich nabelte ihn ab, wickelte ihn in eines der bereitliegenden Frotteetücher und wollte ihn, wie üblich, der jungen Mutter überreichen, als der Birnbichler seine Hände nach ihm ausstreckte und sagte: »Nein, den gibst zuerst mir. Endlich ein Stammhalter! Den muss ich mir genauer anschauen.«

Er betrachtete ihn eingehend, um dann zufrieden festzustellen: »Ja, wirklich, ein Bub, an dem alles dran ist. Unsere alte Hebamme hat uns immer nur Dirndln beschert. Du bist doch besser als sie. Wenn wir das gewusst hätten, hätten wir dich schon früher geholt.«

Ich musste lachen. »Geh, red keinen Unsinn«, ertönte vom Bett die Stimme der überglücklichen Mutter. »Das liegt doch nicht an der Hebamme. Es ist grad schad, dass der Fanni die Freude entgangen ist, dass sie uns nach vier Dirndln endlich einen Buben hätte präsentieren dürfen.«

Ja, das dachte ich auch. Wirklich schade, dass ihr ausgerechnet dieses Erlebnis vorenthalten blieb, denn für eine Hebamme gibt es nichts Schöneres, als den Eltern genau ihr Wunschkind in die Arme zu legen.

Während ich wie immer am Bett der Wöchnerin noch ein paar Stunden wartete, ob keine Blutungen mehr auftraten, rückte der Bauer mit einer Flasche Obstler an und wollte mir gleich einschenken, doch lehnte ich unter Hinweis auf die komplizierte Heimfahrt dankend ab. Lieber unterhielt ich mich bei einem Kaffee, den die Magd mir brachte, von Frau zu Frau mit der Gerti.

Solche Gespräche nach einer Entbindung habe ich immer für wichtig gehalten, selbst wenn ich die Frau nicht kannte. Denn meist war das Herz einer Wöchnerin übervoll, aber sie hatte oft niemanden, dem sie sich mitteilen konnte. Als Hebamme war man Vertrauensperson, Beichtvater und Psychologe in einem. Oft wurde über Dinge gesprochen, die die Frau bedrückten, manchmal aber auch über solche, die sie erfreuten. Für beides brauchte man ab und an ein Ventil.

Bei meiner Wöchnerin Gerti schien es zunächst lauter Freude zu sein, die ihr das Herz übergehen ließ. Stolz berichtete sie, ihr Mann sei sehr kinderlieb und freue sich über jedes Kind, das im Haus ankomme. Er selbst war als Einzelkind aufgewachsen, was auf einem abgelegenen Berghof nicht nur langweilig war, sondern seine Eltern hatten sich um ihr einziges Kind auch übermäßige Sorgen gemacht sowie eine Menge von Hoffnungen und Erwartungen allein auf seine Schultern gehäuft. »Er wolle mal einen ganzen Stall voll Kinder haben, hat er mir vor der Hochzeit schon angekündigt. Mir war das recht, denn da ich in einer großen Geschwisterschar aufgewachsen war, kannte ich es nicht anders.«

Nach der Geburt des ersten Mädchens strahlte er übers ganze Gesicht und sah in dem Kind einen Ersatz für die kleine Schwester, die er sich sein Leben lang gewünscht hatte, erzählte die Bäuerin und fuhr dann fort: » Als sich das zweite Kind ankündigte, fragte ich ihn im Scherz: ›Jetzt erwartest sicher einen Buben von mir?‹ Er aber antwortete: ›Mir ist's gleich, was es wird. Hauptsache, wir bekommen wieder ein Kind, und es ist gesund.‹ Beim dritten Dirndl sagte er: ›Wie schön, jetzt haben wir ein Dreimäderlhaus.‹ Aber ich glaub, da war er doch schon ein bisserl unzufrieden. Als dann ein viertes Mäderl kam, versuchte er zwar, sich nichts anmerken zu lassen, aber die Enttäuschung stand ihm ins Gesicht geschrieben. Darunter hab ich monatelang gelitten. Natürlich liebt er seine Töchter, jede einzelne. Sie sind ja auch herzige Kinder. Im Moment sind sie bei meinen Eltern. Er beschäftigt sich wirklich oft mit ihnen, aber manchmal ist ihm doch eine Bemerkung rausgerutscht, an der ich merkte, dass er einen Sohn vermisste. Deshalb hab ich schon mit ein bisschen Bangen dem Ende dieser Schwangerschaft entgegengesehen. Vielleicht kannst dir vorstellen, wie glücklich ich über diesen Ausgang bin. Und jetzt hast es ja selbst gesehen, wie begeistert er über den Sohn ist.«

Ja, davon hatte ich mich überzeugen können.

Während mich der überglückliche Vater zu meinem gestrandeten Moped zurückbrachte, redete der vorher wortkarge Mann wie ein Wasserfall über seinen neugeborenen Sohn. Zum Abschied bedankte er sich nochmals überschwänglich für den Buben, als ob dies wirklich mein Verdienst gewesen wäre.

Mannsbilder

Im Laufe meines Hebammendaseins habe ich viele nette, fürsorgliche Männer kennengelernt. Sie waren zärtliche Ehepartner und liebevolle Väter und standen ihren Frauen in ihrer schweren Stunde nicht nur bei, sondern versorgten sie sogar anschließend auf vorbildliche Weise. Es waren Männer, die zu schätzen wussten, was die Frau für die Familie und für den Hof bedeutete.

Leider gab es jedoch auch die anderen, die rücksichtslosen, egoistischen Typen, die anscheinend der Ansicht waren, Frauen seien nur dazu da, damit der Mann sein Vergnügen habe und für sein Wohlbefinden gesorgt sei. Den Frauen dieser Männer galt nicht nur meine Bewunderung, sondern auch meine Verwunderung. Ich konnte es nicht begreifen, dass sie alles so klaglos erduldeten und sich damit abfanden, Menschen zweiter Klasse zu sein, dass sie nie den Versuch machten, gegen solche Behandlung aufzubegehren. Mich jedenfalls hat diese Ungerechtigkeit zeitlebens gestört.

Ein solches Musterexemplar von Ehemann war der Lechleitner Poldi, der Besitzer des Samerhofes, der schon seit Urzeiten der Familie gehörte. Der Poldi war allerdings einer, der nichts dazu tat, den Hof weiter voranzubringen, und hätte er nicht eine so tüchtige Frau gehabt wie die Reni, dann wäre der alte Besitz vielleicht längst den Bach hinuntergegangen. Man könnte nämlich sagen, dass der Poldi die Arbeit wahrlich nicht erfunden hatte.

Allerdings war er immerhin derjenige, der mich zu meinem ersten Besuch in seinem Haus mit der Pferdekutsche abholte. Weil er vorher schon die Kinder bei seinen Schwiegereltern im Nachbardorf abgeliefert hatte, war sein Quantum an Fürsorge damit jedoch erfüllt, denn nachdem er mich auf dem Samerhof abgesetzt hatte, schien seine Mitarbeit erledigt. Nein, nicht ganz. Er brachte mir noch eine Flasche Obstler und ein Stamperl dazu, bevor er unter dem Vorwand, es seien dringende Arbeiten auf dem Hof zu erledigen, endgültig verschwand. Seine Frau, die Reni, schaute ihm traurig nach.

Hatte das Anwesen von außen eher einen ungepflegten und heruntergekommenen Eindruck gemacht, so war zumindest im Zimmer der Gebärenden alles tadellos sauber und freundlich. Das Bett war frisch bezogen, und auf der Kommode lag Bettwäsche zum Wechseln bereit. Für das zu erwartende Kind war ebenfalls alles sorgfältig vorbereitet, und man konnte die liebevolle Hand erkennen, die dies alles hergerichtet hatte.

Wie viele Kinder die Reni zu diesem Zeitpunkt bereits hatte, daran erinnere ich mich nicht mehr. Ich jedenfalls war zum ersten Mal bei ihr und weiß nur noch, dass sie während der Entbindung den einen oder anderen Namen erwähnte und mit Stolz von ihren Kindern sprach, die wohl das einzig Erfreuliche in ihrem Leben zu sein schienen. Wie nicht anders zu erwarten, war die Geburt bald vorüber, und ein weiterer Bub ergänzte die Geschwisterschar.

Als ich dem Bauern die Nachricht überbrachte, dass er einen Sohn bekommen habe, hatte er nichts Eiligeres zu tun, als sich auf den Weg ins nächste Wirtshaus zu begeben. Das freudige Ereignis musste doch mit den Zechkumpanen begossen werden! Vielleicht hätte ich dafür Verständnis gehabt, wenn er zumindest vorher einmal bei seiner Frau und dem neuen Sohn vorbeigeschaut und sich vergewissert hätte, dass alles in bester Ordnung war. Aber solches Zartgefühl war Poldis Sache nicht.

Ich konnte mir gut vorstellen, dass die Reni unter dem herzlosen Verhalten ihres Mannes litt, doch keine Klage, kein Vorwurf kam über ihre Lippen. Es tat mir wahnsinnig leid, dass ich sie nach meiner Wartezeit mutterseelenallein in dem großen Haus zurücklassen musste, denn der Poldi schien nicht daran zu denken, rechtzeitig wieder zu Hause zu sein. Um ihr beim Abschied etwas Tröstliches zu sagen, versicherte ich ihr, dass ich am nächsten Morgen so früh wie möglich zur Wochenpflege erscheinen werde. Dennoch verließ ich sie in gedrückter Stimmung und fand es empörend, dass der Mann immer noch im Wirtshaus hockte.

Wie versprochen, erschien ich am folgenden Morgen, kurz nach dem ersten Hahnenschrei, auf dem Samerhof und fand die Haustür unverschlossen vor. Dass Türen den ganzen Tag offen standen, war damals bei den Bergbauern völlig üblich, und viele hielten es nicht einmal für notwendig, sie nachts abzusperren. Jeder kannte jeden, man vertraute einander, und jeder wusste, dass beim anderen nicht viel zu holen war. Fremde kamen so gut wie keine bis hier herauf.

Also wunderte ich mich keineswegs, sondern stieg gleich nach oben in die Schlafkammer, doch keine Reni war da! Nur das Baby lag friedlich schlummernd in seiner Wiege. Auf dem Gang rief ich nach der Bäuerin. Keine Antwort. Ich ging hinunter zur Küche und klopfte an. Wieder keine Antwort. Zaghaft schob ich die Tür auf. Nichts, niemand da! Wo um alles in der Welt konnte eine

Frau stecken, die frisch entbunden hatte? Damals war es nämlich eine unumstößliche Regel, dass eine Wöchnerin etwa zehn Tage im Bett bleiben sollte.

Sollte es irgendwelche Komplikationen gegeben haben, dass ein Transport ins Krankenhaus notwendig geworden war? Nein, ausgeschlossen, denn in diesem Fall hätte man das Neugeborene mitgenommen. Da ich nicht in jedes Zimmer schauen wollte, rief ich erneut mehrmals ihren Namen. Aber alles blieb still, und ich beschloss, im Stall nachzuschauen, wo ich den Bauern anzutreffen hoffte. Wen aber sah ich dort unter einer Kuh sitzen? Meine Wöchnerin!

Als wäre es die selbstverständlichste Sache von der Welt, hockte sie auf einem Schemel und war mit Melken beschäftigt. Einen Tag nach der Entbindung! Mich traf fast der Schlag.

»Ja, Reni, spinnst du jetzt ganz? Willst du mit deinem Leben spielen?« Meine Stimme überschlug sich fast vor Aufregung und Empörung.

»Was will ich denn machen?«, fragte sie ruhig zurück. »Der Poldi ist noch im Wirtshaus drunten, der ist noch immer nicht heimgekommen. Ich muss melken, sonst kriegen die Kühe wunde Euter.«

»Und du stirbst dabei vielleicht«, warf ich ihr wenig zartfühlend an den Kopf. Doch selbst das vermochte sie nicht aus der Fassung zu bringen, denn seelenruhig molk sie ihre Kuh fertig, schüttete die Milch durch einen Sieb in die Kanne und brachte diese in die Milchküche. Dann legte sie sich wieder folgsam in ihr Bett. Ihren Mann hätte ich am liebsten auf den Mond geschossen, ihn und alle Zeitgenossen, die wie er lieber im Wirtshaus herumhingen, statt ihren Pflichten als Ehemann und Vater nachzukommen.

Bei der Wöchnerin war zu meiner Überraschung trotz der Stallarbeit alles in Ordnung, und auch mit dem Befinden des Kindes war ich zufrieden. Als ich am nächsten Morgen erneut zeitig auf dem Samerhof erschien, lenkte ich meine Schritte erst einmal in den Stall, um nicht unnötig im Haus nach meiner Wöchnerin suchen zu müssen. Doch diesmal war die Reni hier nicht zu entdecken. Das Vieh stand friedlich kauend an den Raufen und war offensichtlich bereits gemolken. Zu meinem Erstaunen fand ich die Wöchnerin tatsächlich in ihrem Bett vor. Sie erzählte mir, dass der Poldi gestern Mittag mit einem Mordsrausch heimgekommen und sogleich in sein Bett gekrochen sei. Allerdings habe er dann am Abend und am heutigen Morgen, wie sie mit verhaltener Freude berichtete, gewissenhaft die anfallenden Stallarbeiten erledigt, was mich im Hinblick auf die nächsten Tage einigermaßen beruhigte. Aber seinen neugeborenen Sohn hatte er noch immer keines Blickes gewürdigt – ich konnte es nicht fassen!

Anderthalb Jahre später wurde ich erneut auf den Samerhof gerufen. Alles war wie beim ersten Mal: Auch diese Entbindung lief wie am Schnürchen; sämtliche Kinder, inklusive des zuletzt Geborenen, waren wieder bei Renis Mutter, und der Lechleitner Poldi wartete wiederum nur die Meldung über die glückliche Geburt des Kindes ab, um sich spornstreichs ins Wirtshaus zu begeben, um dort ausgiebig zu feiern.

Als ich am folgenden Vormittag zur Wochenpflege auf den Hof kam, war – wie befürchtet – wieder keine Reni im Bett. Vergeblich schrie ich durchs ganze Haus. Im Stall brauchte ich nicht zu suchen, denn es war Hochsommer und das Vieh auf der Alm. Wo um alles in der Welt mochte die Bäuerin nur stecken? Um nicht noch mehr Zeit mit Suchen zu verlieren, versorgte ich erst einmal das Kind und hoffte, die Mutter werde zwischenzeitlich auftauchen. Tat sie aber nicht! Das halte ich nicht aus, sagte ich zu mir und begann, das Haus vom Dachboden bis hinunter zum Keller zu durchsuchen. Weil auch dies ergebnislos blieb, dehnte ich meine Suche wider besseres Wissen auf Stall und Scheune aus. Nichts! Keine Spur von meiner Wöchnerin! Aber irgendwo musste sie doch sein, denn schließlich lag das Kind friedlich in seiner Wiege.

Ich beschloss die Leute auf dem Nachbarhof zu fragen, der ein paar hundert Meter oberhalb lag. Nein, über den Verbleib der Reni wisse man nichts, sagten die Nachbarn. Was sollte ich machen? Unverrichteter Dinge wieder nach Hause fahren? Unmöglich, das konnte ich unter keinen Umständen tun, selbst wenn meine Wöchnerin mir immerzu entwischte. Während ich noch in tiefe Grübeleien versunken war, wen sah ich da auf einmal von oben auf mich zukommen? Die Reni! Mit einem Melkeimer in der Hand stieg sie am frühen Morgen vom Berg herab!

»Um Gottes Willen!«, rief ich aus. »Wieso kommst du in aller Herrgottsfrühe von der Alm herunter?«

»Ich musste die Viecher in ein anderes Gatter treiben und außerdem die Kühe melken«, antwortete sie. Das klang, als ob es die selbstverständlichste Sache von der Welt sei, dass eine Wöchnerin am ersten Tag nach ihrer Niederkunft solche Arbeiten erledigte.

Ihrer Ansicht nach war ihr gar nichts anderes übrig geblieben, denn der Poldi hatte wieder die ganze Nacht im Wirtshaus verbracht und auf die anfallenden Arbeiten keinen Gedanken verschwendet – und noch weniger auf die Rücksichtslosigkeit, mit der er seine Frau behandelte. Die Reni überstand auch diesen Ausflug ohne Probleme, doch es fiel mir schwer, mich an den Gedanken zu gewöhnen, dass es Naturmenschen gab, die eine Entbindung wegsteckten, als sei das gar nichts.

Ein anderes Musterexemplar von Ehemann, an dem sich niemand ein Beispiel nehmen sollte, war der Grabmaier Fritz.

Es war Ende November an einem Spätnachmittag, und die Sonne war bereits hinter den Bergen verschwunden, als es an meiner Haustür läutete. Draußen stand ein Mann, groß und breit wie ein Schrank. Bist du die Hebamme?«, lallte er. »Ich soll dich holen. Meine Frau braucht dich.«

»Ja, wer bist denn du?«, fragte ich, indem ich mit der einen Hand nach meinen Mantel und mit der anderen nach meiner Tasche angelte.

»Ich bin der Grabmair Fritz«, sagte er mit schwerer Zunge, »kennst mich nicht?«

Das zweifelhafte Vergnügen hatte ich bisher zum Glück nicht, hätte ich am liebsten gesagt. Stattdessen fragte ich sachlich: »Und wo bist du daheim?« Da er zu Fuß war, konnte es nicht weit sein.

Ich hatte Recht mit meiner Vermutung, denn die Grabmairs wohnten so nah, dass es nicht einmal lohnte, das Fahrrad zu nehmen. Bis zu seinem Anwesen waren es nur zehn Minuten zu gehen, allerdings ziemlich steil bergauf. Gemeinsam zogen wir also los, und ich hoffte, noch irgendetwas Wissenswertes über seine Frau und etwaige bisherige Geburten zu erfahren. Doch weit gefehlt! Dieser »treusorgende« Ehemann erwähnte nämlich nur so nebenbei, dass ich eigentlich schon früher hätte kommen sollen.

»Ja, angeschafft hat mir's die Frau schon in der Früh, dass ich dich hole. Wie ich aber am Wirtshaus vorbeikomme, denk ich mir, gar so pressiert's noch nicht. Für eine Halbe reicht es allemal. Wie es aber so geht, hab ich ein paar Burschen getroffen, und eine Maß hat die andere ergeben. Als ich dann endlich heim wollte, ist mir eingefallen, dass die Frau mir was angeschafft hat. Da bin ich dann zu dir gekommen.«

Als wir den Hof erreichten, war das Kind schon da – ein rosiger Bub, der zwischen den Oberschenkeln der Mutter lag. Ich brauchte ihn nur noch abzunabeln. Die Nachbarin saß am Bett und betreute die junge Mutter.

Wie aber reagierte der frischgebackene Vater, als er die Bescherung sah? Er verlieh seiner Freude über die glückliche Geburt seines Stammhalters auf folgende Weise Ausdruck: »Ja, so eine Freude! Ein Bub! Da muss ich gleich ins Wirtshaus und eine Maß drauf trinken.« Und schon war er wieder verschwunden.

Später erfuhr ich, was geschehen war. Nachdem die Hedwig stundenlang vergeblich auf meine Ankunft gewartet hatte und weil die Wehen in immer kürzeren Abständen kamen, hatte sie sich in ihrer Not zur Nachbarin geschleppt. Diese erkannte, dass es keine Zeit mehr war, zu meinem Haus zu laufen, um mich doch noch zu holen. Stattdessen führte sie die Hedwig zurück in ihr Haus und brachte sie ins Bett – gerade rechtzeitig, bevor es richtig losging. Die Nachbarin, die selbst mehrere Kinder zur Welt gebracht hatte, kannte sich so weit aus, dass sie Geburtshilfe leisten konnte.

Es war wirklich ein Jammer, wie rücksichtslos manche Ehemänner waren.

Im Vergleich mit dem Fritz war der Bauer vom Wetterkreuzhof fast noch ein löbliches Exemplar, weil er mich zumindest rechtzeitig zu seiner Frau gerufen hatte.

Der Rest jedoch schien auch ihn nicht mehr zu interessieren.

Als das Kind, sein drittes, geboren war und wohlversorgt neben seiner Mutter im Bett lag, machte ich mich auf die Suche nach dem Vater, um ihm zur Geburt eines gesunden Sohnes zu gratulieren. Er war eifrig mit sicher wichtigen Arbeiten beschäftigt, doch plötzlich ließ er alles stehen und liegen und eilte davon.

»Was ist los?«, rief ich ihm verdutzt nach.

»Ich geh ins Wirtshaus. Die Ankunft des Stammhalters muss doch begossen werden.«

»Nein, so was!«, rief ich entrüstet aus. »Hast deinen Sohn ja noch nicht mal gesehen.«

»Den seh ich noch früh genug«, antwortete der Bauer im Weitergehen. Ich rannte hinterher. »Willst du nicht wenigstens vorher hinein zu deiner Frau und ihr was Nettes sagen?«, unternahm ich einen letzten Versuch, ihn umzustimmen.

»Was soll ich jetzt bei ihr? Wenn sie wieder gesund ist, werde ich schon wieder zu ihr gehen.« Dabei lachte er anzüglich und verschwand von der Bildfläche.

Der Poldi, der betrunkene Fritz und der Wetterkreuzbauer waren keine Einzelfälle, leider. Manchmal hätte ich sie wirklich am liebsten auf den Mond geschossen, diese egoistischen Mannsbilder.

Unsteril

Mit der Zeit merkte man es auch in unseren Tälern, dass viele Leute nicht mehr Kinder in rauen Mengen haben wollten. Zwei bis drei galt als eine optimale Zahl, und dadurch wurden für Hebammen auf dem Land die Zeiten nicht unbedingt besser. Trotzdem hatte ich nach wie vor auch treue Dauerkundschaft. Dazu gehörte vor allem die Schwendtnerbäuerin, eine der ersten Frauen, die ich als Hebamme betreute und die mich in regelmäßigen Abständen immer wieder brauchte.

Um mich zu meinem ersten Einsatz in seinem Haus abzuholen, hatte sich der Ziller Ferdl, wie der Bauer vom Schwendtnerhof hieß, per Fahrrad zu mir auf den Weg gemacht. So brauchte ich nur hinter ihm her zu radeln, um den Weg zu finden. In nördlicher Richtung ging es bis zum ersten Haus von Unterach und von dort in ein hübsches Seitental. Jetzt seien es bis zu seinem Hof nur fünfzehn Minuten zu Fuß, mit dem Rad entsprechend weniger, erklärte er mir an der Abbiegung. Wenn kein Schnee liege, schränkte er noch ein. Wir hatten Glück, es lag kein Schnee, denn es war Anfang Mai, und die Natur war gerade zu neuem Leben erwacht.

Da es nur leicht bergan ging, der Weg nicht zu bucklig und zudem ziemlich breit war, ließ es sich angenehm fahren. Insgeheim wunderte ich mich, dass der Bauer mich mit dem Rad und nicht mit der Kutsche abgeholt hatte. Jedenfalls fuhren wir an einem munteren Bachlauf entlang durch eine Gegend, die mit Fug und Recht als lieblich bezeichnet werden konnte, und ich genoss diesen ungeplanten Ausflug in vollen Zügen. Ein Stück weit ging es durch einen kleinen Wald, dessen Büsche und Bäume sich mit dem ersten zarten Grün schmückten. Ich würde diesen Weg in Zukunft noch oft zurücklegen müssen, auch zu Zeiten, wo es nicht mehr so lieblich zuging.

Als wir nach der letzten Kurve den Schwendtnerhof vor uns liegen sahen, begriff ich, warum der Ferdl nicht mit der Kutsche gekommen war. Das Anwesen war so klein, dass er sich weder Pferd noch Wagen leisten konnte. Vermutlich hatte er geradeso viele Kühe im Stall, wie man für eine bescheidene Existenz brauchte. Dafür lag der einsame Hof wirklich sehr idyllisch, und ich konnte mir vorstellen, dass der Bauer mit Leib und Seele daran hing und ihn, wenn es auch noch so karg zuging, für die Nachkommen erhalten wollte.

Die Schlafkammer, in die er mich führte, lag im Erdgeschoss direkt neben der Küche, was den Vorteil hatte, dass der Raum durch den angrenzenden Kamin angenehm überschlagen war. Im Bett lag eine junge Frau mit frischer Gesichtsfarbe, die sich Agnes nannte. Sie erwartete ihr erstes Kind und sah der Situation mit gelassener Heiterkeit entgegen. Nach der Erstuntersuchung schien alles in Ordnung, und es deutete sich ein normaler Geburtsverlauf an. Die Mutter des Bauern war noch rüstig genug, um mir zur Hand zu gehen und machte keinen Hehl daraus, dass sie sich auf ihr erstes Enkelkind sehr freute. »Ob Bub oder Mädel, das ist mir gleich, Hauptsache, es ist gesund«, lautete ihre Aussage.

Umso mehr freute sie sich, dass ich ihr nach einigen Stunden einen strammen, gesunden Hoferben überreichen konnte. Zärtlich hielt sie das kleine Wesen in ihren abgearbeiteten Händen, schaute es liebevoll an und sagte: »Jetzt bin ich also Großmutter und noch dazu von einem Buben.« Bei diesen Worten liefen ihr Freudentränen die Wangen herunter.

Ein gutes Jahr später wurde ich erneut zu dem einsamen Hof gerufen. Es war am frühen Morgen eines sonnigen Tages gegen Ende August. Der Bach führte wenig Wasser, und am Wegesrand blühten die letzten Sommerblumen. Auf den Feldern versammelten sich bereits die ersten Zugvögel, um ihre Reise gen Süden anzutreten.

Die Agnes fand ich wieder heiter und zuversichtlich in ihrem Bett vor. Die Wehen kamen mit schöner Regelmäßigkeit, und weil dies ihre zweite Geburt war, ging alles viel leichter und schneller. Außerdem hatte sie sich meine Anweisungen vom ersten Mal sehr gut gemerkt, sodass ich kaum etwas sagen musste. Wieder konnte sich die Altbäuerin über einen Buben freuen. Soweit war alles in bester Ordnung, nur kam die Nachgeburt nicht. Da sich innerhalb der üblichen halben Stunde nichts tat, tastete ich noch einmal den Bauch der Frau ab, drückte ein bisschen herum und schickte, als nach einer weiteren halben Stunde noch immer nichts passiert war, den Ferdl, der die ganze Zeit schweigend mit uns gewartet hatte, ins Dorf. »Es bleibt uns nichts anderes übrig, Ferdl, du musst den Doktor holen.«

Nach etwa zwanzig Minuten kam er mit dem Arzt im Gefolge zurück, der nach eingehender Untersuchung schließlich lakonisch feststellte: »Da gibt's nur eines, die müssen wir holen.«

Natürlich dachte ich, er würde die Agnes in sein Auto packen und zur nächstgelegenen Klinik bringen, doch zu meiner grenzenlosen Verwunderung begann er einen Eingriff vor Ort vorzubereiten.

»Reserl«, sagte er zur Großmutter, »du breitest eine Wolldecke auf dem Küchentisch aus und legst ein Leintuch darüber. Ferdl, du packst deine Frau bei den Füßen, und ich nehme sie unter den Armen.«

Mir leuchtete ein, warum er den Küchentisch wählte, denn der war höher als das Bett, sodass er besser an die Patientin herankam. Zudem hing eine Lampe darüber, die das »Operationsfeld« einigermaßen ausleuchtete.

Dann wandte sich der Arzt an mich: »Du machst die Narkose.«

»Ich?« Meine entsetzte Frage ignorierend, ging er zu einem metallenen Wandbrett, wie es in allen Bauernküchen über dem Herd hing, nahm ein kleines Sieb herunter und drückte es mir in die Hand. Dann reichte er mir einen großen Tupfer und ein kleines Fläschchen aus seinem Koffer. Da ich noch immer wie zur Salzsäule erstarrt im Raum stand, raunzte er mich an: »Schau nicht so blöd! Das Sieb legst der Agnes über die Nase, den Tupfer darüber, und dann tropfst aus dem Fläschchen drauf. Aber nicht zu viel und erst, wenn ich's dir anschaffe.«

Weil ich noch immer reglos dastand, fuhr er mich an: »Ich denk, du bist Hebamme? Das musst du doch gelernt haben.«

Gewiss, während unserer Ausbildung hatte auch das Verabreichen einer Narkose auf dem Programm gestanden, aber das hatte so ausgesehen, dass wir Schülerinnen zuschauen durften, wie die Anästhesieschwester den Patientinnen etwas auf die Nase tropfte. Dabei verwendete sie allerdings nicht ein verrostetes Küchensieb, sondern einen chromglänzenden, sterilen Gegenstand, den sie Maske nannte. Jede von uns hatte dann einmal das Fläschchen mit dem Narkosemittel in die Hand nehmen dürfen, um selbst ein paar Tropfen aufzuträufeln. Das war auch schon alles gewesen. Nun sollte ich also ganz allein, und unter so primitiven Bedingungen …

Um die Geduld des guten Doktors nicht über die Maßen zu strapazieren, antwortete ich schnell: »In Ordnung, ich mach die Narkose.«

Bevor ich jedoch damit beginnen konnte, musste ich dem Arzt dabei helfen, sich auf die Operation vorzubereiten. Er verlangte Wasser, um sich die Hände zu waschen, aber im ganzen Haus gab es kein fließendes Wasser und das im Eimer war anscheinend ebenfalls ausgegangen. Die Altbäuerin führte mich an den Herd, damit ich aus dem Schiffchen, in dem man immer warmes Wasser bereithielt, etwas schöpfen konnte. Als sie jedoch den Deckel hob, überkam mich ein Grausen. Statt sauberem Wasser befand sich in dem Schiffchen eine Brühe, die so trüb war, dass man nicht bis zum Grund sehen konnte.

Aber was half es? Es gab nichts anderes.

Also füllte ich ein wenig von der Brühe in eine Schüssel und stellte diese in das aus Naturstein gehauene Spülbecken in der Fensternische. Ein Stück Kernseife lag griffbereit in einer Wandvertiefung. So schnell konnte ich gar nicht schauen, da hatte sich der Doktor bereits die Hände gewaschen. Weil sie für meine Begriffe danach alles andere als steril waren, goss ich tüchtig von dem Hochprozentigen darüber, den der Bauer zu unserer Stärkung bereitgestellt hatte. Dieser Schnaps schien die einzige klare Flüssigkeit in diesem Haus zu sein und machte seiner Bezeichnung »Klarer« alle Ehre.

Zu meiner Erleichterung durfte ich dem guten Doktor dann doch noch Operationshandschuhe überziehen, bevor es losging. Ich musste mich hinter der Patientin aufstellen und machte mit zitternden Fingern die erste Narkose meines Lebens. Der Arzt dagegen nahm rechts von der Wöchnerin Aufstellung und versuchte, die Plazenta mit der rechten Hand abzulösen. Da sie offenbar ganz oben in der Gebärmutter angewachsen war, musste er sehr weit hineinlangen. Mit der Linken drückte er gleichzeitig auf dem Bauch herum, um nachzuhelfen. Doch alle Mühe blieb vergebens. Vor lauter Anstrengung traten ihm Schweißperlen auf die Stirn, und weil keine Schwester da war, die sie ihm mit einem Tuch wegwischen konnte, strich er sich selbst einfach mit dem linken Handrücken über die Stirn. Ein schrecklicher Anblick für jeden Hygienefanatiker!

Zu allem Überfluss wechselte er jetzt nämlich auf die andere Seite des Küchentischs und griff mit der linken Hand in die Gebärmutter, um so vielleicht die Plazenta zu lösen. Ich bekam Zustände! Mit der linken Hand! Die war doch mittlerweile völlig unsteril. Unsteril! Das Schlimmste, was nach Lehrmeinung der Hebammenschule in der Geburtshilfe passieren konnte. Es war eine Todsünde!

Als der Arzt die Plazenta tatsächlich vollständig zutage förderte, dachte ich nur niedergeschlagen, dass dies auch nichts mehr nützte, weil die arme Agnes sowieso sterben müsste. Falls überhaupt noch etwas zu retten sein sollte, dann nur durch Beten. In meiner Not rief ich die Gottesmutter um Beistand an und sämtliche Heiligen, die mir einfielen.

Der Doktor wusch sich unterdessen seelenruhig die behandschuhten Hände in der Brühe, die noch im Spülbecken stand, streifte die Handschuhe ab und verstaute sie in seinem Koffer. Zu mir gewandt äußerte er beiläufig: »Gell, schaust heute Abend noch mal nach der

Schwendtnerin und misst Fieber und morgen in der Früh auch.«

Mir war klar, warum er mir das anschaffte, so weit dachte er also doch.

Bangen Herzens machte ich mich also am Abend erneut auf den Weg zum Schwendtnerhof und wähnte die Bäuerin schon in wüsten Fieberträumen. Zu meiner Verblüffung schaute es aber ganz gut aus, denn alles war völlig normal, und es gab keinen Hinweis auf eine Infektion. Am nächsten Morgen bot sich das gleiche zufriedenstellende Bild. Das gab's ja gar nicht, dachte ich bei mir, das grenzte an ein Wunder. Wenn wir im Krankenhaus so unsauber gearbeitet hätten, wäre mit an Sicherheit grenzender Wahrscheinlichkeit ein Kindbettfieber die Folge gewesen, an dem die Wöchnerin womöglich gestorben wäre.

Da ich das Bedürfnis verspürte, dem Arzt von dem unerwartet guten Ausgang der Notoperation zu berichten, suchte ich ihn in seiner Praxis auf. Er schien jedoch weder überrascht noch erfreut über die günstige Botschaft.

»Was willst denn? Das sind Bäuerinnen, die halten das aus. Ihr eigener Dreck macht ihnen nichts aus. Kommt so eine aber mal ins Krankenhaus, das wird gefährlich. Da schnappen sie alles Mögliche auf.«

Damit war ich wieder um eine Erfahrung reicher.

Kaum zwei Jahre später wurde ich erneut zu einer Entbindung bei der Agnes gerufen. Eingedenk der Probleme mit der Nachgeburt bestand ich darauf, dass man gleich einen Krankenwagen anforderte und die Frau in die Klinik brachte. Die Familie befolgte meine Empfehlung nur widerstrebend, und später hielt mir der Ferdl vor, es sei für die Katz gewesen, die Agnes zur Entbindung in die Stadt zu fahren, denn die Nachgeburt habe sich innerhalb von zwanzig Minuten von ganz allein gelöst. Meiner Überängstlichkeit sei es zu verdanken, dass der dritte Bub einen Schandfleck in seiner Geburtsurkunde aufweise, weil er nicht auf dem angestammten Familienbesitz geboren worden sei. Deshalb bleibe sie, die Agnes, beim nächsten Kind auf jeden Fall zu Hause.

Zur Geburt des vierten Kindes rief man rechtzeitig bei mir an. Es war Ende November. Auf dem Weg lagen zwar erst zwanzig Zentimeter Schnee, aber mit dem Moped war kein Durchkommen, und so kämpfte ich mich mit meiner schweren Tasche zu Fuß die Steigung hoch. Obwohl ich immer wieder ein Stoßgebet zum Himmel sandte, dass sich die Plazenta auch diesmal ablöste, blieb mir doch Muße genug, mich an dem hübschen Anblick der Landschaft zu erfreuen. Die kahlen Zweige hatten durch den nächtlichen Raureif bizarre Formen angenommen, und der Bach zu meiner Rechten sprudelte nach der sommerlichen Trockenheit wieder fröhlich glucksend zu Tal. Die dicken Steine mit ihren watteweichen Schneehauben sahen aus wie weiße Inseln.

Die alte Schwendtnerin begrüßte mich bereits an der Haustür. »Ich hab dir schon alles bereitgelegt. Wennst was brauchst, findest mich in der Küche. Ich kann dir sonst nicht helfen, weil ich auf die drei Kleinen aufpassen muss.«

Machte nichts, dachte ich, denn die Agnes und ich würden auch allein ganz gut zurecht kommen, wenn nur die Nachgeburt keine Zicken machte.

Die vierte Entbindung der Schwendtnerbäuerin ging dann auch völlig glatt über die Bühne. Das Kind lag normal, der Kopf rutschte relativ schnell ins kleine Becken, das Neugeborene schrie, wie man es von ihm erwartete, und die Plazenta löste sich, wie es sein sollte. Dennoch war ich nach der Geburt dieses Kindes unglücklich. Auffallend lange machte ich mir an ihm zu schaffen, nur um es der Mutter nicht gleich präsentieren zu müssen. Bevor ich das tat, musste ich sie irgendwie schonend vorbereiten, denn das Neugeborene war mit einem Geburtsfehler behaftet. Hätte ich es der Agnes einfach kommentarlos in die Arme gelegt, wäre der Schock zu groß gewesen.

Nachdem das Kind gewaschen und gewickelt war, legte ich es in die bereitstehende Wiege und setzte mich ans Bett der Mutter.

»Was ist los, Nanni?«, fragte sie mit besorgtem Gesicht, weil ihr mein Verhalten ungewohnt vorkam. »Warum gibst mir das Kind nicht?«

»Bevor du dir das Kind anschaust, muss ich dir etwas sagen.«

Mit vor Schreck geweiteten Augen schaute sie mich an: »Ist es tot?«

»Nein, keine Angst. Du hast doch seinen kräftigen Schrei gehört. Es ist ein kerngesunder Bub, aber er hat eine kleine Missbildung im Gesicht.«

»Eine Missbildung? Im Gesicht?« Die Fragen kamen schleppend, wie aus weiter Ferne.

Dann griff die Mutter Halt suchend nach meinem Arm. »Sag, was ist es?«

»Er hat eine Hasenscharte.«

»Eine Hasenscharte?«, wiederholte sie tonlos. »Von so was hab ich schon mal gehört, aber ich hab keine Ahnung, wie das ausschaut.«

Ehe ich sie mit dem Anblick des Kindes konfrontierte, versuchte ich, sie im Vorfeld zu beruhigen: »Das ist heutzutage kein Problem. Das kann man ganz gut operieren, sodass man später nicht mehr viel davon sieht.«

»Lass mich sehen«, bat sie mutig, und ich reichte ihr den Kleinen. Ihr Blick drückte im ersten Moment zwar Erschrecken aus, doch dann drückte sie ihn so zärtlich an sich, wie nur eine Mutter das kann, und flüsterte ihm halblaut zu: »Armer kleiner Kerl, ich werde dich besonders lieb haben, du wirst es brauchen.« Und in normaler Lautstärke sagte sie zu mir: »Gut, dass es kein Mäderl ist, bei einem Bub ist es nicht ganz so schlimm.«

»Bei ihm ist es wirklich nicht besonders schlimm«, pflichtete ich ihr bei. »Bei ihm ist nur die Oberlippe gespalten, der Gaumen aber normal ausgebildet. Da, schau!« Ich öffnete dem Kerlchen den Mund, damit sich die Mutter von meinen Worten überzeugen konnte. »Dennoch gibt es momentan ein Problem.«

»Was für ein Problem?«

»Du kannst das Kind nicht anlegen. Schau, um an der Brust saugen zu können, braucht es eine intakte Oberlippe.«

»Ja, dann verhungert er mir ja glatt«, rief sie erschrocken aus.

»Aber nein, satt kriegen wir ihn auf jeden Fall, und zwar mit der Flasche. Aus der lässt es sich leichter trinken. Dabei hast du die Wahl zwischen zwei Möglichkeiten.«

»Und die wären?«

»Die eine Möglichkeit wäre Säuglingsmilch in Pulverform, die man mit warmem Wasser auflösen muss. In diesem Fall müssten wir deine Brust sofort hochbinden, damit keine Milch einschießt.«

»Und die andere Möglichkeit?«

»Wir pumpen bei dir die Milch ab und geben sie dem Kleinen im Fläschchen.«

»Und wozu würdest du mir raten?«, erkundigte sie sich.

»Muttermilch ist auf jeden Fall besser und außerdem billiger. Der Nachteil ist, du müsstest zu jeder Mahlzeit abpumpen, und das ist recht anstrengend.«

»Das mach ich gern, wenn das für mein Kind besser ist. Es wird also nichts hochgebunden.«

Am folgenden Tag brachte ich ihr die Milchpumpe. Ob es zu jener Zeit bereits elektrische Pumpen gab, weiß ich nicht. Ich jedenfalls hatte nur eine Handpumpe, doch die Agnes kam ganz gut damit zurecht.

Um die Geschichte abzurunden, bleibt noch nachzutragen, dass der kleine Junge so gut operiert wurde, dass später kaum etwas von der Hasenscharte zu sehen war. Als er älter wurde, ließ er sich wie seine Brüder einen Bart wachsen, der die letzten Narben verdeckte. Ich wurde später noch einige Male auf den Schwendtnerhof gerufen, um endlich den inzwischen heiß ersehnten Mädchen ans Licht der Welt zu helfen, doch alle weiteren Geburten verliefen ohne besondere Vorkommnisse.

Schandmäuler

Man sollte wirklich nicht alles glauben, was einem die Leute erzählen. Es ist eine alte Weisheit, die ich in besonderer Weise bestätigt fand, als ich zu den Brauners gerufen wurde.

Es war Ende Februar, und es hatte mächtig geschneit. Schon am frühen Abend, als ich aus dem Fenster in den wirbelnden Schnee blickte, hatte ich insgeheim geseufzt: »Hoffentlich muss ich heute nicht zu einer Entbindung.« Mein Moped konnte ich dann nämlich gleich im Schuppen lassen, weil in der Nacht die Straßen kaum geräumt wurden, und auf den kleinen Seitenwegen blieb der Schnee ohnehin liegen, es sei denn, die Anwohner machten sich selbst ans Werk. Und die Aussicht, sich bei diesem Wetter vielleicht zu Fuß auf den Weg zu einem entlegenen Gehöft machen zu müssen, war noch weniger verlockend.

Während ich solchen Gedanken nachhing, erledigte ich trotz der späten Stunde weiter meine restlichen Hausarbeiten, die notgedrungen oft liegen blieben, als ich mit einem Mal einen Traktor herantuckern hörte. Sollte das etwa ein Taxi für mich sein, ging es mir durch den Kopf, denn bei diesem Wetter war sonst kein Bauer unterwegs.

Ein Blick aus dem Küchenfenster genügte: Der Knecht von Sonneckhof sprang gerade vom Fahrersitz, und mir war bekannt, dass die junge Bäuerin ein Kind erwartete.

Großer Gott, dachte ich, und innerlich krampfte sich bei mir alles zusammen. Ich war noch nie auf dem Sonneckhof gewesen und kannte die Altbäuerin nur vom Sehen, doch was mir alles über sie zugetragen worden war, hatte mich völlig gegen sie eingenommen – ich hielt sie für den Inbegriff der bösen Schwiegermutter. Geizig sei sie bis dorthinaus, bissig und zänkisch, ihre arme Schwiegertochter habe bei ihr nichts zu lachen. Jeden Tag werde in diesem Haus gestritten, ereiferten sich die Leute und ließen kein gutes Haar an der alten Sonneckbäuerin.

Und in dieses Haus sollte ich nun. Innerlich rüstete ich auf: Der Alten wollte ich es schon zeigen. Mich sollte sie nicht kleinkriegen, und über ihre Schwiegertochter würde ich meine schützende Hand halten, jedenfalls so lange, wie ich in diesem Haus ein- und ausgehen würde. Ich malte mir bereits aus, was mich dort erwarten würde. Wenn die Alte wirklich so geizig war, wie man erzählte, war das Schlafzimmer der Gebärenden bestimmt nur schwach geheizt, wenn überhaupt. Ich beschloss, in diesem Fall selbst ein Feuer zu schüren, und das nicht zu knapp. Schließlich brauchten nicht nur Mutter und Kind eine wohlige Wärme, auch ich wollte während der langen Wartezeit nach der Entbindung nicht frieren. Wir hatten immerhin Februar, und der Winter zeigte gerade mit klirrender Kälte noch einmal seine ganze Macht. Zur Sicherheit packte ich eine Wärmflasche in meine Tasche und Bettwäsche zum Wechseln – man konnte ja nicht wissen, ob der Geiz der Alten auch frische Bettwäsche ausschloss.

Obwohl ich meinen dicksten Mantel angezogen und mir eine Decke um die Beine geschlungen hatte, fror ich erbärmlich, als der Traktor sich durch den Schnee immer weiter nach oben arbeitete. Weder der Knecht noch ich redeten – dazu war es einfach zu kalt, denn der Atem wäre einem vorm Mund erstarrt. Selbst die Tröpfchen in der Nase gefroren zu Eis. Ich war heilfroh, als wir endlich unser Ziel erreichten. Äußerlich stocksteif gefroren, innerlich zum Kampf gerüstet, betrat ich das Gebäude.

»Geh nur hinauf«, wies mich der Knecht an, »zweite Tür rechts.«

Ich betrat die Kammer und schaute mich überrascht um. Alles war bestens, denn angenehme Wärme umfing mich und erfüllte meine erstarrten Glieder mit neuem Leben. Wohin ich schaute, sah alles ordentlich und liebevoll vorbereitet aus. Ein so sorgfältig hergerichtetes Entbindungszimmer habe ich weder vorher noch nachher in einem Privathaus erlebt. Sogar eine Obstschüssel stand auf dem Tisch mit allem, was es um diese Jahreszeit so gab, selbst exotische Früchte wie Bananen, Orangen und Mandarinen waren darunter, die normalerweise von den Bauern nicht allzu häufig gekauft wurden.

Die alte Bäuerin war im Zimmer, und ich hörte sie beständig sagen: »Liesl, was magst du? Liesl, was willst du? Nanni, was kann ich tun? Nanni, was brauchst?« Sie umsorgte nicht nur mit liebevoller Fürsorge die gebärende Schwiegertochter, sondern ging mir flott, aber unaufdringlich zur Hand. Ich war so überrascht angesichts dieser harmonischen Atmosphäre, dass ich dachte, ich sei im falschen Haus.

Nachdem ich meine Hände über dem bullernden Ofen, auf dem ein Kessel mit heißem Wasser bereitstand, angewärmt hatte, machte ich mich daran, die junge Frau zu untersuchen. Das Kind lag normal, doch mit der Entbindung hatten wir noch Zeit. Alles schien normal, wenn man vom starren Gesichtsausdruck der jungen Mutter absah, der mir gar nicht gefiel und den ich nicht zu deuten wusste. Auch ihr Körper wirkte verkrampft, und ich überlegte schon, ob das nette Verhalten der Schwiegermutter vielleicht nur Getue und die verkrampfte Haltung meiner Gebärenden eine Reaktion auf solches Falschspiel war.

Wenn die Schwangere nicht lockerer wurde, befürchtete ich eine schwierige Geburt trotz der ansonsten günstigen Voraussetzungen. Deshalb musste ich alles daransetzen, sie aus ihrer Erstarrung zu lösen. Als die alte Bäuerin gerade einmal das Zimmer verlassen hatte, um Kaffee zu kochen, fragte ich: »Was ist los, Liesl?«

Ihre Antwort, die sie mit unbeweglichem Gesicht gab, verblüffte mich: »Weißt du nicht, dass mein Mann vor vier Wochen gestorben ist?«

»Nein, das wusste ich nicht«, antwortete ich betreten.

»Das wundert mich aber. Sein Tod war doch tagelang Ortsgespräch, und du kommst schließlich überall rum«, hielt sie mir vor.

»Das muss genau in der Zeit gewesen sein, als ich zur Fortbildung war«, führte ich zu meiner Entschuldigung an. »Und seitdem war ich zu keiner Entbindung mehr.«

Anschließend erzählte sie mir die ganze traurige Geschichte. Der junge Sonneckbauer war mit dem Auto an einem Vormittag zur Stadt gefahren, und als er bis zum Abend nicht zurück war, hatte die Mutter die Polizei verständigt. Diese fand das Auto, das in einer Kurve kaum sichtbar in einer Schneewehe steckte. Der Fahrer des Wagens war tot – ein Rätsel für die Beamten, denn es war kein schwerer Unfall gewesen. Der Wagen war nur leicht eingedrückt, und der junge Bauer wies keinerlei sichtbare Verletzungen auf. Warum war er also gestorben? Die anschließende Obduktion ergab, dass er, trotz seiner erst achtunddreißig Jahre, während der Fahrt einen tödlichen Herzinfarkt erlitten hatte und das Auto dabei in die Schneewehe gerutscht war.

Zunächst dachte ich, die junge Witwe sei einfach noch immer durch den Schock gelähmt, den diese Nachricht bei ihr ausgelöst hatte, doch das Problem saß tiefer. Jetzt schaltete sich nämlich die Schwiegermutter in das Gespräch ein, die mittlerweile mit dem duftenden Kaffee zurückgekommen war. Sie seufzte und sagte ratlos zu mir: »Seit der Wastl tot ist, mag sie auch nicht mehr leben. Sie behauptet immerzu, ihr Mann wolle sie holen. Sie glaubt, sie werde bei der Geburt des Kindes sterben und das Kind gleich mit.«

»Aber geh, Liesl, glaub doch so was nicht«, hakte ich ein. »Es steht alles zum Besten, sodass weder für dich noch für das Kind irgendeine Gefahr besteht. Im Gegenteil! Du solltest dieses Kind als ein Vermächtnis deines Mannes betrachten. Er hat es dir als Ersatz für sich hinterlassen. Dein Mann will, dass du für dieses Kind lebst und es in seinem Sinn aufziehst.«

»Meinst?«, kam es unsicher von ihren Lippen, und es schien, als beginne sich die Erstarrung zu lösen.

»Aber sicher meine ich das«, bestärkte ich meine Worte. »Dein Mann will, dass du weitermachst, bis dein Kind alt genug ist, den Hof zu übernehmen. In ihm lebt er fort, und durch dieses Kind bleibt die Familie erhalten.«

»Aber das Lieserl ist doch auch noch da«, wandte die junge Frau ein, und die Schwiegermutter erklärte mir, dass das Paar bereits die sechsjährige Elisabeth habe, die wegen der bevorstehenden Entbindung rechtzeitig zur anderen Großmutter gebracht worden sei.

»Dann darfst du erst recht nicht ans Sterben denken«, sagte ich. »Du musst weiterleben für deine Tochter und für den Buben.«

»Woher willst denn wissen, dass es ein Bub wird?«, fragte die werdende Mutter mit einem Hoffnungsschimmer in den Augen.

»Hab ich Bub gesagt? Das ist mir nur so rausgerutscht. Wissen tu ich es nicht.«

Wie auch immer, mit einem Mal veränderte sich die Gebärende. Ihre Gesichtszüge entspannten sich, der Körper wurde locker, die Wehen kamen Schlag auf Schlag, und ehe wir uns versahen, war ein Bub da – der Stammhalter, der Hoferbe. Tränen der Erleichterung und der Freude perlten der jungen Frau aus den Augen. Auch die Schwiegermutter weinte vor Rührung gleich mit, und selbst ich konnte mich in dieser besonderen Situation nur mühsam beherrschen.

Zärtlich drückte die Liesl den kleinen Sebastian an sich und flüsterte ihm zu: »Keine Angst, ich bleib bei dir, Wasti. Wir werden deinem Papa zeigen, dass wir den Hof zu erhalten wissen.«

Nachdem ich routinemäßig den Rest meiner Arbeit erledigt und mich für heute verabschiedet hatte, begleitete mich die Altbäuerin noch zur Tür und drückte mir ganz fest die Hand. »Vergelt's Gott, Nanni«, sagte sie nur.

Als ich meine Tasche hochhob, kam sie mir schwerer vor als sonst, doch ich dachte mir nichts dabei und stieg gleich auf den bereits wartenden Traktor, der mich durch die Nacht nach Hause bringen sollte. Wie erstaunt war ich aber, als ich daheim meine Tasche öffnete, um sie für die nächste Entbindung wieder vorzubereiten. Lauter gute Gaben quollen mir da entgegen: Speck, Käse, Brot, Butter, Eier. Lauter Dinge, für die ich dankbar war, denn auf Rosen gebettet war ich als Hebamme nicht gerade. Die alte Sonneckerin und geizig – von wegen! So großzügig war ich noch in keinem Haus beschenkt worden und sollte das auch kein zweites Mal erleben.

Dass die ganze üble Nachrede nicht stimmte, davon konnte ich mich auch während der Wochenpflege überzeugen. An allen zehn Tagen, die ich bei der Liesl hereinschaute, konnte ich nichts als ein harmonisches Einvernehmen zwischen Schwiegermutter und Schwiegertochter feststellen, und ich glaube nicht, dass man so etwas vorspielen kann. Sich volle zehn Tage lang zu verstellen, das schafft niemand.

Vermutlich hatten die Klatschmäuler nur getratscht, weil man über die Bewohner des abgelegenen Hofes so wenig wusste. Oder es war Neid im Spiel gewesen, weil die Brauners vom Sonneckhof es durch Fleiß relativ früh zu einem gewissen Wohlstand gebracht hatten – schließlich besaß man dort bereits ein Auto. Es gibt immer viele vorgeschobene Gründe, warum die Leute sich die Mäuler zerreißen.

Jahre später, als ich der jungen Bäuerin einmal im Dorf begegnete, erzählte sie mir, welche Stütze sie nach wie vor an ihrer Schwiegermutter habe. »Allein hätte ich es nie und nimmer geschafft, den Hof zu erhalten. Und damals, in den schweren Stunden, nachdem ich meinen Mann verloren hatte, ist sie es gewesen, die mich immer wieder aufgerichtet hat, obwohl sie selbst unter dem Verlust des Sohnes schwer gelitten hat. Eine leibliche Mutter könnte nicht besser zu mir gewesen sein.

Ja, ehrlich gesagt, meine eigene Mutter hat mir in dieser Zeit nicht annähernd so viel Trost und Hilfe gegeben wie meine Schwiegermutter.«

Seit diesen Erfahrungen bin ich noch vorsichtiger, wenn die Leute mir Schlechtes über ihre Mitmenschen zutragen wollen.

Wettlauf mit
dem Klapperstorch

Wann immer man mich rief, war ich meist schnell und rechtzeitig zur Stelle. In einigen Fällen jedoch musste ich es erleben, dass der Storch schneller war. Sogar Rettungswagen oder Taxi haben gelegentlich das Wettrennen verloren, was dann eine Entbindung am Straßenrand zur Folge hatte, und zwar unter sehr beengten Verhältnissen. Im Rettungswagen konnte ich mich ja noch einigermaßen bewegen, aber eine Geburt im Taxi war eine Sache für sich, und ich war froh, dass so etwas nicht alle Tage vorkam.

Folgende Geschichte ereignete sich, noch bevor ich im Altersheim ein Entbindungszimmer einrichtete. Die Maierhofer Cilli hatte ihr erstes Kind zu Hause bekommen, und es war alles gut gegangen. Nicht nur ihr Mann, übrigens jener junge Schreinermeister, der mir seinerzeit das Schild für die Haustür gebracht hatte, war vor Stolz geplatzt über den Stammhalter, sondern auch die Schwiegermutter, in deren Augen die Cilli nicht gerade die beste Partie für ihren einzigen Sohn gewesen war. Dass die Schwiegertochter allerdings gleich beim ersten Anlauf einen Erben für das traditionsreiche Familienunternehmen geboren hatte, machte einiges wett und ließ sie im Ansehen steigen. So versorgte die alte Maierhoferin hingebungsvoll die Wöchnerin und das Neugeborene, was ich ihr zuvor wirklich nicht zugetraut hätte.

Jedes Mal, wenn ich zur Wochenpflege erschien, strahlte sie übers ganze Gesicht und bedankte sich dermaßen überschwänglich bei mir, als ob es mein Verdienst wäre, dass es nun einen Stammhalter in der vierten Generation gab.

Als sich bei der Cilli die zweite Schwangerschaft ankündigte, suchte sie mich auf, um sich untersuchen zu lassen. Meiner Berechnung nach war sie damals im dritten Monat, und es sah so aus, als ob keinerlei Schwierigkeiten zu erwarten seien.

»Im September sehen wir uns dann wieder«, rief mir die Cilli beim Abschied zu.

»So lange solltest du nicht warten. Es wäre besser, wenn du in drei oder vier Monaten noch mal hereinschaust«, gab ich ihr mit auf den Weg.

»Wennst meinst, komm ich halt.«

Knapp zwei Monate nach diesem Besuch gab es in dem Dorf, in dem der Schreinermeister Maierhofer seine Werkstatt betrieb, nur ein Gesprächsthema. Seine Mutter hatte mit vierundsechzig Jahren ohne vorherige Warnzeichen einen Schlaganfall erlitten und war zwei Tage später gestorben. Kurz darauf machte ich einen Kondolenzbesuch im Haus der Maierhofers. Die Cilli hatte gerade den Kleinen zu seinem Mittagsschlaf niedergelegt, der Mann war in der Werkstatt, sodass wir ungestört miteinander reden konnten.

Zu meiner Überraschung brach die junge Frau bei meinen Beileidsbekundungen in Tränen aus. Das hatte ich nicht erwartet, weil es schließlich nicht ihre eigene Mutter gewesen war, die man zu Grabe getragen hatte. Noch dazu war das Verhältnis der beiden Frauen zumindest am Anfang nicht sonderlich herzlich gewesen. Insofern verstand ich den tiefen Kummer der Cilli nicht ganz, doch ich wartete, bis sie sich ein wenig gefangen hatte und weitersprach.

»Gerade jetzt musste sie sterben, wo wir uns endlich gut verstanden haben«, sagte sie noch immer leise weinend. »Seit der Kleine da ist, war sie wie ausgewechselt. Vorher hat sie mich eine Dahergelaufene gescholten und eine faule Person. Nichts konnte ich ihr recht machen, aber jetzt, wo es grad so harmonisch war, wo wir friedlich miteinander unter einem Dach lebten, da musste es passieren.«

Sie schluchzte erneut auf, und ich versuchte sie zu trösten. Es sei doch eigentlich schön, meinte ich, dass sie das zumindest eine Weile erlebt hätte. Für ihr seelisches Gleichgewicht sei es besser, dass die Schwiegermutter nicht zu einer Zeit gegangen war, als noch Unfriede zwischen ihnen herrschte. Vielleicht hätte sie dann sogar nach deren Tod ein schlechtes Gewissen gehabt. »Jetzt kannst du sie in lieber Erinnerung behalten, dein ganzes Leben lang«, sagte ich abschließend.

Offenbar fühlte sich die junge Frau durch meine Worte getröstet. Sie wischte sich die Tränen ab und blickte mich mit einem stillen Leuchten in den Augen an: »Da kannst Recht haben. So hab ich das noch gar nicht betrachtet. Ja, Nanni, so ist es bestimmt allemal besser.«

Wir redeten noch eine Weile über dieses und jenes, als der Cilli mit einem Mal einfiel, dass sie die Schwiegermutter auch bei der bevorstehenden zweiten Geburt vermissen würde. »Sie wird mir fehlen, wenn ich in die Wochen komme. Ich hab doch jetzt niemanden, der mich und das Kind versorgt. Deshalb werde ich wohl lieber ins Krankenhaus gehen.«

»Ist schon recht«, sagte ich ihr. »Was aber geschieht mit deinem Buben?«

»Den kann ich zu einer Verwandten meines Mannes bringen, die gleich im Nachbardorf wohnt.«

So weit war also alles geregelt, und ich verabschiedete mich mit den besten Grüßen an den Schreinermeister.

Es war Mitte September, als ich zufällig vom Küchenfenster aus ein Taxi bemerkte, das vor meinem Haus hielt. Nanu, dachte ich, ich hab doch gar keines bestellt. Dann sah ich, wie der Fahrer heraussprang und eilig auf mein Haus zulief. Ich kannte ihn, denn er stammte aus meinem Heimatort und hatte sich in unserem Dorf als Taxifahrer niedergelassen. Daher wusste ich auch, dass sich bei ihm zu seinem Kummer bislang kein Nachwuchs eingestellt hatte. Sollte es vielleicht endlich so weit sein, ohne dass ich es mitbekommen hatte?

Noch ehe er die Glocke betätigt hatte, riss ich die Tür auf und fragte: »Sepp, wo brennt's denn?«

»Bei mir nicht, leider. Aber ich hab die Maierhoferin im Wagen. Die soll ich zum Krankenhaus bringen. Ihre Wehen kommen aber schon so dicht hintereinander, dass es mir eine Beruhigung wäre, wenn du mitfahren tätest.«

Ich griff nach meiner allzeit bereiten Tasche und folgte ihm. Die Cilli hatte gerade eine heftige Wehe, als ich mich neben sie setzte, und es dauerte eine Weile, bis sie mir das Notwendigste mitteilen konnte. Sie erzählte mir, dass es erst vor zwei Stunden angefangen habe mit den Wehen, und diese Auskunft verleitete mich zu der irrigen Annahme, dass wir es bis zum Krankenhaus leicht schaffen könnten.

»Weißt, untersuchen kann ich dich hier schlecht«, erklärte ich ihr. In diesem Moment setzte auch schon die nächste Wehe ein, die heftiger zu sein schien als die vorherige. Weil mir die Sache langsam mulmig wurde, trieb ich den Sepp zu schnellerem Fahren an.

»Mehr ist nimmer drin, Nanni, sonst bring ich uns alle um.«

»Nein, das muss wirklich nicht sein. Fahr nur so schnell, wie du es verantworten kannst.«

»Es kommt, es kommt!«, schrie kurz darauf die Gebärende. Ohne dass ich es eigens sagen musste, war der Sepp schon an den Rand gefahren, denn die Geschichte mit dem Krankenhaus konnten wir abschreiben. Es wurde die »engste« Entbindung, die ich bis dahin gemacht hatte – wie ich das schaffte, weiß ich nicht mehr. Irgendwie gelang es mir, meine Tasche zu öffnen und alles Notwendige herauszuholen. Viel Zeit blieb ohnedies nicht, denn bald hielt ich schon das Kind in den Händen – einen strammen Buben, der später im Krankenhaus vier Kilogramm auf die Waage brachte. Ich wickelte ihn in die beiden Frotteetücher, die zur Ausrüstung meiner Tasche gehörten, und wusste nicht wohin mit ihm, denn bevor ich ihn der Mutter in den Arm legte, musste ich mich um die Nachgeburt kümmern.

»Komm, nimm du einmal den Buben«, sagte ich und reichte das kleine Bündel dem Sepp nach vorn. Nur selten habe ich einen Mann mit einem Neugeborenen auf dem Arm so strahlen sehen wie den Sepp bei diesem fremden Kind. In dem Moment wurde mir erst so recht bewusst, wie kinderlieb er war und wie sehr er unter seiner Kinderlosigkeit leiden musste. Später haben er und seine Frau zwei Kinder adoptiert, mit denen sie sehr glücklich wurden.

Als wir nach diesem unfreiwilligen Zwischenstopp endlich im Krankenhaus ankamen, wurden wir äußerst ungnädig empfangen. Die dortige Hebamme, eine schrecklich unfreundliche Person, fauchte mich an: »Jetzt, wo du mir die Arbeit schon weggenommen hast, brauchst mir die Frau auch nicht mehr zu bringen.«

»Ja, was sollte ich deiner Meinung nach wohl machen? Wenn das Kind es so eilig hat, kann ich es auch nicht dran hindern zu kommen. Das solltest du eigentlich selber wissen.«

»Dann fährt man halt früher daheim fort«, war ihr unsinniger Kommentar. Ich fand es überflüssig, auf so etwas überhaupt einzugehen.

Sie aber war längst noch nicht fertig und schimpfte weiter. »Da du die Entbindung schon gemacht hast, seh ich nicht ein, dass ich jetzt die Wache übernehmen soll. Das kannst jetzt auch machen.«

Im Prinzip war es kein Problem für mich, die Cilli weiter zu betreuen, zumal ich heilfroh war, dass alles so glatt gelaufen war. Das Problem bestand lediglich darin, wie ich wieder heimkommen sollte, denn ich konnte das Taxi ja nicht stundenlang ohne Bezahlung warten lassen. Trotzdem beschloss ich zu bleiben und zur Not den Zug zu nehmen. Als ich jedoch dem Sepp erklärte, er solle ohne mich fahren, weigerte sich der nette Bursche rigoros. »Das kommt gar nicht infrage. Ich hab dich hergebracht, ich nehm dich auch wieder mit heim. Ich hab in der Stadt sowieso noch ein paar Besorgungen zu machen, und danach hol ich dich ab.«

Auf der Rückfahrt fiel mir dann ein, dass ich vergessen hatte, mir den genauen Ort der Entbindung zu merken, denn das war wichtig für die Angabe des Geburtsortes. Zu welcher Gemeinde aber gehörte jene Stelle am Straßenrand? Also bat ich den Sepp, genau auf den Tacho zu schauen. War das Kind nämlich näher an seinem Heimatort geboren, so galt dieser als Geburtsort, waren wir aber bereits näher an der Stadt, wurde diese in die Geburtsurkunde eingetragen.

»Was machst denn, wenn die Entbindung genau dazwischen war?«, wollte der Taxifahrer wissen.

»Ja, dann hab ich ein Problem. Jetzt können wir nur hoffen, dass es nicht exakt zwischen beiden Orten gewesen ist.«

Wir hatten Glück, denn wir waren eindeutig näher an der Stadt, als der Bub geboren wurde.

Zum Thema eiliger Klapperstorch fällt mir noch eine weitere Geschichte ein. Es handelte sich um eine junge Frau, die erst vor kurzem in unser Tal gezogen war. Sie stammte aus Salzburg, und da dort ihre beiden Töchter geboren worden waren, sollte auch ihr drittes Kind dort das Licht der Welt erblicken. Weil sie das Gefühl hatte, es könnte knapp werden, bestellte sie von sich aus gleich den Rettungswagen.

Den beiden Fahrern jedoch war die Geschichte zu riskant, und so machten sie den Vorschlag, bei mir vorbeizufahren und mich mitzunehmen. Sicher war sicher! Nachdem die werdende Mutter sich, wenngleich widerwillig, einverstanden erklärt hatte, riefen sie mich noch von ihrem Haus aus an, und so stand ich schon gestiefelt und gespornt mit meinem Koffer in der Hand am Straßenrand, als der Wagen vorfuhr. Die Schwangere, die diese Maßnahme eigentlich für überflüssig gehalten hatte, würde bald dankbar für meine Begleitung sein.

Als ich einstieg, lag sie schwer atmend auf der Liege – offensichtlich hatte sie gerade eine heftige Wehe. Die anschließende Untersuchung ergab, dass es nicht mehr lange dauern würde, bis das Kind zur Welt kam. Deshalb schlug ich vor, das nächstgelegene Krankenhaus anzusteuern, doch eigensinnig beharrte die Gebärende auf Salzburg. »Nein, nein, ich schaffe das schon. Bis Salzburg halte ich auf jeden Fall durch.«

Gebe Gott, dass sie Recht hatte, betete ich im Stillen. Ob es mein Gebet war oder die Energie der werdenden Mutter – sie hielt wirklich bis Salzburg durch. Allerdings tauchte jetzt ein neues Problem auf, denn unsere starrköpfige Schwangere wollte keineswegs in irgendein Krankenhaus, nein, sie hatte sich eine bestimmte Klinik in den Kopf gesetzt. Die aber lag, von uns aus gesehen, am anderen Ende der Stadt. Wir hatten es bis fast ins Zentrum geschafft, als unser Rettungswagen im Berufsverkehr stecken blieb. Da half auch kein Blaulicht mehr. Das Baby aber ließ sich nicht beirren und drängte mit aller Macht nach draußen, sodass uns nichts anderes übrig blieb, als rechts ran zu fahren. Und so waltete ich am Rand einer belebten Straße in einem Krankenwagen mitten in Salzburg, abgeschirmt vor den neugierigen Blicken der Passanten, meines Amtes. Ein kurzes kräftiges Pressen und ein gesunder Bub war da.

Nach einer Notversorgung von Mutter und Kind setzten wir unseren Weg fort zu dem angeblich so vorzüglichen Entbindungsheim. Was ich dort erlebte, schlug dem Fass den Boden aus und sprach nicht gerade für die Personalführung der Klinik. Denn die Hebamme, die uns hier erwartete, war womöglich noch unverschämter als die in der Geschichte von der Cilli Maierhofer.

Obwohl sie die Wöchnerin kannte und deren Töchter auf die Welt geholt hatte, wollte sie uns zunächst einfach wieder wegschicken, und das, obwohl die Nachgeburt noch fehlte und somit eine medizinische Behandlung erforderlich war. Nachdem sie mich dann endlich doch mit der jungen Mutter und dem Säugling in den Kreißsaal gelassen hatte, bemerkte sie schnippisch: »So, jetzt können Sie gleich dableiben, bis die Nachgeburt kommt. Wenn Sie mir schon das Hauptgeschäft wegschnappen, können Sie auch die Drecksarbeit machen.«

Innerlich habe ich lachen müssen. Weil Diskussionen aber zwecklos waren, antwortete ich nur gleichmütig: »Ja, ja, ist schon recht«, und blieb weitere Stunden am Bett der mir eigentlich unbekannten Wöchnerin. Da ich diesmal keinen gutmütigen Sepp an meiner Seite hatte, musste ich später mit der Bahn heimfahren.

Eine Aschenputtelgeschichte

Der Zenz Rudi vom Windbichlhof hatte sich schwergetan, eine Bäuerin für sein Anwesen zu finden. An seiner Person lag es nicht, denn er war ein ganz passabel aussehendes Mannsbild. Eher lag es an seinem Hof, dass dort keine der Dorfschönheiten einheiraten wollte. Das heruntergewirtschaftete Anwesen, zu dem zu allem Überfluss nur steile Wiesen gehörten, schreckte nämlich jede von vornherein ab. Zu wenig ansehnlich, hieß es, und die Arbeit im steilen Gelände würde auch kein Zuckerschlecken sein – das wussten die Bauerntöchter nur zu gut und warteten lieber, ob sich nicht etwas Besseres fand. Selbst wenn der Rudi sich mit einem Mädchen aus einem der Nachbardörfer anfreundete, verschwand es auf Nimmerwiedersehen, sobald er es zu Hause vorgestellt hatte. Keine hatte Lust, in ärmliche Verhältnisse und einen Haufen Arbeit hineinzuheiraten.

Für die Mädchen des eigenen Dorfes gab es einen weiteren Grund, mit dem Rudi erst gar nichts anzufangen, denn er war ein adoptiertes Kind, und sie hatten von ihren Müttern gehört, man könne ja nie wissen … Eine unbekannte Herkunft galt damals vor allem in bäuerlichen Kreisen, in denen man gern stolz auf einen langen Stammbaum zurückblickte, als Makel.

Seine Adoptivmutter, die Windbichlerin, hatte ihn als Säugling aus der Stadt geholt, als sie schon jenseits der vierzig war und keine Hoffnung mehr auf leiblichen Nachwuchs bestand. Sie und ihr Mann hatten den Kleinen aufgezogen und geliebt wie ein eigenes Kind. Viel zu früh war dann der Bauer gestorben und der siebzehnjährige Rudi noch viel zu unerfahren, um allein mit der Bewirtschaftung des Hofes zurecht zu kommen. Die Mutter war ihm in dieser Situation keine große Hilfe, weil auch sie überfordert war, denn zu Lebzeiten ihres Mannes hatte sie sich nur um den Haushalt gekümmert. Es war eine schwere Zeit für die beiden, und sie wurstelten sich durch, so gut es ging.

Als der Hoferbe auf die dreißig zuging, konnte die alte Mutter die schwere Arbeit in Haus und Hof kaum noch bewältigen. Jetzt hätte man dringend eine starke, junge Bäuerin gebraucht, doch weil sich in punkto Heirat nichts tat, kam das Haus immer mehr und immer schneller herunter, und jede potentielle Kandidatin wurde erst recht abgeschreckt.

Doch eines Tages geschah ein Wunder, und der Rudi fand ein Mädchen. Wie und wo, das blieb sein Geheimnis. Man wusste nur, dass er seine Auserwählte von einer Reise mitbrachte, als Magd, hieß es zunächst, obwohl er bekanntermaßen kein Geld hatte, sich Angestellte zu leisten.

Gespannt beobachtete man, wie sich die junge Frau anließ, und jedermann musste zugeben, dass sie fest anzupacken verstand und die alte Mutter tatkräftig entlastete. Bestimmt stammte sie ebenfalls von einem Bauernhof, vermuteten die Leute im Dorf, die so gern Näheres in Erfahrung gebracht hätten. Jedenfalls wurde aus der Magd kaum ein halbes Jahr später die junge Bäuerin auf dem Windbichlhof. Der Hochzeiter war zu diesem Zeitpunkt fünfunddreißig Jahre alt und die Braut gerade zwanzig.

Ob das gut gehen würde? Diese Frage war ein unerschöpfliches Thema für den Dorfklatsch. Wie konnte so ein junges Dirndl nur so einen alten Sonderling nehmen, fragten die einen mitleidsvoll. Die müsse ja schön blöd sein, dass sie sich in einen so abbruchreifen Hof setzte, meinten die anderen eher gehässig. Da habe sie doch nichts als Arbeit von der Früh bis in die Nacht und werde es trotzdem zu nichts bringen. Andere munkelten, das Mädchen müsse von einem noch armseligeren Hof stammen, wenn sie den Mut habe, hier einzuheiraten.

Auch mir kamen diese Geschichten natürlich zu Ohren, und so war ich zugegebenermaßen etwas neugierig, als ich nach einem knappen Jahr von der alten Bäuerin auf den Hof gerufen wurde. Sie war mit dem Fahrrad gekommen und hatte stolz berichtet, ihre Schwiegertochter komme nieder. Bereitwillig folgte ich ihr auf meinem alten Rad – das Moped hatte ich damals noch nicht –, und es war nicht auszumachen, welches Gefährt klappriger war, das ihre oder das meine. Wir fuhren durch den ganzen Ort Oberach, bevor wir in ein Seitental einbogen, wo es bald so steil bergauf ging, dass wir absteigen und schieben mussten. Zum Glück lag der Hof nicht allzu weit draußen.

Ein armseliges Bild bot sich meinen Blicken. Das Gebäude war nicht gerade klein und hatte bestimmt bessere Zeiten gesehen, doch es wirkte total verwahrlost. Vom Erdgeschoss, das aus Stein erbaut war, bröckelte überall der Putz ab, während oben das Holz von Sonne, Regen und Wind völlig verwittert war. Die Läden, so weit noch vorhanden, hatten weitgehend die Farbe eingebüßt und hingen schief in den Angeln. Das mit Schindeln belegte und mit dicken Bachsteinen beschwerte Dach sah aus, als bedürfe es dringend einer grundlegenden Erneuerung. Der umlaufende Balkon wirkte so baufällig, dass es mir lebensgefährlich erschien, ihn zu betreten. Es würde Unsummen verschlingen, das Gebäude einigermaßen herzurichten – mehr vermutlich, als der Hof je abwerfen konnte. Die Frage stellte sich, ob sich eine Renovierung überhaupt lohnte, doch wenn nichts geschah, würde das Haus den guten Leuten bald über dem Kopf zusammenbrechen. Die junge Frau, obwohl ich sie noch gar nicht kannte, tat mir jetzt schon leid und das zu erwartende Kind ebenfalls. Über kurz oder lang musste die junge Familie obdachlos dastehen, war mein Eindruck.

Wie überrascht war ich jedoch, als ich den Hausgang betrat, denn hier war nichts von Verfall und abblätterndem Putz zu sehen. Durch einen offensichtlich frischen Anstrich wirkte alles hell und freundlich und blitzsauber. Marei, die Altbäuerin, führte mich nach oben, wo ebenfalls alles neu und gepflegt wirkte, nicht zuletzt das Schlafzimmer, in dem die werdende Mutter auf mich wartete. Sie hieß Elvira, wie ich jetzt erfuhr.

Als ich meiner Bewunderung Ausdruck gab, wie hübsch und ordentlich alles im Haus sei, errötete sie leicht und lächelte verlegen. Das habe sie in den letzten Monaten gemacht, damit sie es schön und gemütlich hätten, erzählte sie dann bescheiden. Ihr Kind solle schließlich keinen Schrecken bekommen, wenn es in diesem Haus das Licht der Welt erblickte. Und da habe sie halt hergerichtet, was in ihrer Macht stehe. Für die Renovierung von außen allerdings fehle das Geld, meinte sie bedauernd.

Ich schaute durch die Fenster mit den hübschen Gardinen nach draußen und dachte: Schade, wirklich schade.

Doch ich war Hebamme und kein Architekt, und so wandten wir uns dem eigentlichen Zweck meines Besuches zu. Ich führte meine Untersuchungen und die unerlässlichen Geburtsvorbereitungen durch, und dann mussten wir uns in Geduld fassen, denn das Kind würde nicht so bald kommen.

Inzwischen war die Marei mit einer Kanne dampfenden Kaffees und zwei Tassen in die Kammer zurückgekehrt. »Du darfst ja leider keinen trinken«, wandte sie sich entschuldigend an die Schwiegertochter.

Während ich mit der Altbäuerin genüsslich meinen Kaffee trank, hatte ich Muße, mich weiter in dem Raum umzusehen. Die alte Wiege, in der bestimmt schon einige Generationen von Zenz-Kindern gelegen hatten, schien einen neuen Anstrich bekommen zu haben. Das kleine Kopfkissen sowie das Deckbett waren mit alten spitzenbesetzten Bezügen überzogen, auf denen sicher ebenfalls so manches Baby geschlafen hatte.

Die Altbäuerin, der meine Blicke nicht entgangen waren, seufzte: »Ja, endlich haben wir sie hervorholen können. Endlich wird wieder ein Kind darin liegen. Mir ist dieses Glück ja leider versagt geblieben, denn als der Rudi zu uns kam, war er schon zu groß für die Wiege.«

Verständnisvoll nickte ich zu ihren Worten und ließ meinen Blick weiterschweifen. Ein Wickeltisch mit weicher Auflage war vorbereitet, auf dem ein Stoß Mullwindeln, Hemdchen und Jäckchen und Wickeltücher lagen, alles sauber und ordentlich, wenngleich nicht neu.

»Das sind noch die Sachen, die vom jüngsten Bruder meines Mannes übrig geblieben sind«, erklärte mir die Marei stolz.

Bald wurde es Zeit, mich um die werdende Mutter zu kümmern, wobei mir die kinderlose Altbäuerin so geschickt zur Hand ging, als habe sie ihr Lebtag nichts anderes gemacht, als bei einer Geburt zu assistieren. Als er endlich da war, der Stammhalter, konnte die alte Bäuerin es kaum fassen.

»Wir haben ein Kind! Wir haben ein Kind!«, rief sie ein ums andere Mal aus. Weil sie so viel Freude über die Geburt des Buben zeigte, legte ich ihn zuerst ihr statt der jungen Mutter, die ich mit einem Augenzwinkern still um ihr Einverständnis gebeten hatte, in die Arme. Da liefen der alten Frau dicke Freudentränen über die runzligen Wangen.

»Nein, dass ich das Glück noch erleben darf, dass in diesem Haus ein Kind geboren wird«, brachte sie unter Schluchzen hervor.

Abgesehen davon, dass die Elvira selbst überglücklich war, alles gut überstanden und einem Hoferben das Leben geschenkt zu haben, war ihr anzusehen, wie sehr sie sich über die Worte der Schwiegermutter freute. Nachdem diese das Kind an die junge Mutter weitergegeben hatte, wischte sie sich die Tränen ab und eilte davon, um dem frischgebackenen Vater die freudige Nachricht zu überbringen. Nachdem der Rudi sich die Hände gewaschen hatte, eilte er herbei, trat ans Bett seiner jungen Frau, drückte ihr verschämt die Hand und stammelte: »Vergelt's Gott, Elvira! Vergelt's Gott!«

Dann erst wandte er sich seinem Sohn zu, den ich inzwischen mit den schönen alten Familiensachen bekleidet hatte. Äußerst behutsam nahm er mit seinen großen Händen den Buben entgegen und drückte ihn an sich.

In den folgenden Jahren war ich noch ein paar Mal zu Gast in diesem Haus. Immer wieder staunte ich, wie tüchtig die junge Windbichlerin war und wie sehr sie alles im Griff hatte. Trotz wachsender Kinderzahl sah es immer aufgeräumt und sauber aus, wenn ich zur Entbindung kam. Und was die Großmutter anging, die ich anfangs als ziemlich hinfällig erlebt hatte, die blühte zusehends auf und schien mit jedem neuen Enkelkind jünger zu werden.

Nur das Haus verfiel von außen mehr und mehr. Der Putz an den Wänden wurde immer weniger, und wenn ich das Dach betrachtete, so war ich überzeugt, dass es inzwischen an mehreren Stellen hineinregnete. Das tat mir unendlich leid für die junge Familie und auch für die alte Windbichlerin, die sich in diesem Haus krumm und schief gearbeitet hatte. Wenn der Rudi eine Frau mit einer anständigen Mitgift hätte heimführen können, würde es jetzt vielleicht anders aussehen, aber solche Bräute hatten, wie gesagt, einen großen Bogen um ihn gemacht.

Ich wusste, wie sehr sich die jungen Leute von früh bis spät abrackerten, doch die mageren Böden und die steilen Wiesen gaben einfach nicht mehr her. Was sie einnahmen, reichte gerade aus, um die Familie zu ernähren. Um das Haus zu sanieren, dazu blieb weder Zeit noch Geld übrig. Oft dachte ich, dass gerade sie einen unverhofften Geldsegen verdient hätten, von einem unbekannten Erbonkel vielleicht, aber so etwas geschah meist nur im Märchen.

Doch eines Tages kam die Rettung von einer Seite, mit der man niemals hatte rechnen können, und das Märchen wurde wahr. Immer mehr Menschen entdeckten nämlich ihre Liebe zum Wintersport, und immer mehr Urlauber zog es in unsere Region. Diese Entwicklung war nicht nur ein warmer Regen für Hoteliers und Gastwirte, sondern auch für die Betreiber von Skiliften, die ebenfalls in wachsender Zahl gebaut wurden. Weil jedoch die bestehenden Anlagen dem Ansturm bald nicht mehr gewachsen sein würden, hielten die Gemeindeväter Ausschau nach einem Areal für neue Pisten, um mit benachbarten Regionen Schritt halten zu können. Und dabei fiel ihr Blick auf den Windbichlhof.

Nach eingehender Besichtigung der ganzen Gemarkung kam man überein, dass genau dieses Gelände mit seinen steilen Wiesen die ideale Strecke für einen weiteren Skilift mit zugehöriger Abfahrt biete. Jetzt musste man nur noch mit dem Rudi in Verhandlungen eintreten und bat zu einem Gespräch, an dem auch die junge und die alte Windbichlerin teilnahmen.

Über die Vorstellung, sein Hof solle einer Liftanlage weichen, war der Bauer entsetzt. Hilfe suchend schaute er seine Mutter an, denn vor allem ihr, die den größten Teil ihres Lebens auf diesem Hof verbracht hatte, glaubte er es nicht antun zu dürfen, auch nur einen einzigen Gedanken an diese Möglichkeit zu verschwenden, wusste er doch, wie wichtig ihr Familientradition und alte Werte waren und wie sehr sie hoffte, das alte Anwesen für seine Kinder erhalten zu können.

Zu seiner Verwunderung kam jedoch keinerlei Einspruch von ihrer Seite, was die Gemeindevertreter ermutigte, jetzt Zahlen auf den Tisch zu legen. Die drei Bewohner des alten Hofes bekamen große runde Augen, und eine Weile herrschte Totenstille. Schließlich wiegte die Alte ihr Haupt bedächtig hin und her und meinte, man wolle das Angebot zunächst in der Familie diskutieren und sich melden, sobald eine Entscheidung gefallen sei.

Der Rudi glaubte nicht richtig gehört zu haben. »Das ist doch nicht dein Ernst, Mutter? Du denkst wirklich daran, das Land zu verkaufen?«

»Warum nicht?«, lautete ihre Gegenfrage.

»Ja, ich meine, ich dachte – wegen der Tradition.«

»Tradition hin, Tradition her. Was nützt uns die Tradition, wenn uns das Haus überm Kopf zusammenfällt?«

»Ich dachte, du hängst so an dem Hof«, kam sein nächster Einwand, »weil er immer in der Familie gewesen ist.«

»Er war nie in meiner Familie und in deiner auch nicht. Von der ursprünglichen Familie lebt niemand mehr. Ich hab hineingeheiratet, du bist adoptiert worden, und die Elvira hat ebenfalls eingeheiratet.«

»Ich dachte immer, du willst den Hof für die Kinder erhalten?«

»Wozu? Wenn wir ihn erhalten könnten, dann schon. Aber das ist nicht möglich, und die Kinder müssen ohnehin eines Tages woanders leben.«

In seinem Innern war der Rudi längst überzeugt davon, dass es die einzig richtige Entscheidung sei, das Anwesen zu verkaufen, weil es sowieso nicht zu halten war. Nur um sein Gewissen zu beruhigen, brachte er noch einen letzten Einwand vor: »Das kann ich mir nicht vorstellen, dass du es wirklich fertigbringen würdest, von Haus und Hof wegzuziehen.«

»Warum nicht? Das ist doch die Chance unseres Lebens. So ein Angebot kommt nie wieder. Wir müssen dem Herrgott dankbar sein, dass wir das Haus verlassen können, ehe es zusammenbricht.«

»Du hast ja Recht, Mutter, so sehe ich das eigentlich auch. Und mit der Bewirtschaftung der mageren steilen Wiesen kommen wir nie auf einen grünen Zweig.«

Nun meldete sich auch die Elvira zu Wort: »Wenn wir wirklich so viel dafür kriegen, wie man uns gesagt hat, könnten wir uns doch an anderer Stelle eine wirkliche Existenz aufbauen.«

Im Prinzip war man sich also einig, und der Rudi wäre am liebsten gleich zum Rathaus gelaufen. Doch die Mutter hielt ihn zurück: »Lass sie ruhig noch ein paar Tage schmoren. Wenn denen so viel daran liegt, werden sie schon wiederkommen und das Angebot vielleicht sogar erhöhen.«

Und so war es. Da den Gemeindevertretern außerordentlich daran gelegen war, so schnell wie möglich mit dem Bau der Liftanlage beginnen zu können, erhöhten sie das Angebot um ein Beträchtliches. Zudem boten sie der Familie, um den Auszug zu beschleunigen, an anderer Stelle günstig gemeindeeigenes Land für einen neuen Hof an.

Fortan war alles leichter. Das Haus und die Zimmer waren komfortabler, die Stallungen moderner, und die Wiesen und fruchtbaren Felder ließen sich mit landwirtschaftlichen Maschinen bearbeiten, sodass die Arbeit jetzt fast wie ein Kinderspiel erschien. Es war gar kein Vergleich mehr mit dem kargen, harten Leben von einst. Und die Elvira, die einst als bemitleidetes Aschenputtel den mittellosen Rudi geheiratet hatte, war nun die reichste Frau im ganzen Sprengel. Und so manch eine, die den armen Schlucker früher verachtet hatte, dachte voll Neid, wie blöd sie einst war, dass sie den Rudi nicht genommen hatte. Aber wer konnte schon ahnen, dass die Geschichte so ausging?

Der Kinobesuch

Einige Jahre, bevor ich Hebamme wurde, hatte im Nachbarort ein geschäftstüchtiger Wirt, der die Zeichen der Zeit erkannte, an sein Gasthaus einen Kinosaal angebaut. Es war eine Sensation im Dorf. Endlich war etwas los, und nicht nur die Jugendlichen strömten zu den Filmvorführungen, sondern auch die reiferen Jahrgänge. Vor meiner Heirat war ich zwei oder dreimal in diesem Kino gewesen, doch angesichts meiner knappen Kasse hatte ich mir das Vergnügen zu meinem Bedauern nicht öfter gönnen können. Dann kamen die Kinder, und mein Geld war noch knapper als zuvor, sodass ich mir erst recht keinen Kinobesuch mehr erlauben konnte.

Nun aber, da ich endlich eigenes Geld in der Tasche hatte, das ich eigentlich für größere Anschaffungen sparen wollte und es auch tat, beschloss ich, mir zwischendurch einmal den Luxus eines Kinobesuches zu leisten. Vor allem als ein Film lief, von dem alle redeten. Man müsse ihn gesehen haben, sagten die Leute, und da wollte ich natürlich nicht zurückstehen. Ich musste hin.

Aber wie es so geht im Leben – immer kam etwas dazwischen. Jetzt konnte ich nur noch den letzten Tag nutzen, an dem dieser Film auf dem Programm stand. Die Vorrausetzungen waren günstig: Mein Mann hatte Spätdienst, und die Kinder konnten bei meiner Tante bleiben. Dennoch gab es einen Haken bei der Sache: Mir war sehr wohl bekannt, dass meine Nachbarin in diesen Tagen mit ihrem dritten Kind niederkommen sollte, und zwar fiel der geplante Kinotag genau auf den errechneten Geburtstermin.

Was sollte ich bloß tun, wenn das Kind beschloss, sich exakt an den Zeitplan zu halten? Und, noch viel schlimmer, was geschah, wenn es bei der Nachbarin losging, während ich schon im Kino saß? Ich überlegte hin und her, her und hin, wägte ab zwischen meinem dringenden Wunsch, den Film zu sehen, und meinen Pflichten als Hebamme. Nein, das konnte ich der Nachbarin nicht antun, dass sie womöglich vergeblich nach mir rufen ließ. Ich konnte sie nicht im Stich lassen, das wäre gegen mein Berufsverständnis gewesen. Heroisch entschloss ich mich, auf den Film zu verzichten.

Doch dann flüsterte mir ein kleines Teufelchen verführerische Worte ins Ohr: »Du bist schön blöd, wenn du deswegen zu Hause bleibst. Die wenigsten Kinder halten sich an den errechneten Termin. Der neue Erdenbürger lässt sich womöglich noch tagelang Zeit, und dann hast du völlig umsonst dein Kinovergnügen geopfert.«

Also entschloss ich mich wieder für den Kinobesuch, bis mir wenig später mein Gewissen etwas von Pflichterfüllung einflüsterte und mich daran erinnerte, dass es zu meinem Beruf gehörte, Opfer zu bringen.

Nachdem ich einige Stunden lang zu keinem endgültigen Entschluss gekommen war, wollte ich die Entscheidung von mir abwälzen und der Nachbarin mein Problem unterbreiten. Gegen sechs Uhr abends ging ich also zu ihr hinüber und stellte ihr die entscheidende Frage: »Leni, wie sieht's aus? Meinst, ich könnte heute Abend noch ins Kino gehen?«

»Warum nicht? Wehen hab ich ja bislang keine«, antwortete die Leni. »Allerdings geht meine Schürze heute schon leichter zu.«

Das war kein gutes Zeichen, zumindest nicht hinsichtlich meines Kinobesuchs, denn es bedeutete, dass das Kind bereits nach unten gerutscht war und die Geburt jederzeit beginnen konnte. Zu meiner Erleichterung fügte die Nachbarin aber gelassen hinzu: »Von mir aus kannst schon gehen.«

Mit diesem Freibrief ausgestattet, eilte ich dann eine Stunde später zur Bushaltestelle, weil ich angesichts des strömenden Regens lieber nicht mit dem Moped fahren wollte. Somit würde ich bereits eine Dreiviertelstunde vor Beginn der Vorstellung im Kino sein, denn einen späteren Bus gab es nicht, doch es erschien mir nicht als Fehler, rechtzeitig dort zu sein. Im Gegenteil! Schließlich wollte ich ja diesen Abend so richtig genießen, und dazu gehörte natürlich, dass ich mir einen guten Platz sicherte.

Wirklich drängten dann auch Scharen von Besuchern in den Saal, die alle noch diesen letzten Abend nutzen wollten. Einige von ihnen kannte ich, und so hielten wir noch einen kleinen angeregten Schwatz, bevor wir uns für zwei Stunden von den schönen Illusionen auf der Leinwand gefangen nehmen ließen.

Ich war begeistert und vergaß alles um mich herum, sogar die Leni. An sie dachte ich erst wieder, als der Film zu Ende war und ich noch eine halbe Stunde auf die Abfahrt des Busses warten musste. Kurz vor elf Uhr war ich endlich zu Hause, und die Wirklichkeit holte mich ein, denn vor meiner Haustür stand wartend mit ihrem Köfferchen die Leni. Sehnsüchtig und ein wenig kläglich schaute sie mir entgegen.

»Gut, dass du endlich da bist«, überfiel sie mich. »Es kann jeden Moment losgehen. Mein Kind hat's wohl doch eiliger, als ich dachte.«

»Glaubst du, du schaffst es noch bis zum Altersheim?«, war meine Frage. In ihrem Zustand würde sie etwa fünfzehn bis zwanzig Minuten brauchen, aber ein Auto stand nicht zur Verfügung, zumindest nicht auf die Schnelle. Also blieb uns nichts anderes übrig, als zu Fuß zu gehen.

»Allemal«, meinte die Leni zuversichtlich. Also schloss ich meine Haustür auf, schnappte mir meinen Koffer, und schon marschierten wir los. Wenn eine Wehe kam, blieben wir stehen, damit sie tief durchatmen konnte.

Die Leni hatte bereits zwei Kinder, die ich allerdings noch nicht auf die Welt geholt hatte. Es waren ein Bub und ein jüngeres Mädel, also genau das Geschwisterpaar, wie die meisten es sich wünschten. Um sie ein wenig abzulenken, meinte ich: »Diesmal kann es dir eigentlich egal sein, was es wird, weil du ja schon ein Pärchen hast.«

Aber der Leni war es ganz und gar nicht egal. »Mir wär's schon lieb, wenn es diesmal wieder ein Bub wird. Und schwarzhaarig soll er sein, wie mein Mann.«

»Na, dann will ich mal sehen, was sich machen lässt«, scherzte ich.

Die Aufnahmeformalitäten am Eingang ersparten wir uns und verschoben sie auf später, denn jetzt wurde es langsam knapp. Als wir endlich im Entbindungszimmer waren, reichte die Zeit gerade noch für eine flüchtige Untersuchung, nicht mehr jedoch für die üblichen Geburtsvorbereitungen, auf die ich normalerweise großen Wert legte. Nach zwei, drei Presswehen war dann Lenis drittes Kind da.

Leider hatte es keine schwarzen Haare, und es war auch kein Bub. Ein Mädchen lag vor mir mit einem feuerroten Haarschopf! Wenn das die Leni sah, kriegte die bestimmt einen Schreikrampf, dachte ich belustigt.

Ganz so schlimm war es dann allerdings nicht, doch ein wenig fassungslos starrte sie schon auf das Neugeborene. »Gütiger Gott«, stieß sie hervor, als ich ihr das Töchterchen zeigte, »was hast mir denn da für eins gebracht?«

»Ja, du musst halt nehmen, was es grad gibt. Heute hatten sie nichts anderes auf Lager«, ging ich auf ihren Scherz ein.

»Das kann nicht von mir sein«, blödelte sie weiter. »Gib zu, du hast es vertauscht.«

»Kann schon sein«, gab ich mit zerknirschter Miene zu und streckte die Hände nach dem Kind aus. »Dann gib's halt wieder her, damit ich es umtauschen kann.«

Mit beiden Händen hielt sie das Kind an sich gepresst. »Nein, nein, hergeben tu ich es nicht mehr, ich zieh es trotzdem auf.«

Der kleine Nachkömmling bekam den Namen Helga, nach Lenis Schwester, und wurde der Liebling der ganzen Familie, besonders verwöhnt von der Mutter. Später wuchs das rothaarige Mädchen zu einer aparten Schönheit heran und verdrehte so manchem Burschen den Kopf, bis es glücklich im Hafen der Ehe landete.

Als die Helga selbst ihr erstes Kind zur Welt brachte, war ich erneut mit von der Partie. Es war wieder ein kleiner Rotschopf, der den Namen der Großmutter erhalten sollte. Diesmal betrachtete die Leni die Haarfarbe des Kindes nicht als Unfall, sondern platzte fast vor Stolz und betonte immer wieder: »Gell, du hast noch nie ein schöneres Kind gesehen!?«

Was sollte man darauf antworten?

Am laufenden Band

Während der Hebammenausbildung wurden wir mit einer Menge von Vorschriften, Regeln und Geboten vertraut gemacht, an die man sich nach Möglichkeit halten sollte – normalerweise zumindest. Man kam jedoch immer wieder in Situationen, wo man vor der Entscheidung stand, ob man sich wirklich an die Regeln halten sollte oder in diesem Fall besser nicht. Als Paradebeispiel für einen solchen Gewissenskonflikt habe ich besonders 24 Stunden in Erinnerung, in denen ich immer wieder gezwungen war, Vorschriften und Gebote zu übertreten.

Im Laufe meines Berufslebens machte ich die Erfahrung, dass es auch für Geburten Saisonzeiten gab. Nach meiner Beobachtung ging die Hauptsaison von Anfang Oktober bis Mitte November, was mir auch etliche Kolleginnen bestätigten. In manchen Gegenden machte man dafür den Fasching oder Karneval verantwortlich, bei uns dagegen sah man den Grund eher in der bitteren Kälte, die meist im Januar und Februar herrschte. In den langen, eisigen Nächten rückte man eben enger zusammen, um sich gegenseitig zu wärmen.

Wie auch immer – erwiesen ist jedoch, dass neun Monate später, in den beiden genannten Herbstmonaten, überdurchschnittlich viel für mich zu tun war. Meinen Entbindungsrekord stellte ich einmal Mitte Oktober auf, und wäre zu dieser Zeit in unserem Sprengel das Telefon noch nicht verbreitet gewesen, hätte das Ganze nicht so reibungslos ablaufen können. Auch mein Moped sollte in diesen aufregenden Tagen eine entscheidende Rolle spielen.

Es ging los an einem Morgen um fünf Uhr früh, als mich ein Anruf vom Altersheim aus dem Bett holte. »Komm rüber!«, hieß es. »Wir haben hier eine Mutter, bei der ist höchste Eile geboten.«

In Windeseile machte ich mich fertig, verzichtete auf den Morgenkaffee, griff meine allzeit gepackte Tasche und holte mein Moped, das für alle Fälle immer mit vollem Tank im Schuppen stand. Fünf Minuten später war ich im Kreißsaal, wie ich mein kleines Entbindungszimmer manchmal hochtrabend zu nennen pflegte. Ich erkannte sogleich, dass man mich mit Recht zur Eile gemahnt hatte, denn bei der Greimlbäuerin war es wirklich höchste Zeit. Sie erwartete ihr fünftes Kind, und da ging es erfahrungsgemäß ziemlich flott. Dennoch blieb mir genügend Zeit, alle erforderlichen Vorbereitungen zu erledigen. Gerade, als ich mit der zehnminütigen Prozedur des Händewaschens zu Ende war, begannen die Presswehen, und kurz darauf war das Kind schon da. Alles lief wie am Schnürchen.

In der Annahme, dass ich für heute mein Pensum geschafft hätte, badete ich den Kleinen mit Hingabe, wickelte ihn, zog ihn in aller Seelenruhe an und legte ihn in das blau ausgeschlagene Körbchen. Damit war schon ein beträchtlicher Teil der vorgeschriebenen dreistündigen Wartezeit ausgefüllt. Dann erledigte ich den schriftlichen Kram, denn über jede Entbindung musste genau Protokoll geführt werden, damit man gegebenenfalls den Verlauf überprüfen konnte, und gleichzeitig diente diese Dokumentation als Grundlage für meine Bezahlung.

Anschließend räumte ich auf und legte alles zurecht für die nächste Entbindung, wie ich es immer zu tun pflegte.

Dadurch war ich stets gerüstet, wenn eine Schwangere plötzlich ohne Vorankündigung auf der Matte stand. Danach blieb noch genug Zeit für ein Schwätzchen mit der Greiml Veronika. Sie sagte mir, wie froh sie darüber sei, dass sie sich entschlossen hatte, dieses Kind hier in der ruhigen Atmosphäre des Heimes zu bekommen. »Daheim, weißt, da geht's immer rund«, erklärte sie mir. »Ich hab zwar meine Schwägerin kommen lassen, aber die hat grad genug zu tun mit den vier kleinen Kindern. Wenn die dazu noch mich und das Neugeborene zu versorgen hätte, das wäre doch ein bisschen viel. Auch würde ich keine rechte Ruhe haben, weil alle naselang eins der Kinder gelaufen käme, um nach der Mama und dem Brüderchen zu schauen. Und bestimmt hätten mein Mann oder meine Schwägerin dauernd Fragen an mich. Jetzt müssen sie halt sehen, wie sie allein zurechtkommen.«

Ich nickte zustimmend, und die Vroni kuschelte sich nach ihrer langen Rede wohlig in die Kissen, um sich auszuruhen. Die Nacht war ja für sie recht kurz gewesen, und eine Geburt bedeutete immer eine große Anstrengung, auch für eine geübte Mutter und selbst, wenn alles schnell ging.

Als mir ihr gleichmäßiges Atmen verriet, dass sie eingeschlafen war, nahm ich meine Tasche und schlich mich aus dem Zimmer, obwohl die Wartezeit noch nicht ganz vorbei war. Irgendwie verspürte ich nämlich plötzlich eine gewisse Unruhe, die mich nach Hause trieb. Ich hatte das Gefühl, ich sollte möglichst bald meine Instrumente auskochen, damit sie für den nächsten Einsatz wieder steril waren. Gegen elf Uhr kam ich zu Hause an.

Während ich noch damit beschäftigt war, meine frisch sterilisierten Instrumente wieder in meine Tasche zu packen, läutete das Telefon. Der Pichler Theo war dran, der in unserer Straße wohnte, nur ein paar Häuser unterhalb.

»Was verschafft mir die Ehre deines Anrufs?«, fragte ich.

»Ob's eine Ehre ist, weiß ich nicht, Nanni, aber du musst dich sofort auf den Weg ins Altersheim machen. Die Uschi ist vor ein paar Minuten losgegangen, denn ihre Wehen kommen schon dicht aufeinander.«

»Ist gut, Theo. Bin gleich unterwegs.«

Mein Moped stand zum Glück noch vor der Tür, und wie eilig es war, erkannte ich an der »Blutspur« auf der Straße zum Heim – außer frischen Tropfen sah ich ein ziemlich blutiges Taschentuch. Mein Gott, die hatte ja bereits Presswehen, dachte ich und gab Gas.

Völlig außer Atem erreichte ich das Entbindungszimmer, wo die Uschi erst kurz vor mir angekommen sein musste, denn sie war noch in voller Montur. Ich schob sie aufs Bett und riss ihr Schuhe und Kleidung vom Leib. Mir blieb gerade noch so viel Zeit, dass ich meine Schürze vom Türhaken nehmen und umbinden konnte. Die Hände dagegen konnte ich nur notdürftig waschen – zehn Minuten, wie vorgeschrieben, waren illusorisch. Kaum dass meine Finger mit Wasser und Seife in Berührung gekommen waren, musste ich schon hinzustürzen, um das Baby aufzufangen.

Es war das dritte Kind der Pichlers, aber das erste Mädchen, und überglücklich hielt die Uschi ihr Töchterchen im Arm, während ich auf die Nachgeburt wartete, die sich ausnehmend viel Zeit ließ. Endlich kam sie doch, ohne dass ich, wie schon befürchtet, den Arzt holen musste. Erleichtert atmete ich auf und machte mich daran, das Kind zu versorgen. Als es friedlich in seinem rosa ausgeschlagenen Körbchen lag, nutzte ich die Gelegenheit und schaute schnell zur Vroni ins Zimmer, die noch immer schlief. Alles in bester Ordnung also.

Während ich dann bei der Uschi am Bett saß, um sie weiterhin zu beobachten, wie es meine Aufgabe war, ging im Altersheim ein Anruf für mich ein. Wie immer hatte ich meiner Tante gesagt, wo ich im Notfall zu erreichen sei. Diesmal verlangte man auf dem Moserhof nach mir. Wie dringend mein Erscheinen dort war, konnte ich jedoch nicht herauskriegen, weil der Moserbauer nicht genau zu sagen wusste, seit wann und wie oft die Wehen bei seiner Frau kamen. Da es sich jedoch um das erste Kind handelte, ging ich davon aus, noch Zeit zu haben. Trotzdem hielt ich es für ratsam, die Uschi eine Stunde früher zu verlassen, als ich eigentlich gedurft hätte. Um sie und mich zu beruhigen, erklärte ich ihr: »Wenn was ist, drückst auf die Klingel. Dann kommt jemand vom Altersheim und verständigt den Doktor oder mich«.

Die gewonnene Zeit nutzte ich, um zu Hause meine Instrumente auszukochen, bevor ich mich wieder auf den Weg machte. Der Moserhof lag, vom Dorf aus gut sichtbar, einsam auf einem Berg. Den größten Teil trug mich mein Moped, das ich liebevoll Schnauferl nannte, brav hinauf, doch etwa ab dem letzten Viertel streikte es. Ich musste absteigen, allerdings nicht mehr wie früher beim Fahrrad schieben, denn ohne meine Last tuckerte das Moped langsam weiter bergauf und beförderte zumindest meine Tasche nach oben.

Bei meiner Ankunft hatte die Christl ihre Wehen erst in ziemlich großen Abständen, sodass ich mich getrost für ein paar Minuten hinsetzen und die von der Schwiegermutter angebotene Tasse Kaffee trinken konnte. Ganz typisch war wieder einmal der überbesorgte

Erstlingsvater, der mich zu unnötiger Eile angetrieben hatte. Zugegeben war mir so einer letztlich lieber als die pflichtvergessenen Männer, die es ja auch zur Genüge gab. Da ich den ganzen Tag noch nichts gegessen und weder für ein Frühstück noch für ein Mittagessen Zeit gehabt hatte, bat ich die Altbäuerin um ein Brot zum Kaffee. Immerhin war es mittlerweile vier Uhr nachmittags.

Nachdem ich mich gestärkt hatte, begann ich mit der Untersuchung, tastete zuerst den Bauch ab, um die Lage des Kindes zu erkunden, und fühlte anschließend, wie weit sich der Muttermund schon geöffnet hatte. Wir hatten wirklich noch jede Menge Zeit, und die würde ich bald dringend benötigen, nämlich für eine andere Entbindung.

Gerade, als ich meine Untersuchung beendet hatte, schrillte im Hausgang das Telefon – die Moserbauern gehörten zu den glücklichen Besitzern dieses wichtigen Kommunikationsmittels, das auch auf den Dörfern seinen Siegeszug angetreten hatte. Der Anruf war für mich. Es meldete sich ein Mann namens Uwe Bär. Er sprach Hochdeutsch und siezte mich, schien also nicht aus der Gegend zu stammen. Sein Name sagte mir nichts, doch die Adresse, die er nannte, war mir bekannt, obwohl ich in der Gegend noch nie etwas zu tun gehabt hatte. Es sei sehr dringend, teilte mir der werdende Vater mit, denn sie hätten bereits fünf Kinder, und eines sei schneller gekommen als das andere.

Die Mosers wohnten am oberen Ende von Oberach; zu den Bärs musste man zunächst bis zum Ortsende von Unterach und dort in ein Seitental hinein, bergauf natürlich. Insgesamt hatte ich also einen Weg von nahezu sieben Kilometern vor mir. Da bei Mutter Bär offensichtlich Eile angesagt war, sah ich mich gezwungen, der Christl zu erklären, dass ich dringend noch einmal weg müsse.

»Das kannst doch nicht machen«, jammerte sie. »Was ist, wenn in der Zwischenzeit das Kind kommt?«

»Keine Angst, Christl, beim ersten Kind geht's nicht so schnell. Der Muttermund hat sich erst so wenig geöffnet, dass nicht einmal mein kleiner Finger durchgehen würde, geschweige denn ein ausgetragenes Kind. Bis das kommt, bin ich längst zurück.«

Zu ihrer Beruhigung hinterließ ich ihr die Telefonnummer des Gasthauses, aus dem Vater Bär angerufen hatte. »Wenn die Wehen alle fünf Minuten kommen, dann lässt mich rufen.«

Da es vom Moseranwesen immer nur bergab ging, erreichte ich das Ortsende von Unterach sehr rasch, um dann in das ansteigende Seitental einzubiegen. Die letzten paar hundert Meter ging es so steil bergan, dass ich absteigen musste, bis ich eine kleine Hochebene erreichte. Hier befanden sich außer vier Bauernhäusern eine kleine Kapelle und ein Wirtshaus. Weiter hinten, am Ende des Tales, erhob sich ein majestätischer Berg, der bereits eine weiße Kappe trug, und von dort stürzte wasserfallartig ein Wildbach herunter, um sich dann gemächlich zwischen den Häusern hindurchzuschlängeln, bevor er sich mit neuer Kraft wieder in die Tiefe stürzte.

Beim Anblick dieser kleinen Ansiedlung hatte ich den Eindruck, um einige Jahrhunderte zurückversetzt worden zu sein. Die Gebäude duckten sich unter weit überragenden Schindeldächern, und vor jedem Haus sah ich einen ansehnlichen Misthaufen, auf dem gackernd die Hühner scharrten. Gänse und Enten watschelten schnatternd zu einem flachen Tümpel, den der Bach in einer Ausbuchtung gebildet hatte.

Das Haus, in dem man mich erwartete, war schnell gefunden. Von außen sah es genauso aus wie die anderen. Nichts deutete auf das hin, was mich drinnen erwarten sollte. Der Hausherr stand bereits, nach mir Ausschau haltend, an der Haustür und geleitete mich in den ersten Stock. Allerdings hätte ich das eheliche Schlafzimmer auch ohne seine Hilfe gefunden, denn die alten Bauernhäuser in unserer Region waren fast alle nach dem gleichen Muster gebaut worden. Die Schlafkammer befand sich meist genau über der Küche, und diese lag immer rechts vom Hauseingang. Die klugen Vorfahren hatten nicht nur den Vorteil genutzt, dass der aufstrebende Kamin im Schlafzimmer etwas Wärme abstrahlte, sondern neben dem Kamin in der Küche noch ein etwa zehnmal zehn Zentimeter großes Loch in der Decke gelassen, damit von der Küchenwärme etwas aufsteigen konnte. Daher war dieses Schlafzimmer selbst im Winter nie kalt.

Herr Bär, den ich auf sein Geheiß Uwe nennen durfte, hatte in der Küche offenbar kräftig eingeheizt, denn der Schlafraum war nicht nur überschlagen, sondern angenehm warm. Das wusste ich insofern zu schätzen, als meine Hände trotz Handschuhen bei der relativ langen Fahrt ziemlich kalt geworden waren. Abgesehen davon war ein warmer Raum auch für die Gebärende und das Kind besser.

Obwohl wir noch Nachmittag hatten, war es im Raum so dunkel, dass ich nur mit Mühe die werdende Mutter im Bett ausmachen konnte, denn die winzigen Fenster und das überhängende Dach ließen nicht viel vom Tageslicht herein. Damit ich überhaupt hantieren konnte, bat ich den Vater, er möge doch bitte die Lampe einschalten.

Mit Befremden erkannte ich, dass nichts als eine schwache Glühbirne an einem dünnen Draht verloren in der Mitte des Raumes schwebte.

Immerhin sah ich jetzt so viel, dass ich die Schwangere, die mich bat, sie Soferl zu nennen, untersuchen konnte. Als ich die Decke zurückschlug, traf mich fast der Schlag – nicht nur, weil die Frau seit langem nicht mehr mit Wasser in Berührung gekommen zu sein schien, sondern auch, weil ihre Beine über und über mit blauen wulstigen Krampfadern überzogen waren. Überflüssig zu sagen, dass nicht allein das Soferl vor Dreck starrte, sondern auch die Bettwäsche. An den Bezügen, insbesondere am Leintuch, war von der ehemals weißen Farbe nichts mehr zu erkennen, denn alles hatte einen undefinierbaren grau-braunen Schmutzton angenommen – niemals hatte ich etwas Vergleichbares gesehen. In einem so unhygienischen Bett eine Entbindung vornehmen? Undenkbar!

»Wo hast du Bettwäsche?«, wandte ich mich an Uwe.

»Ja, ich weiß nicht«, zuckte dieser phlegmatisch die Achseln und sah fragend seine Frau an. »Sofie, weißt du …?«

»Es ist nichts da«, war ihre lakonische Antwort.

»Das kann doch nicht sein«, sagte ich zweifelnd und begann auf eigene Faust zu suchen. Systematisch öffnete ich alle Schranktüren, die Schubladen und die Truhe. Nichts! Überall gähnende Leere. Nichts war da, was man als Bettwäsche hätte identifizieren können. Nur ein paar Fetzen fand ich, die man mit viel gutem Willen als Unterwäsche bezeichnen konnte. Außer einer kleinen himmelblauen Kinderdecke, die ich ganz unten in der Truhe fand, war wirklich nicht ein Stück Bettwäsche im

Haus. Großer Gott, seufzte ich, für das Ehepaar unhörbar, was für eine Armut! Laut äußerte ich dagegen: »Da hilft nichts. Packen wir's halt so an.«

Mir blieb wirklich nichts anderes übrig, als die Frau auf dem schmutzig-braunen Betttuch zu entbinden.

»Wo habt ihr denn Wasser?«, wandte ich mich abermals an den Kindsvater, weil ich meine Hände waschen wollte.

»Ja, ich weiß nicht. Soll ich am Bach …?«, druckste er herum.

»Nein, lass gut sein. Wenn sonst kein Wasser da ist, wird sicher im Küchenschiff welches zu finden sein«, mutmaßte ich.

»Nein, leider nicht. Das Schiff ist durchgerostet.«

Was soll's, sagte ich zu mir. Hände waschen lohnte sich hier ohnehin nicht. Meine Hände waren sauberer als alles andere hier im Raum. Dennoch klappte ich meine Tasche auf und entnahm ihr Einmalhandschuhe, von denen ich seit einiger Zeit stets einige bei mir hatte. Diesmal zog ich die Handschuhe jedoch weniger an, um die Gebärende vor Krankheitskeimen zu schützen, sondern mich!

Bei dieser routinierten Mutter lief alles wie am Schnürchen, und ruckzuck war das Kind da. Aber wohin mit ihm? Keine Wiege war zu sehen, kein Bettchen, nichts. Nur ein wackliger Tisch stand im Raum, doch es fehlte die Auflage, und Handtücher sowie Kinderwäsche waren ebenfalls nicht vorhanden – nichts, nicht ein einziges Stück! Also nahm ich eines von meinen Frotteetüchern aus dem Koffer, wickelte das Kind hinein und legte es der Mutter in den Arm, die weder erfreut noch ablehnend, eher völlig gleichgültig wirkte. Man hatte den Eindruck, dass sie nicht ihr eben geborenes Kind im Arm hielt, sondern ein Bündel Holz oder einen Stoß Wäsche.

Später legte ich den kleinen Buben auf die blaue Decke, die statt einer Wickelauflage herhalten musste. Zum ersten Mal passierte es mir, dass ich ein Kind mangels Wasser nicht waschen konnte.

Mit dem Handtuch, in das ich den Neugeborenen provisorisch eingewickelt hatte, rubbelte ich ihn ein bisschen ab, damit wenigstens das Gröbste von der Schmiere weg war. Das auf der Haut verbleibende Fett würde bis morgen eingezogen sein. Um ihn wickeln und anziehen zu können, musste ich wieder einmal die Sachen aus meinem Koffer nehmen, die eigentlich nur als Reserve für Notfallgeburten wie im Rettungswagen dienten.

Selbst wenn alles so glatt verlief wie hier, ging eine Geburt nie ganz unblutig ab. Deshalb wollte ich das Leintuch abziehen und es bei mir zu Hause waschen. Normalerweise pflegte ich die Wöchnerin in das Bett des Ehemannes zu rollen, damit ich auf ihrer Seite ungehindert die Wäsche wechseln konnte. Als ich aber dessen Federbett zurückschlug, traf mich ein noch größerer Schlag, denn verglichen mit dem, was ich jetzt sah, war Sofies Bett geradezu als blütenrein zu bezeichnen. Im Nebenbett hätte man den Dreck erst einmal mit Besen und Schaufel zusammenkehren müssen – das ist keine Übertreibung!

Um der Wöchnerin das Leintuch wegziehen zu können, half ich ihr beim Aufstehen und legte schnell die blaue Babydecke als Unterlage auf den zerschlissenen Strohsack. Das Kind, das jetzt nichts mehr hatte, worauf es liegen konnte, drückte ich ihr einfach in den Arm. »Für eine Nacht wird es schon gehen«, meinte ich.

Normalerweise hätte ich auch bei der Sofie meine drei Stunden absitzen müssen, doch in Anbetracht der Tatsache, dass man auf dem Moserhof bestimmt schon dringend auf mich wartete, beschloss ich, hier ebenfalls die Zeit etwas abzukürzen. Weil bei dieser Geburt alles bilderbuchmäßig verlaufen war, hatte ich ein gutes Gewissen, wenngleich ich mich gern ans Bett der Wöchnerin gesetzt hätte, um etwas mehr über die Hintergründe dieses ungewöhnlichen Haushalts zu erfahren. So musste ich mich mit einer Kurzfassung begnügen – mit dem, was sie mir erzählt hatte, während wir auf die Nachgeburt warteten. Ihr Leben war ganz offensichtlich recht armselig, aber sie jammerte und klagte nicht, sondern berichtete in ganz neutralem Ton davon.

Die Sofie stammte aus dem Nachbarhaus, in dem jetzt ihre Schwester Bäuerin war und wo für die Zeit der Entbindung die anderen Kinder untergebracht waren. Sie selbst führte mit ihrem Mann, der aus dem Ruhrgebiet stammte, ein sehr unstetes Leben. Mal hatte er eine Arbeit, mal hatte er keine. Mal hatten sie eine Wohnung, mal hatten sie keine. Sie zögen halt immer gerade dorthin, wo ihr Mann Arbeit bekomme. Meist verlor er jedoch eine Stelle schneller, als dass er eine neue fand. Vor sechs Monaten, als sie merkte, dass sie erneut in anderen Umständen war, hatten sie soeben wieder Arbeit und Wohnung verloren. Da habe sie sich Hilfe suchend an ihre Schwester gewandt, weil sie ja einen Platz brauchte, um ihr Kind zur Welt zu bringen. Zufällig habe dieses Haus leer gestanden. Die Besitzer waren innerhalb weniger Wochen gestorben, und die Erbengemeinschaft, eigentlich daran interessiert, das Haus zu verkaufen, ließ sich überreden, es noch für einige Monate zu vermieten. So hatten die Bärs für eine begrenzte Zeit wieder eine Bleibe. Da sie keine großen Ansprüche stellten, reichten die Arbeitslosenbezüge und das Kindergeld für die äußerst bescheidene Lebensführung aus.

Bevor ich ging, musste ich mir überlegen, wohin mit dem schmutzigen Leintuch. Ich konnte es unmöglich unverpackt in meine Tasche stecken, denn dann wäre ich ja mit dem Desinfizieren gar nicht mehr fertig geworden. Da es in diesem Haus nicht einmal eine alte Zeitung zum Einwickeln, geschweige denn eine Einkaufstüte gab, schlang ich kurzerhand das noch saubere Frotteetuch aus meinem Koffer um das Laken. Ich verabschiedete mich mit dem Versprechen, morgen gleich in der Früh wiederzukommen. Aber daraus sollte so schnell nichts werden.

Da mich von den Mosers noch kein Notruf erreicht hatte, konnte ich es wagen, für eine Viertelstunde in mein Haus zu gehen, um die Instrumente zu sterilisieren, die schmutzigen Sachen auszupacken und frische Tücher und Babykleidung einzupacken. Nach genau siebzehn Minuten saß ich wieder auf meinem fahrbaren Untersatz.

»Gott sei Dank, dass du wieder da bist«, wurde ich von der Christl und ihren Angehörigen empfangen. »Wir haben uns schon solche Sorgen gemacht.«

»Wie oft kommen die Wehen denn?«, wollte ich wissen.

»Es ist nicht deswegen. Die kommen nämlich noch gar nicht so dicht aufeinander. Wir fürchteten nur, dir könnte was passiert sein und du kämst gar nicht mehr.«

Wir hatten wirklich noch immer Zeit, denn der Muttermund hatte sich nach wie vor nicht wesentlich geöffnet. Und bei einer Erstgebärenden konnte das dauern.

Nach einer guten Stunde begann ich dann allmählich mit der Geburtsvorbereitung, und noch eine weitere Stunde verrann, bis der kleine Moser seinen ersten Schrei tat, freudig empfangen von Vater, Mutter und Oma. Anders als bei der armen Sofie war hier alles vorhanden, denn für den erhofften Kronprinzen hatten Mutter und Großmutter alles bestens vorbereitet. Welch ein Unterschied!

Als der Kleine endlich friedlich schlummernd in seiner Wiege lag, setzte ich mich zur Christl ans Bett. Viel zum Reden kamen wir jedoch nicht, denn die junge Wöchnerin, erschöpft von der sich über den ganzen Tag hinziehenden Geburt, schloss bald die Augen. Und auch mir fielen vor Müdigkeit immer wieder die Lider zu. Immerhin war ich seit fünf Uhr auf den Beinen und hatte außer einem Butterbrot und einer Tasse Kaffee nichts in den Magen bekommen. Wie bestellt erschien auf einmal die alte Moserin mit einem Teller, auf dem sich Wurst, Brot und Butter befanden. Sie erbot sich außerdem, mir einen Kaffee zu kochen.

»Nein, ich dank dir schön. Aber ein Pfefferminztee wäre mir lieber. Wenn ich um diese Zeit noch Kaffee trinke, kann ich hernach nicht einschlafen. Wir haben's ja bald gepackt.« Einige Zeit später sollte ich es bereuen, dass ich diesen Kaffee ausgeschlagen hatte.

Vorerst jedoch warf ich immer wieder einen verstohlenen Blick auf meine Uhr und dachte an mein warmes, gemütliches Bett. Die Zeiger wollten und wollten sich nicht vorwärts bewegen, kam es mir vor. Als ich nur noch eine halbe Stunde Wache vor mir hatte, hörte ich aus dem Hausgang das Telefon. Das würde doch nicht etwa für mich sein, ging es mir durch den Kopf. Aber wenig später rief mich die Altbäuerin heraus.

Anna, eine werdende Mutter, die ich betreute, war selbst am Apparat. »Ja, Annerl, was schreckst du die Leute mitten in der Nacht auf«, tadelte ich sie zum Spaß.

»Ja, Nanni, ich dachte, du langweilst dich«, gab sie scherzhaft zurück. »Deshalb hab ich mir überlegt, einfach mal bei dir anzurufen.« Dann aber wurde sie sachlich: »Was soll ich machen? Bei mir haben die Wehen eingesetzt.«

Automatisch spulte ich meinen Fragenkatalog ab: »Wann haben die Wehen angefangen? Wie oft kommen sie? Wie geht es dir? Wer ist bei dir?«

Anhand ihrer Antworten erkannte ich, dass es keineswegs besonders eilte. Ehe ich ihr das sagen konnte, kam sie mir bereits zuvor: »Du musst noch nicht gleich kommen. Aber ich dachte, du sollst schon mal wissen, dass ich Wehen habe, damit du dich drauf einstellen kannst.«

»Sehr vernünftig«, lobte ich sie. »In einer Stunde etwa bin ich daheim zu erreichen, falls sich in deinem Befinden etwas ändert. Andernfalls rufe ich dich später an.«

Nachdem auch die letzte halbe Stunde bei der Christl ohne Zwischenfälle verlaufen war, machte ich mich auf den Heimweg. Es war weit nach ein Uhr in der Nacht, als ich mit meinem Moped durch die schlafenden Dörfer knatterte. Außer mir waren wohl nur noch die Sterne wach, die eifrig vom Himmel funkelten. Mich fröstelte – wahrscheinlich war das Thermometer inzwischen unter den Nullpunkt gesunken. Daheim kochte ich sofort meine Instrumente aus, packte meine Tasche neu und warf einen Blick ins Kinderzimmer, wo meine beiden Lieblinge wie die Engel schliefen. Heute hatten sie wirklich nichts von ihrer Mama gehabt.

Jetzt hätte ich mich leicht eine Stunde aufs Ohr legen können, doch vor lauter Angst, ich könnte so fest einschlafen, dass ich meinen Termin verpasste, unterließ ich es und brühte mir stattdessen einen starken Kaffee auf.

Dann tat ich noch ein paar Handgriffe hier und dort und schrieb für die Tante einen Zettel, damit sie sich nicht sorgte, falls ich morgen bis zum Wecken noch nicht zurück war.

Bevor ich hinaus in die Nacht ging, rief ich, wie versprochen, bei der Anna an.

»Es wäre schon recht, wenn du jetzt kommst. Zwischen den Wehen sind weniger als zehn Minuten.«

Wieder tuckerte ich durch die schlafende Ortschaft. Wieder waren die Sterne meine einzigen Begleiter, und wieder musste ich in ein ansteigendes Seitental. Mein fahrbarer Untersatz schnaufte ganz schön. Besser der als ich, dachte ich und freute mich, dass er es trotzdem bis vor das Gehöft des Hanselbauern schaffte.

Die erleuchteten Fenster im ersten Stock zeigten an, dass in diesem Haus heute Nacht niemand zum Schlafen kommen würde. Ich kannte die Anna aus meinen Gymnastikstunden, in denen sie alle Übungen immer brav mitgemacht hatte, sodass sie bei der Entbindung bestimmt richtig atmen und ordentlich mitarbeiten würde. So war es dann auch, und kurz vor fünf, noch vor dem ersten Hahnenschrei, brüllte ihr Kind seinen Protest in die Welt.

Gegen neun Uhr langte ich halbtot zu Hause an. Achtundzwanzig Stunden war ich auf den Beinen gewesen und hatte innerhalb von zweiundzwanzig Stunden fünf neue Erdenbürger ans Licht der Welt geholt. Eine stolze Bilanz! Für mich hatte es gewissermaßen Kinder am laufenden Band gegeben, und manchmal war es mir vorgekommen, als hätte ich im Akkord an einem Fließband gestanden.

Wer jetzt denkt, ich hätte mich in meine Kissen zurücksinken lassen können, um den wohlverdienten Schlaf nachzuholen, der täuscht sich. Fürs Erste war weiterhin an Schlaf nicht zu denken, denn auf mich warteten fünf Wöchnerinnen, die samt ihren Kindern von mir versorgt werden wollten.

Nachdem ich meine Instrumente erneut sterilisiert und wieder hygienisch verpackt hatte, führte mich mein erster Weg ins Altersheim, wo ich, da es zum Glück bei beiden Frauen keine besonderen Vorkommnisse gab, nach zwei Stunden fertig war. Als Nächstes ging ich zum Arzt, bei dem ich immer die Medikamente auffüllte, die ich bei den Entbindungen verbrauchte, denn eine Apotheke gab es bei uns noch nicht. Außerdem wollte ich ihn um ein Venenmittel für die Sofie bitten.

»Was willst denn damit?«, wollte er wissen. Ich beschrieb ihm, in welchem Zustand sich die Beine dieser Wöchnerin befanden.

»Meinetwegen, nimm's mit. Ob's aber hilft, weiß ich nicht. Und ob sie es überhaupt anwendet, bezweifle ich.«

Nach meiner Ankunft am Wohnhaus der Bärs lehnte ich mein Moped an die Hauswand, schaute mich um und dachte im gleichen Moment, mein Herz bliebe stehen. Sah ich doch unweit von mir mein Soferl mit dem Säugling auf dem Arm auf einer Anhöhe spazieren gehen!

Offensichtlich hatte sie mich ebenfalls entdeckt, denn sie bewegte sich zügig auf das Haus zu. Sobald sie in Hörweite war, stieß ich entsetzt aus: »Ja, Soferl, was fällt dir ein? Du kannst doch nicht einen Tag nach der Entbindung draußen herumlaufen!«

»Warum nicht?«, fragte sie in aller Naivität. »Es fehlt mir doch nichts.«

»Ja, deine Venen! Schau dir doch deine Beine an!«

»Was soll ich da viel schauen? Die sehen immer so aus.«

Was sollte ich gegen so viel Uneinsichtigkeit machen? Im Geist sah ich sie schon mit Venenentzündung darniederliegen, gefolgt von Thrombose samt Embolie. Und ihre Kinder würden vielleicht als Halbwaisen in ein Heim kommen, weil der arbeitsscheue Vater nicht in der Lage war, für sie zu sorgen.

Dennoch verlor ich kein weiteres Wort darüber, sondern führte sie ins Haus und bezog ihr Bett mit frischer Wäsche aus meinen eigenen Beständen, die ich mitgebracht hatte. Die schmutzigen Bezüge würde ich zu Hause waschen, und noch bevor die Wochenpflege zu Ende war, sollte alles wieder sauber und gebügelt an seinem Platz sein.

Als ich die Sofie schließlich in dem frisch bezogenen Bett untersuchte, war zu meinem Erstaunen trotz der wenig hygienischen Umstände der Geburt alles in Ordnung, ebenso bei dem Kind. Verwundert stellte ich fest, dass sich auf dem provisorischen Wickeltisch, der besser Wackeltisch heißen würde, nicht nur eine richtige Auflage befand, sondern dass es plötzlich ebenso einen Stoß Windeln, Hemdchen, Jäckchen und Wickeltücher gab. »Wo kommen denn die Sachen so schnell her?«, rief ich erstaunt aus.

»Die Nachbarn haben mir alle was gebracht. Es muss sich herumgesprochen haben, dass bei uns Nachwuchs angekommen ist.«

Es gab also doch noch Liebe unter den Menschen. Nachdem ich für heute meine Arbeit in diesem Haus erledigt hatte, suchte ich erneut den Arzt auf und schilderte ihm aufgebracht die Ungeheuerlichkeit, die ich mit der Sofie erlebt hatte. »Herr Doktor«, klagte ich abschließend, »was soll ich denn machen? Wenn der Frau was passiert … Ich bin schließlich verantwortlich für sie.«

»Ach, reg dich nicht auf. Solche Leute halten was aus, grad hier auf dem Land. Lass sie nur in Ruhe.«

Er sollte Recht behalten. Es ist tatsächlich nichts passiert, doch jedem Tag, den ich zur Wochenpflege in dieses Haus musste, sah ich mit einem gewissen Bangen entgegen. Jeden Tag war ich aufs Neue überrascht, dass es der Wöchnerin gut ging. Auch eine andere Überraschung hatte sie für mich parat. Am dritten Tag nach der Niederkunft führte sie mich voller Stolz an ein Kinderbett, in dem ihr Jüngster schlief. Es war alles vom Feinsten: das Gestell, die Matratze, das Federbett, und alles blütenweiß bezogen. »Donnerwetter!«, staunte ich. »Wo kommt denn das her?«

»Das hat uns die Gemeinde gespendet.«

Aha, dann hatte es also doch genützt, dass ich bei der Anmeldung des Kindes auf dem Standesamt über die Armut der Leute gejammert hatte.

Auch an anderer Stelle jammerte ich mit Erfolg. An einem der folgenden Tage traf ich den Anderl, einen von den Rettungswagenfahrern. Ich schilderte ihm die Zustände im Hause Bär und erwähnte, dass dort nicht einmal Bettwäsche zum Wechseln vorhanden sei und ich sogar aus meinen eigenen, auch nicht allzu üppigen Beständen hätte aushelfen müssen.

Am nächsten Tag stand er mit dem Rettungswagen vor meiner Tür und lud einen großen Waschkorb aus, der mit Zeitungspapier abgedeckt war.

»Was bringst du mir denn da?«, fragte ich überrascht.

»Das wirst schon sehen. Darf ich reinkommen?«

»Freilich.«

Er trug schwer an seinem Korb und stellte ihn auf den Küchentisch. Neugierig entfernte ich das Papier. Zum Vorschein kamen Leintücher, Bettbezüge, Kopfkissenbezüge, zwar gebrauchte, aber alles schneeweiß und säuberlich zusammengefaltet.

»Für dich«, strahlte er, »damit du bei der nächsten Entbindung nicht wieder in Verlegenheit kommst.«

»Ja, aber das kann ich doch nicht annehmen«, stotterte ich.

»Doch, kannst du. Ich hab es selbst geschenkt bekommen und hab noch viel mehr von dem Zeug.«

»Wer verschenkt denn so gute Bettwäsche?«, fragte ich ungläubig.

»Vom Krankenhaus hab ich sie, für den Rettungswagen. Aber so viel brauch ich nie und nimmer.«

»Vom Krankenhaus? Wie kommen denn die dazu, Wäsche zu verschenken?«

»Die haben neue gekauft, bunte. Das ewige Weiß sei für die Patienten zu deprimierend. Farbe im Krankenzimmer solle die Stimmung aufhellen und den Heilungsprozess fördern, haben sie gesagt.«

»Neumodischer Kram«, murmelte ich verächtlich. »Aber mir soll's recht sein. Ich kann die weiße Bettwäsche sehr gut brauchen. Meine Stimmung jedenfalls hellt sie auf.«

Als ich der Sofie am vorletzten Tag der Wochenpflege ihre eigene Bettwäsche zurückbrachte und die meine wieder einpackte, konnte ich ihr gleich zwei Garnituren der geschenkten Wäsche dalassen.

Von dieser Zeit an ging ich nie mehr zu einer Entbindung, ohne eines der Krankenhausbetttücher in meinem Koffer zu haben. Und ich habe es tatsächlich immer wieder einmal gebraucht. So schlimm wie bei den Bärs war es jedoch nie wieder in einem Haus.

Obwohl es meiner Wöchnerin entgegen allen Befürchtungen von Tag zu Tag besser ging, atmete ich auf, als ich am zehnten Tag mit dem Ende der Wochenpflege die Verantwortung für sie los war. Heute weiß man, dass gerade bei Venenleiden Liegen das Schlimmste ist, was man tun kann, weil sich dadurch die Gefahr einer Thrombose dramatisch erhöht. Mein herumspazierendes Soferl hatte also unwissentlich genau das Richtige getan – auch wenn sie damit gegen die damals allgemein gültige Vorschrift verstieß, dass Wöchnerinnen nach der Entbindung still im Bett zu bleiben hätten. So ändern sich die Zeiten.

Die Familie Bär verlor ich bald aus den Augen. Wie Zugvögel zogen sie wieder nach Norden. Oft dachte ich noch an sie. Nirgendwo zu Hause und ohne dauerhaftes Heim – die Sofie tat mir leid. Viele Jahre später erfuhr ich von ihrer Schwester, dass sie sich, nachdem ihr Mann gestorben war und die Kinder das Haus verlassen hatten, auf einer Alm als Hüttenwirtin niedergelassen habe und mit ihrem neuen Leben sehr zufrieden sei.

Der schiefe Turm

Einige Jahre lebten wir in unserem kleinen gemieteten Haus glücklich und zufrieden, bis die Eigentümerin auf die Idee kam, es zu verkaufen. Das stellte uns vor die Wahl, entweder auszuziehen oder selbst zu kaufen, denn dieses Angebot machte uns die Besitzerin.

Wir überlegten hin und her und sagten schließlich zu. Ja, wir würden das Haus kaufen. Zum einen war es für unser aller Zwecke sehr günstig gelegen, zum anderen war das Grundstück am Wildbach wirklich bezaubernd, und außerdem hatten wir nicht die geringste Lust, schon wieder umzuziehen, nachdem wir uns in der Nachbarschaft so gut eingelebt hatten.

Finanziell war es im Grunde genommen egal. Was uns an Barem fehlte, streckte die Bank vor, und statt Miete zu zahlen, tilgten wir fortan eben monatlich unseren Kredit. Allerdings hatten wir nicht bedacht, dass das Haus eines Tages zu klein werden könnte, doch nachdem ich noch einmal zwei Kinder bekommen hatte, platzte es wirklich aus allen Nähten. Abhilfe war dringend geboten.

Also gingen wir das große Abenteuer an, ein neues Haus zu bauen. Das sah folgendermaßen aus: Wir blieben in unserem Häuschen wohnen und ließen drum herum ein größeres errichten. Als die Außenwände standen und das Dach gesetzt war, wurde das kleine Haus abgerissen, um den Innenausbau in Angriff nehmen zu können. Bis zur endgültigen Fertigstellung zogen wir mit Sack und Pack zu meinen Eltern, und ich bewundere meine Mutter noch heute, wie klaglos sie diese Invasion hingenommen hat, denn sie war damals nicht mehr die Jüngste.

Dann war es so weit – wir konnten das neue Haus beziehen. Es war herrlich: Jedes der Kinder hatte nun sein eigenes Zimmer, und für die Tante gab es ein Gästezimmer. Und vor allem hatten wir endlich ein Bad und zwei Toiletten! Bislang waren wir, was solchen Komfort anging, nicht gerade verwöhnt gewesen. Ja, ich war sogar so kühn, noch einen weiteren Raum anbauen zu lassen: ein Entbindungszimmer mit Dusche und eigener Toilette. Das hatte mir schon lange vorgeschwebt, denn es würde für mich organisatorisch vieles vereinfachen, wenn ich die Mütter in meinem Haus aufnehmen konnte, statt sie im Altersheim unterzubringen. Dadurch ersparte ich mir lange Wege und viel Zeit, die ich dann meiner Familie widmen konnte.

Niemand legte mir Steine in den Weg. Seitens der Behörden gab es keine Schwierigkeiten, und die Leitung des Altersheims erlaubte mir, die von ihnen gestellten Möbel mitzunehmen. Ich nähte farbenfrohe Gardinen, die dem Raum eine freundliche Atmosphäre verliehen, und hängte ein Weihwasserbecken neben der Tür auf. Auch das schöne Muttergottesbild, das mir gehörte, fand einen neuen Platz in meinem Entbindungszimmer. Wie oft habe ich dieses Bild bei schwierigen Geburten angeschaut und die Muttergottes angefleht, mir zu helfen. Und sie hat mir immer die Kraft und den Mut gegeben, die richtige Entscheidung zu treffen.

Nachdem alles aufs Beste eingerichtet war, konnten die werdenden Mütter kommen.

In meinem Wohnort sowie in den beiden anderen Dörfern, die zu meinem Sprengel gehörten, lebten nicht nur Bauern. Viele, besonders die Besitzer kleiner und kleinster Höfe hatten die Landwirtschaft aufgegeben, weil sie nicht mehr wirklich rentabel war. Sie zogen es vor, als Angestellte oder Arbeiter eine Stelle in den größeren Orten oder in der Stadt zu suchen, blieben aber zumeist in ihren Häusern wohnen und pendelten täglich. Andererseits entstanden im Zuge des wachsenden Fremdenverkehrs auch in den Dörfern neue Erwerbsmöglichkeiten – diverse Geschäfte und Handwerksbetriebe, die Gastronomie und Hotellerie belieferten oder die Bedürfnisse der Touristen bedienten. Dadurch änderte sich auch die Zusammensetzung meiner Klientel.

Der Gaishuber Fritz war zum Beispiel ein Pendler, der in einer Druckerei als Setzer arbeitete. Er war verheiratet mit der Kreszentia, die von allen Zenta genannt wurde und eine Frau mit Weitblick war. Nichts wollte sie dem Zufall überlassen, und schon gar nicht, als sie merkte, dass sie ein Kind erwartete. Deshalb war sie bereits in den ersten Monaten ihrer Schwangerschaft bei mir erschienen, um sich untersuchen zu lassen und meinen Rat einzuholen. Ziemlich detailliert wollte sie wissen, wie sie sich während der kommenden Monate verhalten sollte. Auch klagte sie, dass sie zu Hause niemanden habe, der sie und das Kind nach der Entbindung versorgen könnte. Kein Problem, denn wozu hatte ich schließlich mein schönes neues Entbindungszimmer, das genau für solche Fälle gedacht war. Stolz führte ich sie hinein, und erwartungsgemäß war sie sehr angetan. Bevor sie sich fürs Erste verabschiedete, brannte ihr nur noch eine wichtige Frage auf der Seele: »Wie merke ich, wann's losgeht?«

»Meist fängt es so harmlos an, dass man es eher für eine Blähung hält«, klärte ich sie auf. »Dennoch solltest du in diesem Moment auf die Uhr schauen. Wiederholt sich der Schmerz nach einer gewissen Zeit, weißt du, dass du Wehen hast.«

»Muss ich dann sofort kommen?«

»Nein, nein. Erst wenn die Wehen im Abstand von zehn Minuten kommen, solltest du dich langsam auf den Weg machen. Aber auch dann hast du noch Zeit genug. Beim ersten Kind geht's nicht so schnell.«

Anhand ihrer Angaben rechnete ich ihr aus, dass mit der Geburt des Kindes etwa Ende Januar zu rechnen sei. Da wir in diesem Monat meist sehr viel Schnee hatten, riet ich ihr, sie solle sich, je nach den Witterungsverhältnissen, lieber schon bei einem Wehenabstand von fünfzehn Minuten auf den Weg machen.

Es war am frühen Samstagabend eines kalten Januartages, da verspürte Kreszentia Gaishuber aus Unterach ein leichtes Ziehen im Rücken. Sollte das der Beginn der Geburt sein, fragte sie sich und warf einen Blick auf die Uhr. Der Schmerz war bald vorbei, aber nicht vergessen. Zenta fuhr damit fort, das Abendessen für sich und ihren Ehemann zu richten. Ihren Koffer hatte sie jedoch vorsorglich schon vor einigen Wochen gepackt.

Beim Abwasch jedoch spürte die Zenta einen undefinierbaren Schmerz im Bauch, und wieder wanderte ihr Blick zur Uhr. Eine Stunde war seit dem ersten Ziehen vergangen. Nicht dass sie sich nun umgehend zur Hebamme begeben wollte – nein, sie öffnete die Haustür lediglich, um nach dem Wetter zu schauen. In diesem Augenblick peitschte ihr der Sturm so viel Schnee ins Gesicht, dass sie die Tür mit einem lauten Knall zuwarf. Ihr Mann, der sich gerade hinter seiner Zeitung verschanzt hatte, schreckte hoch. »Was ist los? Was ist passiert?«, rief er und stürzte hinaus in den Hausgang.

»Nichts, gar nichts. Wir haben nur einen schrecklichen Schneesturm, und ich glaub, ich hab Wehen. Wenn ich mich beeile, erwische ich noch den Bus um halb sieben. Ich denke, es ist besser, wenn ich jetzt schon zur Nanni fahre. Denn wer weiß, ob wir später noch durchkommen.«

»Soll ich mitfahren?«, fragte der Fritz besorgt.

»Nein, nicht nötig. Die Wehen kommen in so großen Abständen, dass es sich noch bis morgen hinziehen kann, bis das Kind da ist. Leg dich nur beizeiten schlafen. Du hast eine anstrengende Woche hinter dir.«

Weg war sie. Hatte die Zenta beim Verlassen des Hauses nur leichte Wehen gehabt, so wurden sie durch den anstrengenden Marsch durch den knietiefen Schnee zusehends stärker, und das Holpern im Bus verstärkte die ganze Sache noch. Als die werdende Mutter bei mir eintraf, sah sie aus wie ein Schneemann und war total erschöpft. Das kurze Stück vom Bus bis zu meinem Haus hatte sie sich durch solch hohen Schnee kämpfen müssen, dass Kleidung, Stiefel und Strümpfe durchweicht waren. Ich befreie sie von dem nassen Zeug, und nachdem ich sie untersucht hatte, war klar, dass wir nicht mehr viel Zeit hatten. Ich lobte die Zenta für ihre Weitsicht – es reichte gerade noch zum Duschen und für die üblichen Geburtsvorbereitungen.

Kaum dass sie eine Stunde bei mir war, wer pochte da an meine Tür? Der Gaishuber Fritz, Zentas besorgter Ehemann, den es zu Hause nicht mehr gehalten hatte und der die ganze Strecke durch den heftigen Schneesturm zu Fuß gegangen war.

»Allein sein will ich daheim auch nicht«, meinte er. »Und schlafen kann ich ohnehin nicht, wenn ich nicht weiß, was mit der Zenta ist.«

So gern ich normalerweise Väter bei einer Entbindung dabei hatte, hier passte es mir eigentlich gar nicht in den Kram, denn das Entbindungszimmer war ziemlich eng, und eine weitere Person würde nur im Weg stehen. Bei Hausgeburten war das etwas anderes. Da hielten sich die Väter meist irgendwo in einem Nebenzimmer auf, schauten ab und zu herein und blieben erst, wenn es ernst wurde, um in der entscheidenden Situation ihrer Frau beizustehen oder mir gelegentlich zur Hand zu gehen. Aber hier! Was sollte der Fritz stundenlang tun, außer mich und die Gebärende durch seine Anwesenheit nervös zu machen?

Zu vorgerückter Stunde sollte sich Zentas Ehemann jedoch noch als sehr nützlich erweisen. Ja, er erschien mir dann sogar als ein vom Himmel gesandter Helfer. Ehrlich gesagt, ohne ihn wäre die Entbindung in dieser Nacht gar nicht möglich gewesen, und das hatte natürlich einen besonderen Grund. An diesem Abend nämlich wurde es mit einem Schlag stockfinster, etwa eine Viertelstunde nachdem es bei der Zenta richtig losgegangen war.

Zuerst dachte ich an einen Kurzschluss in unserem Haus. In der Überzeugung, ich brauchte nur eine neue Sicherung einzudrehen, tastete ich mich zum Sicherungskasten im Hausgang und betätigte anschließend den Lichtschalter. Keine Reaktion. Ich tastete mich bis zur Küche, doch auch dort blieb es dunkel. Ein Blick aus dem Fenster belehrte mich, dass der Schaden nicht hausgemacht war, sondern dass wir einen totalen Stromausfall hatten, denn die Straßenlaternen waren ebenso erloschen wie die Lichter im Nachbarhaus. Natürlich funktionierte auch das Telefon nicht, sodass wir die Störung nicht einmal melden konnten. Rings um uns her war wirklich pechschwarze Nacht. Weder vom Mond noch von den Sternen war bei dem starken Schneetreiben nur das geringste Eckchen zu sehen.

Ich stand also da und sollte einem Kind ans Licht der Welt helfen. Was tat man in einer solchen Situation? Vor allem die Nerven behalten, redete ich mir gut zu. Ich tastete mich zurück ins Entbindungszimmer und öffnete die Ofentür, damit die Glut wenigstens einen schwachen Schimmer in den Raum warf. Um es wenigstens gemütlich warm zu haben, während wir im Dunkeln sitzen mussten, legte ich noch ein paar Scheite nach. Mit einer Ölheizung wären wir ganz aufgeschmissen gewesen, denn die stellte ihren Dienst ein, sobald der Strom ausfiel. Die guten altmodischen Öfen hatten doch auch ihre Vorteile, dachte ich dankbar.

Der Zenta, obwohl eine beherzte Frau, war die Sache leicht unbehaglich, und so redete ich ihr gut zu: »Keine Angst, es ist alles in Ordnung. Du musst nur fleißig bei jeder Wehe atmen. Fritz, setz dich neben deine Frau und halt ihre Hand, dann braucht sie sich nicht zu fürchten, während ich draußen ein Licht hole. Es dauert nicht lang, dann bin ich zurück.«

Diese Äußerung hatte ich so selbstsicher vorgebracht, dass die beiden glaubten, ich müsse mich nur ins nächste Zimmer tasten und käme gleich darauf mit einer hellen Ersatzlampe zurück. Dabei hatte ich, als ich den Entbindungsraum verließ, nicht die geringste Ahnung, wie ich überhaupt einen Leuchtkörper herbeizaubern sollte, ganz gleich welchen. Im Hausgang atmete ich tief durch und rief sämtliche Engel und Heiligen im wahrsten Sinne des Wortes um Erleuchtung an.

Ich muss gestehen, wir waren etwas leichtsinnig, denn wir besaßen weder Taschenlampen, noch existierten ausrangierte Petroleum- oder Karbidlampen. Mein Gott, als dieses Haus gebaut wurde, hatten wir elektrische Leitungen verlegen lassen – was sollte man da noch mit dem alten Krempel? Alles war auf den Müll gewandert. Ich war nicht einmal sicher, ob ich zumindest eine Kerze finden würde. Vorsichtig tastete ich mich bis zum Wohnzimmerschrank, unter dem sich die Schachteln mit unserem Christbaumschmuck befanden. Hastig fingerte ich darin herum, doch die Kerzenhalter waren alle leer. Nicht ein Stümpfchen war mehr vorhanden. Ich hätte es wissen müssen, denn wir ließen die Kerzen immer bis zum Schluss ausbrennen. Aber was hätten mir zwei, drei Kerzenreste genützt? Die wären längst erloschen, bevor die ganze Geburt überstanden war. Nein, das wäre auch keine Lösung gewesen. Im Stillen hatte ich während meiner Suchaktion darauf gehofft, das Licht werde zwischenzeitlich wieder funktionieren, denn zu diesem Zeitpunkt hatte ich keine Ahnung von den Ursachen des Stromausfalls. Er sollte bis zum nächsten Nachmittag andauern, denn der Sturm hatte einen Hauptmast umgeknickt und so das ganze Tal in tiefe Dunkelheit getaucht.

Wieder stand ich händeringend da und versuchte es mit Beten: »Lieber Gott, lass mir ein Licht aufgehen!« Es ist unglaublich, aber wahr, denn tatsächlich ging mir in diesem Moment ein Licht auf. Irgendwo musste eine Kerze herumstehen, die mir die Patentante als Reiseandenken mitgebracht hatte. Neben dem Fenster auf der Kommode, meinte ich sie zuletzt gesehen zu haben – ich war mir fast sicher. Diese Kerze war schaurig schön: Sie stellte den Grazer Turm dar, das Wahrzeichen der Stadt, und eigentlich hatte ich sie schon lange wegwerfen wollen, weil ich sie so hässlich fand, hatte es jedoch mit Rücksicht auf die Tante nicht getan. Mittlerweile war das wächserne Gebilde, das ständig vor dem Fenster in der Sonne gestanden hatte, ganz schief, sodass es mehr Ähnlichkeit mit dem berühmten Turm von Pisa als mit dem Grazer Wahrzeichen hatte. Jetzt aber war diese Kerze unsere Rettung, denn sie war groß genug, um einige Stunden lang zu brennen.

Stolz wie ein Torero marschierte ich mit meinem leuchtenden Turm in das Entbindungszimmer zurück, wo höchste Eile angesagt war. Mir blieb gerade noch die Zeit, dem Ehemann den Turm in die Hand zu drücken, aber keine mehr, meine vom Kerzensuchen unsteril gewordenen Hände richtig zu desinfizieren. Ich konnte quasi nur noch eine mehr symbolische Handwaschung vornehmen, bevor ich ans Bett eilte, um nach dem Köpfchen des Kindes zu fassen.

Man sagt normalerweise nach einer Geburt, ein Kind habe das Licht der Welt erblickt, aber bei dem Töchterchen der Zenta wäre diese Aussage fehl am Platz gewesen, denn es wurde eher in eine totale Finsternis hineingeboren, die nur schwach vom flackernden Licht einer scheußlichen Kerze erhellt wurde. Aber offenbar hatte die Kleine keinen Schock davongetragen, denn sie entwickelte sich später hervorragend.

In dieser Nacht beherbergte ich nicht nur die Wöchnerin und ihr Kind, sondern auch den jungen Vater, dem ich schnell ein Bett herrichtete. Ich hätte es nicht übers Herz gebracht, ihn in der Finsternis und bei dem Schneegestöber vor die Tür zu schicken, zumal er mir so treulich geleuchtet hatte. Was den schiefen Turm anging, so hätte der sogar noch für eine zweite Entbindung gereicht. Eines aber schwor ich mir: In meinem Haus würde ich nie wieder ohne Notbeleuchtung sein. Gleich am nächsten Tag kaufte ich eine starke Taschenlampe mit Ersatzbatterie, dazu einen ganzen Packen Haushaltskerzen samt einer großen Schachtel Streichhölzer, und das alles legte ich griffbereit in mein Entbindungszimmer.

Nach dieser spektakulären Geburt verlief wenigstens das Wochenbett für die Kreszentia angenehm und störungsfrei, und sie erholte sich gut von den Schrecken. Als sie nach zehn Tagen mit den besten Wünschen nach Hause entlassen werden konnte, hatte sie längst ihren Humor wiedergefunden: »Wenn ich das nächste Mal komme, Nanni, dann möchte ich nicht wieder im Dunkeln ein Kind kriegen.«

»Gewiss nicht«, versicherte ich ihr. »Da schau, Taschenlampe und Kerzen liegen bereit. Es freut mich, dass du trotz dieser Aufregung schon wieder ans Kinderkriegen denkst.«

Nach gut zwei Jahren war es so weit. An einem schönen Maiabend klopfte die Zenta erneut an meine Tür. Da sie sich bereits vor langer Zeit bei mir vorgestellt hatte, war ich vorbereitet.

»Diesmal, bittschön, eine Entbindung ohne Stromausfall«, begrüßte sie mich lachend.

»Versprochen«, erwiderte ich. »Um diese Jahreszeit ist nicht mit einem Schneesturm zu rechnen.« Mit dem Zusatz: »Du kennst dich ja aus«, führte ich sie dann ins Entbindungszimmer.

»Ach«, rief sie beim Betreten des Raumes aus, »die Kerzen und die Taschenlampe liegen noch genauso da wie vor zwei Jahren.«

»Da hast Recht. Bis jetzt hab ich sie noch nicht gebraucht.«

»Dann solltest du mal überprüfen, ob die Batterien überhaupt noch funktionieren.«

Ich knipste die Taschenlampe an. Nichts. Sie war tot, und auch die Ersatzbatterie gab nichts mehr her.

»Zwei Jahre sind eben eine lange Zeit«, stellte die Zenta grinsend fest.

»Gut, dass du mich ans Kontrollieren erinnert hast. Morgen muss ich umgehend neue Batterien besorgen, aber für alle Notfälle haben wir ja die Kerzen.«

»Eben«, stimmte mir die Kreszentia zu. »Die sind sowieso zuverlässiger als jede Taschenlampe. Packen wir's!« Unternehmungslustig schwang sie sich aufs Bett, und die Untersuchung ergab, dass wir auch diesmal mit einer schnellen Entbindung zu rechnen hatten.

Gerade, als die letzte Phase der Geburt begann, vernahmen wir ein Rumpeln, und ich hatte das Gefühl, das ganze Bett würde schwanken.

»Was war das?«, schrien wir gleichzeitig entsetzt auf. Da die Zenta es also auch wahrgenommen hatte, konnte es nicht sein, dass ich einer Sinnestäuschung erlegen war. Unwillkürlich fragte ich mich, ob vielleicht mit unserer neu eingebauten Zentralheizung etwas nicht stimmte. Dieser moderne Kram, schimpfte ich innerlich. Von Anfang an war ich dagegen gewesen, doch mein Mann hatte den Einbau durchgesetzt, weil er es leid war, immer Holz hacken und hineinschleppen zu müssen.

Dann rumpelte es abermals, diesmal so stark, dass die Deckenlampe schaukelte, Gegenstände aneinanderklirrten und das Bett noch mehr schwankte als zuvor. Ich hatte das Gefühl, das ganze Haus würde wackeln.

»Das muss ein Erdbeben sein«, meinte ich, doch die Zenta war zu sehr mit Pressen beschäftigt, um an etwas anderes denken zu können, und noch ehe der ganze Spuk vorbei war, flutschte das Kind in meine Hände.

Am nächsten Tag erfuhren wir, dass es wirklich ein Erdbeben gegeben hatte, und zwar in der norditalienischen Region Friaul. Dort muss es so heftig gewesen sein, dass man die Auswirkungen selbst bei uns noch deutlich spürte.

»Also, ich weiß nicht, ob ich noch mehr Kinder kriegen soll«, seufzte die Wöchnerin, und ich war mir keineswegs sicher, ob das ein Scherz sein sollte. »Meine Kinder suchen sich immer unmögliche Zeiten aus, um auf die Welt zu kommen. Das eine kommt im Stockfinsteren und das andere mitten in ein Erdbeben hinein.«

Aber die Kreszentia hatte eine robuste Verfassung, auch seelisch, denn in den folgenden Jahren kam sie noch dreimal zu mir. Jedes Mal sagte sie: »Ich bin schon gespannt, welche Schrecken du heute für mich parat hältst.«

Und nach jeder dieser Entbindungen stellten wir lachend fest: »Nichts passiert. Das ist ja direkt langweilig.«

Dann bekam ich die Zenta für lange Zeit nicht zu Gesicht. Als ich sie nach Jahren zufällig einmal im Dorf traf, fragte ich: »Ja, was soll ich davon halten? Du lässt dich ja bei mir gar nicht mehr blicken.«

»Ja, weißt du, die letzten drei Male war bei dir ja überhaupt nichts los. Das hat mich so enttäuscht, dass ich keine weiteren Kinder mehr mag.«

Die Pistenraupe

Es war an einem Karfreitag. Die Sonne hatte den ganzen Tag über ihr Bestes getan und einen Großteil des Schnees, der sich noch zu beiden Seiten auf den Bürgersteigen getürmt hatte, in Rinnsale verwandelt. Die Vögel schmetterten ihre fröhlichsten Lieder, und in windgeschützten Vorgärten streckten bereits die ersten Schneeglöckchen und Krokusse ihre Köpfe aus der Erde.

Auf den Bergen dagegen behauptete der Winter weiterhin seine Macht. Doch das war gerade gut so, denn als Wintersportgebiet mussten wir um jeden Zentimeter froh sein, damit auch zu Ostern noch Skifahrer angelockt wurden. Die Beherbergungsbetriebe profitierten davon, die Restaurants, die Geschäftsleute und vor allem die Liftbetreiber. Sie hofften zum Saisonende noch einmal auf ein gutes Geschäft.

Mich störte der Schnee auf den Bergen ebenfalls nicht. Er war schließlich weit genug weg, und so hoch oben gab es keine Wohnhäuser, in die ich zu einer Entbindung hätte gerufen werden können. In den Tälern war jedenfalls der Frühling eingekehrt, und auch in meinem Herzen herrschte Frühlingsstimmung. Das äußerte sich unter anderem darin, dass ich mich Hals über Kopf in den Hausputz gestürzt hatte. Am Nachmittag waren bereits alle Fenster gereinigt und die Gardinen gewaschen, die bei der milden Luft wunderbar im Garten trocknen konnten, bevor ich sie bügelte und wieder aufhängte. Als ich kurz vor Einbruch der Dunkelheit aus dem Fenster schaute, sah ich, wie sich der Himmel bewölkte. Morgen würde also kein so schöner Tag sein. Ich war froh, dass ich das Großreinemachen hinter mir hatte.

Am Abend, als meine Kinder bereits im Bett lagen und mein Mann hinter seiner Zeitung schnarchte, begann ich damit, Ostereier zu färben. Wie heißt es doch so schön: »Was du heute kannst besorgen, das verschiebe nicht auf morgen.« Es war ein sehr weiser Einfall von mir.

Gerade, als ich dabei war, die letzten Spuren meiner Tätigkeit zu beseitigen, damit die Kinder am nächsten Morgen nichts von der Arbeit des Osterhasen entdeckten, schrillte das Telefon. Es war halb neun. Wer konnte so spät noch etwas von mir wollen? Blitzschnell ging ich im Geist die Frauen durch, die ich von der Schwangerschaftsgymnastik her kannte, aber keine war darunter, die in diesen Tagen fällig gewesen wäre. Andererseits wusste ich, dass Kinder unberechenbar waren und kamen, wann sie wollten. Seufzend erhob ich mich.

Am anderen Ende der Leitung war eine aufgeregte Männerstimme zu hören. Er sprach hastig, mit einem fremdländischen Akzent: »Meine Frau hat Wehen, ein Monat zu früh. Bitte unbedingt kommen, sonst Frau tot und Baby auch.«

»Nun mal ganz langsam«, versuchte ich den werdenden Vater zu beruhigen. »So schnell stirbt man nicht, selbst wenn die Wehen vier Wochen zu früh kommen. Jetzt sagen Sie mir erst mal, wo Sie sind.«

»Ganz oben, auf Hütte. Moment mal.«

Offenbar reichte er den Hörer weiter, und jetzt vernahm ich eine weibliche Stimme, die den mir vertrauten Dialekt sprach.

»Du bist doch die Hebamme? Ich bin die Hüttenwirtin vom Naturfreundehaus. Du musst sofort raufkommen. Wir haben hier eine ausländische Schwangere, die ist Ende des achten Monats und hat Wehen.«

Mir lag auf der Zunge zu fragen, was eine ausländische Schwangere im achten Monat auf einer Skihütte in zweitausend Meter Höhe machte, aber das ging mich letztlich nichts an, und außerdem gab es Wichtigeres zu besprechen.

»Wie stellst du dir das vor?«, fragte ich zunächst. »Wie soll ich bitte da hinauf?«

Es führte nämlich keine Straße zu der Hütte, und zu Fuß – nein danke! Das würde mehr als vier Stunden Aufstieg bedeuten, und bis dahin war das eilige Kind längst da.

»Fährst halt mit der Seilbahn«, war die lapidare Antwort der Hüttenwirtin.

»Dass ich nicht lache. Du weißt selbst besser als ich, dass die um diese Uhrzeit nicht mehr in Betrieb ist. Außerdem, selbst wenn ich irgendwie hinaufkäme, weiß ich nicht, ob die Verhältnisse bei euch für eine Entbindung geeignet sind. Und was ist mit dem Kind? Wenn es sich um eine Frühgeburt handelt, muss es womöglich in den Brutkasten. Und auch die Wöchnerin müsste nach unten gebracht werden, denn ich kann ja schließlich nicht jeden Tag nach oben kommen. Ganz davon abgesehen, dass bei euch ab Ostermontag die Saison endgültig zu Ende ist und kein Lift und keine Bahn mehr geht. Meinst, ich möchte dann jeden Tag auf den Berg steigen?«

Da die Wirtin auf meine Fragen schwieg, fuhr ich fort: »Das Gescheiteste ist, ihr packt die Frau in einen Ackja, und die Bergrettung bringt sie zu mir.«

Jetzt kam wieder Leben in meine Telefonpartnerin: »Wo denkst du hin? Das geht auf keinen Fall. Es ist doch stockfinster.«

»Dann muss halt jemand mit ein oder zwei Fackeln vorausfahren. Das wird doch genauso gemacht, wenn ein Verletzter ins Tal muss.«

»Das wäre viel zu gefährlich«, wehrte sie ab. »Von den guten Skifahrern ist keiner mehr nüchtern genug, um eine solche Abfahrt wagen zu können.«

Diesem Argument ließ sich nichts entgegensetzen. Offenbar hatte man auf der Hütte tüchtig gefeiert. Was also sollte ich tun? Man konnte doch eine werdende Mutter und ihr Kind nicht einfach ihrem Schicksal überlassen.

»Gib mir mal eure Telefonnummer«, bat ich die Wirtin. »Ich werde sehen, was sich machen lässt, und rufe dann zurück.«

Mein erster Anruf ging an die Polizeistation, und das ersparte mir alle weiteren Gespräche, denn der diensthabende Beamte zeigte sich äußerst kooperativ. Er wolle schauen, was sich machen lasse. Vielleicht könnte er ja einen Hubschrauber auftreiben, meinte er. Bald darauf rief er mich zurück: Für den Hubschrauber sei oben kein Landeplatz vorhanden. Aber ich solle schon einmal zur Talstation der Seilbahn gehen, er werde ebenfalls dorthin kommen. Auf meinen Einwand, die Bahn habe bereits seit Stunden ihren Betrieb eingestellt, entgegnete der Polizist lachend: »Nein, nein, die fährt noch mal, extra für dich.« Er habe sich bereits darum gekümmert, fügte er noch hinzu. Die Hüttenwirtin brauche ich auch nicht anzurufen, die wisse bereits Bescheid, dass ich käme.

Also packte ich mich so winterfest ein wie möglich, nahm meinen Koffer und brauste mit meinem Moped Richtung Seilbahn. Ich glaube, so schnell bin ich nie zuvor gefahren, und zum Glück war niemand auf der Straße, der mir unversehens hätte in die Quere kommen können. In der Rekordzeit von zehn Minuten war ich an der Talstation. Wer jedoch nicht da war, das war der hilfsbereite Polizist, der mir versprochen hatte, die Gondel extra für mich noch einmal in Betrieb zu nehmen. Während ich dort stand und wartete, verwandelten sich meine Füße zunehmend zu Eisklumpen – da halfen keine festen Schuhe und keine dicken Socken.

Während ich noch frierend von einem Bein aufs andere trat, hielt quietschend ein Polizeiauto neben mir. Zwei Gendarmen sprangen heraus. »Du bist sicher die Hebamme«, stellte einer von ihnen fest. An seiner Stimme erkannte ich, dass es mein Gesprächspartner vom Telefon sein musste. »Gleich geht's aufwärts«, versprach er mir. »Ich muss nur noch Kontakt mit dem Koch aufnehmen.«

»Wieso mit dem Koch?«, fragte ich irritiert. Ohne auf meine Frage zu reagieren, hantierte er mit einem Schlüssel an der Tür zur Talstation herum. Sobald er sie geöffnet hatte, trat er ein, betätigte einen Schalter, und schon sah ich in den Gondeln vor mir schwache Lichter aufblitzen. Dann hob er den Telefonhörer ab, wählte eine Nummer und wartete. In diesem Moment fiel ihm wohl ein, dass er mir noch eine Antwort auf meine Frage nach dem Koch schuldig war.

»Weißt, es ist so, der Mann, der die Seilbahn von der Talstation aus bedient, hat einen gewaltigen Rausch. Mit dem ist erst morgen früh wieder zu rechnen. Deshalb übernehme ich hier unten die Bedienung, und oben soll das der Koch machen. Der ist aber anscheinend noch nicht an der Bergstation eingetroffen.«

»Wieso der Koch?«, wiederholte ich meine Frage.

»Weil der obere Gondelführer ebenfalls einen Mordsrausch hat.«

»Und sonst gibt's niemanden, der die Seilbahn bedienen könnte?«

»Nein, der Koch ist der Einzige, der noch nüchtern ist.«

Das waren ja schöne Aussichten! Endlich schien sich jemand am anderen Ende der Leitung zu melden. Der Gendarm nickte nämlich und sagte: »Okay, ich setz jetzt die Hebamme in die unterste Gondel und lass die Bahn losfahren.«

Ehe ich mich versah, ruckelte die kleine Kabine mit mir langsam aus der Station. Dann fuhr ich hinauf in die Nacht. Nichts war zu sehen außer den schwach beleuchteten Gondeln vor mir. Es sah aus, als schwebten Lichtpunkte den Berg hinauf. Jedes Mal, wenn die Aufhängung über einen Pfeiler rumpelte, zuckte ich zusammen, weil ich dachte, das Seil würde reißen. Mit der Zeit jedoch gewöhnte ich mich daran und bedauerte nur, dass bei dieser nächtlichen Fahrt von der Landschaft ringsum nichts zu sehen war. Stattdessen schaute ich mich in der engen Kabine um, denn ich hatte mir eigentlich fest vorgenommen, die Schwangere, sollte es irgendwie möglich sein, in der Gondel mit ins Tal zu nehmen. Aber im Ernstfall würde das unangenehm eng und kalt werden. Außerdem hatten die Skitouristen Abfälle aller Art einschließlich Zigarettenkippen zurückgelassen, sodass die Umgebung alles andere als hygienisch einwandfrei war.

Als ich nach zwanzigminütiger Fahrt endlich in die Bergstation einfuhr, atmete ich erleichtert auf – zu früh allerdings, denn das schlimmste Stück des Weges lag noch vor mir. Der Koch, ein Mann von etwa fünfzig Jahren mit Schnauzbart und grauen Schläfen, nahm mich in Empfang – er war so gut genährt, wie man sich einen Koch vorstellt, dem sein eigenes Essen schmeckt. Bald wurde mir klar, dass ich noch nicht am Ziel war, denn der Koch, der sich mir als Toni vorstellte, führte mich zu einer Pistenraupe und forderte mich auf, darauf Platz nehmen. Nun weiß ich nicht mehr, ob die Pistenraupen damals generell noch keine Beleuchtung hatten oder ob sie an diesem Gefährt defekt war. Jedenfalls flammte auf ein Kommando des Kochs hin vor dem Kettenfahrzeug ein Lichtchen auf.

»Was bedeutet denn das?«, wollte ich wissen.

»Das ist bloß der Sepp mit einer Taschenlampe. Der weist uns den Weg.«

In der Tat orientierte sich der Raupenfahrer in dieser schwarzen Nacht ausschließlich an dem schwachen Lichtschein, der vor uns herschwankte. Die Raupe hing dabei dermaßen schräg am Hang, dass ich dachte, mein letztes Stündlein habe geschlagen. Ich befürchtete, sie könnte jeden Moment umkippen und uns unter sich begraben, oder wir würden mitsamt der Raupe den Abhang hinunterkugeln und ins endlose Nichts fallen. Wie gebannt starrte ich auf das tanzende Licht, immer darauf gefasst, es könnte verschwinden, weil der Sepp mitsamt seiner Taschenlampe ins Tal gestürzt war.

Vielleicht um mich abzulenken oder nur um mich zu informieren, erzählte mir der Toni, dass der Ehemann der Schwangeren die Wintersaison über auf der Hütte gearbeitet habe. Und weil am Ostermontag die Saison zu Ende gehe, sei seine Frau gekommen, um ihn abzuholen, ohne Rücksicht darauf, dass sie im achten Monat schwanger war. In der Hütte gehe es seit Stunden zünftig zu, denn das bevorstehende Saisonende müsse schließlich begossen werden. Er, der Toni, sei nur deshalb noch nüchtern, weil er bis zum Anruf des Polizisten in der Küche gestanden habe. Eine halbe Stunde später, und er wäre ebenfalls nicht mehr in der Lage gewesen, die Raupe zu fahren.

Man begann wirklich für Kleinigkeiten dankbar zu sein, dachte ich bei mir. Laut fragte ich jedoch, wieso er sich überhaupt mit Pistenraupen und der Bedienung von Seilbahnen auskenne.

»In meinen jungen Jahren hab ich als Raupenfahrer gearbeitet und eine Zeitlang auch die Seilbahn bedient. Als mir das alles aber zu anstrengend wurde, hab ich auf Koch umgesattelt.« Auch eine Möglichkeit!

Nach zwanzig Minuten dann konnte ich endgültig aufatmen, denn die abenteuerliche Fahrt war glücklich zu Ende gegangen.

Die Hüttenwirtin führte mich in das Zimmer der Schwangeren, wo ich auch den Ehemann antraf, wobei die Bezeichnung Zimmer eigentlich irreführend war, denn meiner Ansicht nach handelte es sich um ein Loch oder einen Verschlag, in dem man die Gebärende untergebracht hatte. Der Raum war so schmal, dass das Bett von Wand zu Wand reichte und mit der Breitseite direkt unter dem Fenster stand. Es blieb gerade so viel Platz, dass man die Tür öffnen konnte, ohne gegen das Bett zu stoßen. Um überhaupt an die Frau heranzukommen, musste ich den werdenden Vater auf den Gang schicken.

»Hier kann ich unmöglich eine Entbindung vornehmen«, erklärte ich der Wirtin, die ebenfalls auf dem Gang wartete. »Das Zimmer ist ja viel zu eng. Außerdem gibt diese Gaslampe überhaupt nichts her. Da müsste ich mehr tasten, als dass ich etwas sehen würde.« Ich dachte an das Erlebnis mit dem kompletten Stromausfall, als ich im Schein einer Kerze das Kind der Kreszentia geholt hatte. Damals konnte ich zwar auch so gut wie nichts sehen, doch zumindest war ich in meiner vertrauten Umgebung und war mir sicher, dass alles ringsum einwandfrei sauber war.

Bevor wir weiterdiskutierten, untersuchte ich die Frau, um Größe und Lage des Kindes sowie die Öffnung des Muttermunds festzustellen. Mit Erleichterung stellte ich fest, dass wir noch reichlich Zeit hatten und die werdende Mutter ohne Weiteres ins Krankenhaus schaffen konnten. Hier jedenfalls ging es nicht, entschied ich, nachdem ich zweifelsfrei gesehen hatte, wie das Lager der jungen Frau, die Dana hieß, aussah. Statt auf einem Leintuch lag sie auf einer braunen Wolldecke und war mit einer ebensolchen zugedeckt, und ich überlegte mir, dass in denen schon Generationen von Skifahrern ihre Nächte verbracht hatten, ohne dass die Decken zwischendurch mit Wasser und Seife in Berührung gekommen waren. Zudem war es eiskalt in dem nicht beheizbaren Raum, sodass das Kind, noch dazu eine Frühgeburt, die womöglich in einen Brutkasten gehörte, gleich einen Schock fürs Leben bekäme. Und auch der Gebärenden war die Kälte nicht zuzumuten.

»Es hilft alles nichts, wir müssen ins Tal«, erklärte ich dem Ehemann, der leicht schwankend vom Gang aus meine Aktivitäten verfolgt hatte. Natürlich wollte er seine Frau begleiten, was verständlich war, doch angesichts der speziellen Transportprobleme war das kaum möglich. Wo hätten wir ihn auf der Raupe unterbringen sollen? Auf dem Fahrersitz saß der Koch und daneben die Schwangere, die in eine der schmutzigbraunen Decken gehüllt war.

»Und wo soll ich jetzt sitzen?«, fragte ich den Toni, denn ich musste schließlich auf jeden Fall mit. Er führte mich hinter die Raupe und zeigte mir, wo ich mich hinstellen und festhalten konnte. Mein Koffer hatte zum Glück noch zwischen den Beinen von Dana Platz. Es wäre mir nämlich unmöglich gewesen, ihn zu halten, weil ich schon beide Hände brauchte, um mich an dem schwankenden Gefährt festzukrallen.

Wieder trat der Sepp mit seiner Taschenlampe in Aktion, wieder starb ich tausend Tode, als die Höllenfahrt begann. Nicht, dass der brave Koch gerast wäre, er fuhr sogar langsamer als bei der Herfahrt – wahrscheinlich mit Rücksicht auf die Schwangere, vielleicht aber auch, weil nun mehr Gewicht auf dem Fahrzeug lastete. Trotzdem war es furchtbar, und aus Angst abzurutschen, legte ich mich mit dem Oberkörper komplett auf die Raupe.

Diesmal brauchten wir eine halbe Stunde, bis wir wieder an der Bergstation waren – es war die längste halbe Stunde meines Lebens. Ich war heilfroh, als ich endlich meine steif gefrorenen Hände von der Raupe lösen konnte – ich weiß nicht, wie lange ich noch in der Lage gewesen wäre, mich festzuhalten.

Der Koch geleitete uns zur Gondel und setzte die Bahn anschließend in Gang. Im Vergleich zu der Fahrt auf der Raupe kam mir die kalte, schmutzige Kabine vor wie ein Luxusgefährt.

Nun war ich mit meiner Schwangeren allein und bedauerte zutiefst, dass ihr Ehemann nicht hatte mitfahren können, denn im Gegensatz zu ihm sprach Dana praktisch kein Wort deutsch. Immerhin hatte ich das Gefühl, dass sie es ein bisschen verstand, denn sie reagierte auf meine beruhigenden Worte und entspannte sich ein wenig.

An der Talstation stand schon der Rettungswagen bereit, und Hans, einer der Fahrer, kam an die Gondel und half uns heraus. »Ja, Nanni, hast dich mitten in der

Nacht als Pistenschreck betätigt?«, flachste er, als er meiner ansichtig wurde.

»Ja, was sonst?«, meinte ich. »Tagsüber, wenn die Touristen da herumwedeln, traut sich unsereins doch nicht hin.«

Noch nie war ich so erleichtert gewesen wie jetzt, als ich meine Schwangere sicher im Rettungswagen hatte. Normalerweise war eine Geburt auf dem Weg ins Krankenhaus für mich ein Horror, doch nach den gerade überstandenen Schrecken erschien mir selbst diese Möglichkeit im Augenblick nicht schlimm.

Wir waren noch nicht lange unterwegs, da stöhnte Dana so heftig, dass sich der Fahrer genötigt sah, fester aufs Gas zu drücken. Sicherheitshalber untersuchte ich die junge Frau noch einmal.

»Alles in Ordnung«, redete ich auf sie ein. »Das Baby kommt noch nicht.«

Nach vorne gewandt rief ich: »Brauchst nicht zu rasen, Hans. Es ist noch Zeit genug. So bald kommt das Kind nicht.«

Um Dana das Gefühl zu geben, dass alles für sie getan wurde, hielt ich ihr für den Rest der Fahrt die Hand. Mit meiner Prognose sollte ich Recht behalten. Wir kamen wirklich früh genug am Krankenhaus an. Ich begleitete Dana noch in den Kreißsaal, um sie der diensthabenden Kollegin mit ein paar erläuternden Informationen zu übergeben.

Um halb zwei in der Nacht kam ich nach Hause und stellte fest, dass mein Mantel von der Fahrt mit der Pistenraupe völlig verdreckt war, und so lautete mein Resümee für diese Nacht: Mein Einsatz hatte mir nichts weiter eingebracht, als dass ich mir fünf Stunden um die Ohren geschlagen hatte und zudem Geld für die Reinigung ausgeben musste. Weil ich nämlich nicht bei einer Entbindung Beistand geleistet hatte, würde ich von der Krankenkasse nichts bekommen. Aber letztlich war das alles nicht so wichtig. Wichtig war nur, dass ich eine junge Mutter nicht im Stich gelassen hatte, bis sie in den richtigen Händen war. In dem beruhigenden Gefühl, meine Pflicht erfüllt und mein Bestes getan zu haben, fiel ich in einen tiefen Schlaf.

Am nächsten Morgen rief ich im Krankenhaus an, um mich nach Dana zu erkundigen. Ich erfuhr, dass sie ein gesundes, aber sehr zierliches Mädchen zur Welt gebracht hatte, das sicherheitshalber gleich in den Brutkasten gekommen war. Na, Gott sei Dank, dachte ich. Was hätte man auf der Skihütte bloß gemacht?

Damit war die Geschichte jedoch noch nicht zu Ende. Am Dienstag nach Ostern stand plötzlich der junge Vater strahlend auf meiner Matte. »Du hast Frau und Kind gerettet. Deshalb bekommt Mädchen deinen Namen. Heißt Marianna.«

»Oh, vielen Dank. So viel Ehre ist mir noch nach keiner Entbindung zuteil geworden«, sagte ich gerührt und reichte ihm zum Abschied die Hand.

Er nahm sie und drückte ein Bündel Scheine hinein. »Hier dein Lohn.«

Als ich mich mit dem Hinweis wehrte, nicht ich hätte die Entbindung gemacht, sondern das Krankenhaus, erklärte er: »Krankenkasse zahlt Krankenhaus. Deine Arbeit zahle ich. Vielen Dank!« Und schon war er verschwunden. Verdutzt schaute ich auf die Scheine in meiner Hand und dachte: Es gab doch noch gute Menschen. Von dem unverhofften Geldsegen leistete ich mir ein Paar Schuhe.

Die doppelte Taufe

Auf dem Land war es früher üblich, ein Kind so bald wie möglich zu taufen. Üblicherweise bevorzugte man dafür den Samstag oder den Sonntag nach der Geburt. Entschied man sich für den Samstag, fand die Taufe in den frühen Nachmittagsstunden statt, wählte man den Sonntag, wurde das Kind am Vormittag gleich nach dem Hochamt getauft.

Das bedeutete, dass die Mutter, die etwa zehn Tage im Wochenbett verbrachte, niemals dabei sein konnte, denn Aufstehen während dieser Zeit hielt man für gefährlich. Doch niemand nahm die Abwesenheit der Mutter tragisch, weil sie bei einer Taufe ohnehin nicht die Hauptperson gewesen wäre. Das war, je nach Geschlecht des Kindes, der Pate oder die Patin.

Ebenso wichtig war es, dass die Hebamme an dieser feierlichen Handlung teilnahm. Zwar trugen Pate oder Patin das Kind zum Taufbecken, doch auch ich hatte meine besondere Aufgabe, denn ich musste dem Pfarrer im rechten Moment die Taufkerze reichen. Des Weiteren hatte ich das weiße Kleid zu halten, bis der Pfarrer es dem Täufling überlegte als Sinnbild dafür, dass seine Seele durch die Taufe von der Erbsünde rein gewaschen worden war.

Ich habe diese Tauftermine immer gerne wahrgenommen, weil es mir von meinem Glaubensverständnis her einen Sinn zu machen schien, wenn ich das Kind nicht nur in sein irdisches, sondern auch in sein spirituelles

Leben begleitete. Nur ganz selten kam es vor, dass ich an einer Taufe nicht teilnehmen konnte, weil ich genau zu diesem Zeitpunkt zu einer Entbindung musste.

Ich habe also nicht nur viele Taufen miterlebt, sondern auch sehr unterschiedliche Geistliche kennengelernt, und natürlich kannte ich mit der Zeit den Taufritus auswendig. Das sollte sich als wichtig erweisen, als die Taufe des kleinen Sebastian vom Huberbauern anstand. Weil nämlich der zuständige Pfarrer gerade ein paar Tage abwesend war, die Familie jedoch auf der Taufe am Samstag nach der Geburt bestand, war guter Rat teuer. Damals gab es keine Diskussion, ob man nicht die Taufe verschieben könnte. Vermutlich rührte diese Eile mit der heiligen Handlung noch aus jenen Zeiten her, als die Säuglingssterblichkeit unter den Neugeborenen sehr hoch war. Schließlich verfiel man auf den Gedanken, den Altpfarrer zu bitten, einen leutseligen, sehr beliebten Herrn, der auch bei keiner Versammlung im Wirtshaus fehlte – egal ob Kaninchenzüchter oder Gebirgsschützen, ob Trachtenverein oder Gemeinderatsversammlung.

Irgendeine Versammlung jedenfalls hatte auch an jenem Samstagvormittag stattgefunden, bevor der kleine Sebastian die heilige Taufe empfangen sollte, und der hochwürdige Ruheständler erschien bereits wenig standfest in der Kirche. Ich schaute verwundert zu, als er durch den Mittelgang nach hinten schwankte und sich dabei an den Kirchenbänken rechts und links abstützte. Sauber, dachte ich, da hatte wohl so manches Glas dran glauben müssen.

Es war Sitte, dass die Taufhandlung im hinteren Teil der Kirche begann, denn erst wenn der Pate oder die Patin im Namen des Täuflings dem Satan widersagt hatte, durfte man ihn nach vorn zum Altar tragen, wo die eigentliche Taufe stattfand. Die Widersagungsformel bekam der alte Herr noch ganz gut hin, doch als er mit schwerer Zunge ein Gebet abzulesen versuchte, dachte ich mir: Was liest denn der da für einen Unsinn? Das passt vielleicht für eine Beerdigung, aber nicht für eine Kindstaufe!

Nachdem sich anschließend die kleine Prozession bis zu den Altarstufen begeben hatte, sprach der Geistliche einen Text, der, zu einem Teil wenigstens, einer Maiandacht entlehnt war. Der Rest war blanker Unsinn, und selbst ungeübte Kirchenbesucher mussten merken, dass hier nichts, rein gar nichts stimmte. Am liebsten hätte ich eingegriffen und ihm vorgebetet, was er sagen sollte, doch ich war nur die Hebamme, und es stand mir nicht zu, den Pfarrer zu maßregeln. Aber es war ein Jammer!

Die eigentliche Taufformel: »Ich taufe dich im Namen des Vaters und des Sohnes und des Heiligen Geistes«, bewältigte er wieder einigermaßen fehlerlos, doch war er augenscheinlich damit überfordert, dabei gleichzeitig das Taufwasser über den Kopf des kleinen Sebastian zu gießen. Er wackelte derart mit dem Taufkännchen hin und her, dass er alles rechts und links am Kopf vorbeischüttete. Nur durch Zufall bekam das Kind ein paar Spritzer vom Taufwasser ab.

Der Huberbauer, der schon genug Taufen erlebt hatte, erkannte ebenfalls, dass hier etwas aus dem Ruder lief, doch auch er sagte zunächst nichts. Wie allgemein üblich begab sich die ganze Gesellschaft von der Kirche aus in das nächstgelegene Wirtshaus, wo die Taufe gebührend gefeiert wurde. Erst als wir mit dem neu getauften Kind nach Hause kamen, brach es aus dem Huberbauern heraus: »Nein, nein, das ist keine richtige Taufe gewesen. So kann man das nicht stehen lassen. Da muss man was tun.«

»Ach was, Bauer, mach dir keine Sorgen«; versuchte ich ihn zu beschwichtigen. »Der Herrgott wird's schon richtig annehmen. Vor ihm wird diese Taufe bestimmt gelten.«

Aber der Bauer ließ sich nicht beschwichtigen. »Nein, Nanni, da kannst sagen, was du magst, aber mir passt das nicht. Der Bub soll hernach in der Ewigkeit nicht benachteiligt werden, nur weil der Pfarrer einen Rausch gehabt hat.«

Ich versprach dem Bauern, mich bei anderen Pfarrern in meinem Sprengel vorsichtig zu erkundigen, wie das nun sei mit der Gültigkeit dieser Taufe. Natürlich war das ein heikles Unterfangen, und mir war ganz und gar nicht wohl zumute, als ich vor dem geistlichen Herrn aus einem der Nachbarorte saß. Ich druckste eine Weile herum, bevor ich mein Anliegen vortrug.

»Nicht, dass ich einen Ihrer Kollegen schlechtmachen möchte, das liegt mir fern. Aber ich hab da einen Kindsvater, der befürchtet, dass die Taufe, die Ihr Mitbruder vorgenommen hat, ungültig ist.«

»Ja, wieso glaubt denn der das?«, fragte der Geistliche verwundert, und es blieb mir nichts anderes übrig, als ihm den ganzen Taufhergang von Anfang bis Ende zu schildern. Dann erklärte ich ihm, wie unglücklich der Vater des Täuflings sei, weil er um das Seelenheil seines Jüngsten fürchte.

Ich sah dem Pfarrer an, dass er die größte Mühe hatte, nicht laut loszulachen, aber ein Schmunzeln konnte er nicht unterdrücken. Danach fasste er sich nur sehr kurz und meinte: »Ja, dann tut ihn halt noch mal taufen, dann geht der Vater auf Nummer sicher.«

Am nächsten Tag, als ich wegen der Wochenpflege wieder zum Huberhof kam, eröffnete ich den Bauersleuten: »Wisst ihr was? Unser Dechant hat gesagt, ich sollt ihn halt noch mal taufen. Wenn's euch recht ist, mach ich das jetzt.«

Gesagt, getan, der Bauer nahm den kleinen Sebastian aus der Wiege und hielt sein Köpfchen über eine irdene Waschschüssel. Dann goss ich ordentlich, wie sich das gehörte, geweihtes Wasser in Kreuzform über die Stirn des Kindes, während ich die Worte sprach: »Sebastian, ich taufe dich im Namen des Vaters und des Sohnes und des Heiligen Geistes.«

Von der ganzen Aufregung bekam das Kind glücklicherweise nichts mit. So, wie es seine erste Taufe verschlafen hatte, verschlief es auch die zweite.

»Jetzt passt es«, erklärte der Kindsvater erleichtert und legte seinen Sohn zurück in die Wiege.

Und die Mutter war froh, endlich einmal eine Taufe miterlebt zu haben.

Das verschenkte Kind

Immer wieder kam es einmal vor, dass verzweifelte junge Mädchen bei mir Rat suchten, weil sie ihr Kind nicht austragen wollten. Auch wenn ich in dieser Hinsicht meine unumstößlichen Überzeugungen hatte, taten mir diese verzweifelten Frauen leid, und ich nahm mir viel Zeit für sie. Mir war daran gelegen, ihre jeweilige Situation kennenzulernen, um vielleicht Mittel und Wege zu finden, wie man der werdenden Mutter helfen und sie davon abbringen konnte, das ungeborene Leben abzutreiben.

Wenn eine junge Frau mit dem Wunsch nach einem Schwangerschaftsabbruch zu mir kam, versuchte ich zunächst herauszuhören, ob sie sich durch äußere Umstände zu diesem Schritt gezwungen sah, oder ob der Partner beziehungsweise die Eltern sie dazu drängten. Gewann ich den Eindruck, dass sie selbst das Kind am liebsten behalten würde, riet ich ihr, es keinesfalls zur Adoption freizugeben, sondern es für eine gewisse Zeit bei Pflegeeltern aufwachsen zu lassen, bis sich die eigene häusliche Situation geklärt hatte. Es gab genug Familien im Umkreis, die zu ihren eigenen Kindern immer wieder Pflegekinder aufnahmen.

Manch eine von diesen jungen Frauen bat mich sogar, ihr einen solchen Platz zu vermitteln, doch die Vermittlung von Pflegestellen fiel in den Bereich des Jugendamtes und wäre möglicherweise auch eine sehr undankbare Aufgabe gewesen, auf die ich mich lieber erst gar nicht einließ. Allein die Vorstellung, dass die leibliche Mutter hernach vielleicht mit dem von mir ausgesuchten Pflegeplatz unzufrieden war, bereitete mir Bauchschmerzen. Also verwies ich sie an das Jugendamt, das bei Vergabe und Kontrolle von Pflegestellen recht zuverlässig arbeitete.

Relativ oft kam es vor, dass nach Jahren eine der ledigen Mütter mit ihrem Kind bei mir auftauchte, um sich bei mir zu bedanken. Nachdem die erste Aufregung vorüber war, fassten die meisten nämlich bald wieder Tritt im Leben, entweder mit dem Vater des Kindes oder einem neuen Partner, der keinen Anstoß an dem Kind eines anderen nahm, und sehr junge Mädchen wurden nach anfänglichen Drohungen dann doch mit offenen Armen von den Eltern aufgenommen, samt Kind.

An einen Fall erinnere ich mich besonders gut. Das Kind hatte lange Zeit in einer Pflegefamilie gelebt, weil der herrische Großvater es nicht zuließ, dass seine Tochter es in sein Haus brachte. Dann starb dieser Mann, und die verwitwete Großmutter holte auf der Stelle beide zu sich. Sie war wohl eine warmherzige Frau, die es nicht ertragen konnte, dass ihr Enkelkind wegen der Sturheit ihres Mannes bei fremden Leuten aufwachsen musste. Solche Fälle habe ich mehr als einmal erlebt, und sie haben mir bestätigt, dass es allemal richtig war, die jungen Mütter dazu zu bewegen, ihr Kind nicht abzutreiben. In anderen Fällen war jedoch nur eine Adoption die einzig sinnvolle Lösung.

Es war an einem der letzten Tage im November, es regnete und es stürmte so sehr, dass man keinen Hund vor die Tür geschickt hätte, als es an meiner Haustür klingelte. Draußen stand eine junge Frau, vom Wind zerzaust und vom Regen triefnass. Einen Schirm hatte sie nicht dabei, doch der hätte bei dem Sturm ohnehin nicht viel ausgerichtet.

Weil sie nicht aussah, als würde sie kurz vor einer Niederkunft stehen, nahm ich an, dass sie von jemandem geschickt worden war. »Wo brennt's denn?«, fragte ich in meiner saloppen Art.

»Nicht brennen. Ich muss reden«, kam es in gebrochenem Deutsch.

»Dann komm erst mal rein.«

Auf dem Weg zur Wohnstube hinterließ sie im Hausgang eine nasse Spur, und weil ich um meinen Boden fürchtete, bat ich sie, ihre Schuhe und den tropfenden Mantel im Gang abzulegen. Dabei bemerkte ich, dass sie am ganzen Leib zitterte, und kaum hatten wir am Esstisch Platz genommen, stürzten ihr schon die Tränen aus den Augen. Zu unser beider Beruhigung kochte ich erst einmal einen Kaffee. Nach den ersten Schlückchen kam meine Besucherin zur Sache und erzählte unter Tränen, dass sie ein Kind erwarte. »Will nicht, darf nicht. Eltern schlagen mich tot«, schluchzte sie.

»So schlimm wird's nicht werden«, versuchte ich sie zu beruhigen. »Wer ist denn der Vater des Kindes? Vielleicht wird er dich ja heiraten.«

»Nein! Geht nicht!«, schrie sie geradezu hysterisch auf. »War auf Urlaub hier. Ist weg. Weiß nicht, wo er wohnt.«

Das sah allerdings nicht rosig für die junge Frau aus. Ich erfuhr, dass sie vom Balkan stammte und seit einem Jahr als Stubenmädel in einem Hotel arbeitete. Dort war es auch gewesen, wo besagter Urlauber ihr mehr gemacht hatte als nur schöne Augen.

Vorsichtig versuchte ich, ihr Vertrauen zu gewinnen. Natürlich könne ich sie verstehen, sagte ich, und dass es eine schlimme Situation für sie sei. Aber es sei doch andererseits ein großes Unrecht, so ein unschuldiges Würmchen umzubringen. Auch müsse sie bedenken, dass ein solcher Eingriff schwere seelische und körperliche Schäden mit sich bringen könnte.

Meine Besucherin, die sich als Mirzeta vorgestellt hatte, verstand genug Deutsch, um den Sinn meiner Worte zu erfassen. Deshalb schlug ich ihr vor, dass sie, wenn sie ihr Kind schon nicht behalten könne, es doch zur Adoption freigeben solle, denn es gebe so viele kinderlose Frauen, die sich sehnlichst ein Kind wünschten und eine von ihnen könne sie damit glücklich machen. Sie dachte eine Weile nach, und mir schien, dass meine Worte auf fruchtbaren Boden gefallen waren.

»Aber wie und wo soll ich Kind kriegen? In Hotel geht nicht.«

Natürlich nicht. Zunächst einmal klärte ich sie über ihre rechtliche Situation auf. Da sie sich in einem regulären Arbeitsverhältnis befand, stand ihr vor und nach der Entbindung Mutterschaftsurlaub zu. Ebenso würde die Krankenkasse ihr, wie jeder anderen versicherten Mutter, die Entbindungskosten zahlen. Dann führte ich sie in mein Entbindungszimmer und versicherte ihr, dass sie dort in aller Stille ihr Kind zur Welt bringen könne. Der Gedanke schien ihr zu gefallen. Beim Abschied drückte sie mir dankbar die Hand. »Du hast Recht. Ich bringe Kind nicht um, schenke es lieber anderer Frau.«

Ich erklärte ihr noch, an wen sie sich wegen einer Adoption wenden sollte und verabschiedete mich von ihr.

Im Mai war es dann so weit, und die hochschwangere Mirzeta stand vor meiner Tür.

Die Entbindung verlief erfreulich glatt, und als ich der jungen Mutter einen kräftigen Buben in den Arm legte, leuchteten ihre Augen auf. Liebevoll drückte sie das Kind an sich und versicherte mir in ihrem gebrochenen Deutsch, wie froh sie sei, dass sie nicht abgetrieben hatte. Jetzt überlegte sie sogar, ob sie ihn nicht behalten sollte – eine Wendung, die ich nicht zum ersten Mal erlebte.

Zunächst jedoch genoss die junge Wöchnerin die Pflege in meinem Haus und das Beisammensein mit ihrem Kind. Nach einigen Tagen verriet sie mir: »Hat Augen wie sein Papa.« Wie schön für sie, dachte ich, dann hatte sie wenigstens eine nette Erinnerung an ihre kurze Urlaubsbekanntschaft. In der Annahme, sie habe bereits eine Lösung für die Zeit nach dem Wochenbett gefunden und es sei alles geregelt, fragte ich nicht weiter nach.

Wie erstaunt war ich daher, als ich am neunten Tag nach meiner Rückkehr von einer Hausgeburt den Käfig leer fand. Das heißt, er war nicht ganz leer, denn der Vogel war zwar ausgeflogen, hatte aber sein Küken zurückgelassen. Zuerst wollte ich es nicht glauben und redete mir ein, Mirzeta habe nur kurz das Haus verlassen, um etwas zu erledigen und werde sicher bald zurück sein.

Bei näherem Hinsehen fiel mir jedoch auf, dass ihre Tasche ebenfalls verschwunden war und sämtliche Habseligkeiten, die sie dabeihatte, fehlten. Ihre Kleidung, ihre Schuhe, ihre Hausschuhe, ihre Unterwäsche – alles war weg.

Bald meldete sich der kleine Mirko lautstark, weil ihn der Hunger plagte. Natürlich, denn auch seine Milchquelle hatte sie ihm entführt. Wie gut, dass ich immer Milchpulver im Haus hatte, und zum Glück akzeptierte er nach anfänglicher Ablehnung sehr schnell die Flasche. Anschließend legte ich ihn auf den Wickeltisch, um seine Windel zu erneuern. Als ich ihn auspackte, fiel mir ein Zettel entgegen, auf dem in ungelenken Buchstaben stand: »Ich nicht wollte Kind. Du wolltest. Hier hast du.«

Dieser erneute Meinungsumschwung kam für mich völlig unerwartet, denn nichts hatte die letzten Tage darauf hingedeutet. Was mochte ihn bewirkt haben? Was war geschehen, dass sich ihre Gefühle dem Kind gegenüber wieder verändert hatten? Störten sie vielleicht doch dessen Augen, weil sie dadurch an den treulosen Liebhaber erinnert wurde? Oder hatte mir Mirzeta nur eine Komödie vorgespielt, als sie sich an dem Kind zu freuen schien?

Um mir Gewissheit zu verschaffen, suchte ich ihren Arbeitgeber auf, den ich ganz gut kannte. Der Hotelier war sehr überrascht über mein Auftauchen. »Was willst denn bei mir? Bei uns kannst kein Geschäft mehr machen. Aus dem Alter sind wir raus.«

»Das weiß ich, alter Depp«, ging ich auf seinen scherzenden Ton ein. »Die Mirzeta such ich, die als Stubenmädel bei dir arbeitet.«

»Du meinst, die bei mir gearbeitet hat? Seit sieben Wochen ist sie im Mutterschutz und hat seitdem für mich keinen Finger mehr gerührt.«

»Was ja ihr gutes Recht ist«, legte ich mich für sie ins Zeug.

»Ja, ja, ich weiß. Es sei ihr ja vergönnt. Aber wieso suchst du sie bei mir? Die ist doch vor mehr als einer Woche zu dir übergesiedelt. Das hat sie jedenfalls behauptet.«

»Das stimmt. Aber jetzt ist sie weg. Auf und davon, und das Kind hat sie bei mir gelassen.«

»Sauber, sag ich, sauber! Dann lass uns mal in ihre Kammer schauen.«

Auch hier war nichts mehr zu finden, was der Mirzeta gehört hatte, kein einziges Kleidungsstück, keine Wäsche, keine Schuhe – absolut nichts, was an seine Besitzerin erinnerte.

»Die hat aber sauber aufgeräumt! Das muss man ihr lassen.« Dabei kratzte sich der Sigi, ein stattlicher Mittfünfziger, nachdenklich am Kopf.

Mir blieb nichts anderes übrig, als bei den zuständigen Behörden das Verschwinden der jungen Mutter und ihre Hinterlassenschaft zu melden. Ich legte den in der Windel gefundenen Zettel vor und erklärte der Sachbearbeiterin, dass die Mirzeta zu Beginn der Schwangerschaft das Kind zur Adoption freigeben wollte, nach der Geburt diesen Entschluss jedoch widerrufen habe.

Man bat mich, den kleinen Buben einstweilen zu behalten, bis eine Lösung für ihn gefunden sei. Vielleicht handle es sich beim Verschwinden der Mutter nur um eine Kurzschlusshandlung und sie tauche bald wieder auf, um ihr Kind zu holen. Wenn nicht, so werde man bemüht sein, Adoptiveltern zu finden. Aber selbst, wenn man welche fände, könne sich das Verfahren hinziehen, denn es seien eine Menge Formalitäten zu erledigen. Vor allem müsse die Frist eingehalten werden, innerhalb derer die Kindesmutter die Möglichkeit habe, ihre Einwilligung zurückzunehmen. Angesichts der Wankelmütigkeit von Mirzeta war das bestimmt sinnvoll, denn ich konnte mir durchaus vorstellen, dass sie es sich nochmals anders überlegen würde.

Der kleine Mirko war bereits seit über fünf Wochen in meinem Haus, und wir hatten ihn alle ins Herz geschlossen, als sich für sein junges Leben die entscheidende Wende anbahnte. Alles begann mit einem schrecklichen Unfall, der sich in unserem Dorf ereignete.

Ein dänisches Ehepaar, das zum ersten Mal seinen Sommerurlaub bei uns verbrachte, verlor dabei auf tragische Weise seinen vierjährigen Sohn. Weil das Kind noch zu klein für größere Wanderungen war, machten die Eltern mit ihm nur kleinere Ausflüge in der Umgebung. Als sie eines Abends von einem solchen Spaziergang zurückkehrten und gerade die Bundesstraße überquert hatten, riss sich der Junge plötzlich von den Händen der Eltern los und rannte zurück auf die Straße. Warum genau, wusste nachher niemand recht zu sagen. Bevor die Eltern ihn einholen konnten, hatte ihn ein herannahendes Auto bereits erfasst und verletzte ihn so schwer, dass er noch an der Unfallstelle starb.

Der Fahrer des Wagens sowie das dänische Ehepaar standen dermaßen unter Schock, dass sie zunächst zu keiner Aussage fähig waren. Später gelang es, durch Zeugenaussagen den Unfallhergang zu rekonstruieren, und dabei stellte man fest, dass niemanden eine Schuld traf – es war einfach eine Verkettung widriger Umstände gewesen. Der Fahrer war weder zu schnell noch unachtsam gewesen, und die Eltern hatten nicht verhindern können, dass der Kleine sich losriss. Doch für sie war es eine entsetzliche Tragödie. Der kleine Björn war ihr einziges Kind gewesen, und nach einer Bauchhöhlenschwangerschaft, die die Mutter vor einiger Zeit gehabt hatte, konnte sie keine eigenen Kinder mehr bekommen.

Als das Ehepaar sich nach Klärung und Abwicklung sämtlicher Formalitäten, die nach einem solchen Unfall nun einmal nötig waren, auf die traurige Heimreise machen wollte, führten sie noch ein kurzes Gespräch mit der Hotelwirtin, der Frau vom Sigi. »Wie ungerecht geht es doch zu auf der Welt. Leute wie Sie, die ihr Kind über alles lieben, müssen es verlieren, und so ein verantwortungsloses Ding wie ein ehemaliges Stubenmädel macht sich einfach aus dem Staub und lässt seinen neugeborenen Buben im Stich.«

Das Ehepaar wurde hellhörig und erkundigte sich eingehend nach dem Mädchen und dem verlassenen Baby. Bereitwillig schilderte die Wirtin die ganze Geschichte, so weit sie diese mitbekommen hatte, und das Schicksal des fremden Kindes rüttelte die verzweifelte Mutter ein wenig aus ihrer Lethargie auf und lenkte sie ein bisschen von ihrem schrecklichen Verlust ab. Sie wollte unbedingt mehr über den armen Buben wissen, und vielleicht glomm in diesem Moment bereits der Gedanke in ihr auf, dass sie in dem mutterlosen Kind einen Ersatz für ihren toten Sohn finden könnte.

Als die Wirtin spürte, dass sie bei dem ausländischen Paar Interesse für den kleinen Mirko geweckt hatte, sagte sie: »Wenn Sie das Bübchen interessiert, können Sie es sich bei der Hebamme anschauen.«

Das taten die beiden dann auch, und genau in dem Moment, als sie sich über das Körbchen beugten, lächelte der Kleine zum ersten Mal. Es war wie ein Zeichen! Über das Gesicht der Frau ging ein Leuchten, und sie sprudelte, zu ihrem Mann gewandt, etwas auf Dänisch heraus. Er lächelte ebenfalls, und als er mein fragendes Gesicht sah, übersetzte er mir die Worte: »Schau nur, er mag mich«, hat sie gesagt. »Er hat mich angelächelt.«

Als ich den beiden dann noch versicherte, dass dies wirklich sein erstes Lächeln gewesen war, hatte der Kleine endgültig ihr Herz gewonnen. Es war für sie wie ein Wink des Schicksals – hier in unserem Dorf hatten sie ihr Kind verloren und gleichzeitig ein anderes gefunden, das keine Eltern hatte und dem sie ihre Liebe schenken konnten. Sie bestürmten mich mit Fragen, wie das hierzulande war mit Adoptionsbestimmungen und an wen man sich wenden müsse.

Ich erklärte ihnen, was ich wusste, und sagte ihnen, dass der kleine Junge ohnehin zur Adoption freigegeben würde, falls seine Mutter nicht doch noch auftauchte. Das Ehepaar versprach, sich um die Sache zu kümmern, nachdem sie ihrer traurigen Pflicht nachgekommen waren, den toten Sohn in der Heimat zu beerdigen.

Ein paar Wochen später waren sie wieder da. Diesmal wollten sie bleiben, bis die Sache mit der Adoption geklärt war. Da der Mann eine große Firma besaß, spielte die Zeit keine Rolle für ihn. Weil Mirkos Mutter sich innerhalb von acht Wochen nach der Geburt nicht wieder gemeldet hatte, wurde der Adoptionsantrag des dänischen Ehepaares zügig bearbeitet, und da es keine grundsätzlichen Einwände gab, durften die neuen Eltern das Kind schon bald bei mir abholen und mit ihm in ihre Heimat reisen.

Von der Mirzeta hat nie wieder jemand in unserem Dorf etwas gesehen oder gehört.

Wer sich aber öfter bei uns blicken ließ, war die Familie aus Kopenhagen. Trotz des Unglücks mit ihrem Sohn hatten sie unser Dorf liebgewonnen, weil ihnen hier ein neues Kind geschenkt worden war. Wenn sie da waren, besuchten sie immer auch mich und zeigten mir stolz, welche Fortschritte ihr kleiner Nils, wie Mirko jetzt hieß, gemacht hatte.

Das Kuckuckskind

Es war Anfang Dezember, als ich wieder einmal in eines der Seitentäler gerufen wurde. Dieses Tal unterschied sich von den anderen dadurch, dass es noch enger war und noch steiler gegen die Berge anstieg. Dort gab es, auch die eine Besonderheit, nur ein einziges Anwesen, nämlich den Daxenhof. Er war zwar sehr idyllisch gelegen, aber extrem schlecht zu erreichen, zumal im Winter. An diesem malerischen Ort begann die folgende Geschichte, die zu einem mittleren Drama ausartete.

Auf dem Daxenhof lebte der schon ziemlich betagte Grieshuber Florian mit seiner Bäuerin, der Agda. Da sie erst im vorgerückten Alter geheiratet hatten, waren sie froh, dass sie es wenigstens zu einem Kind gebracht hatten, einer Tochter, die ebenfalls den Namen Agda trug. In der Weltabgeschiedenheit des heimatlichen Tales wuchs das Mädchen sehr behütet, vor allem aber sehr isoliert auf, und ihre Chancen, einen Mann zu finden, mussten deshalb als äußerst gering eingeschätzt werden. Da sie die Mitte zwanzig, was seinerzeit als absolutes Grenzalter für eine Heirat galt, schon lange überschritten hatte, wurde nicht nur sie selbst ungeduldig, sondern die Eltern ebenfalls, denn die Alten wollten endlich Enkelkinder sehen, die den Fortbestand des traditionsreichen Hofes für eine weitere Generation garantierten. Auch wünschte sich der Altbauer einen jungen Mann auf dem Hof, der mit starken Händen kräftig zupackte und ihm die Arbeit nach und nach abnahm.

Damit sich in Sachen Eheanbahnung endlich etwas tun konnte, hatte man die Agda im vergangenen Jahr kurz nach Weihnachten – in den Wintermonaten konnte man sie am leichtesten entbehren – zu einer Tante geschickt, die in einem Nachbartal in einem größeren Dorf lebte. Sie war die Schwester der Mutter und hatte selbst zwei Töchter im heiratsfähigen Alter. Von denen hoffte man, dass sie die etwas weltfremde Kusine unter ihre Fittiche nehmen würden. Die Rechnung ging auf, wie sich schon nach einigen Monaten zeigte, denn Anfang Mai konnte bereits Hochzeit auf dem Daxenhof gefeiert werden.

Der Gstatter Peter wurde von den Schwiegereltern mit offenen Armen aufgenommen. Die Agda war ihm in der Stadt bei einer Tanzveranstaltung begegnet, zu der sie die Töchter der Tante mitgenommen hatten. Es war ein Glücksfall, denn der Peter stammte ebenfalls von einem Bauernhof. Zwar hatte er, weil er nicht der älteste Sohn war, den Beruf eines Landmaschinenmechanikers erlernt, doch war er mit allen Arbeiten in einem landwirtschaftlichen Betrieb vertraut. Dass er zudem etwas von Maschinen verstand, war nur von Vorteil und sparte Kosten, denn inzwischen wurden immer mehr moderne Hilfsmittel eingesetzt, die die Arbeit wesentlich erleichterten, aber häufig repariert werden mussten.

Der junge Mann war mit der Entwicklung der Dinge ebenfalls hochzufrieden. Als nachgeborener Sohn hatte er sich, trotz seiner Liebe zur Landwirtschaft, bereits wohl oder übel damit abgefunden, dass er sein Leben wohl kaum als Bauer verbringen würde, und so war es ihm wie ein Traum erschienen, dass die Agda ihm nicht nur ihr Herz, sondern auch einen Hof bot. Man war sich also schnell einig gewesen, und bereits nach kaum sechs Wochen war das Aufgebot bestellt.

Mit dem Peter hatte die Agda wirklich einen guten Fang gemacht, darüber waren sich auch ihre Eltern einig, denn er war ein ordentlicher, fleißiger Mann. Wenngleich er kein Geld in die Ehe mitgebracht hatte, so machte er das wett, indem er seinen großen Fleiß und seine ganze Kraft für das Wohlergehen des Hofes einsetzte. Das war manchmal mehr wert als alles Gut und Geld.

Nun erwartete die Jungbäuerin also ihr erstes Kind. Damals pflegte kaum jemand, und schon gar nicht so in alten Traditionen verwurzelte Bauern wie die Grieshubers, zu Beginn einer Schwangerschaft den Rat einer Hebamme einzuholen, geschweige denn zu einem Arzt oder zur Vorsorge zu gehen. In der Regel bekam ich die werdenden Mütter zum ersten Mal zu Gesicht, wenn die Wehen einsetzten.

Und genau das passierte bei der Agda Anfang Dezember – viel zu früh also, denn das Kind sollte eigentlich noch zwei Monate Zeit haben.

Jedenfalls spannte der besorgte Ehemann das Pferd vor die Kutsche und packte seine Frau hinein. Normalerweise fuhr man um diese Jahreszeit schon mit dem Schlitten, doch diesmal war die Schneedecke selbst in den höher gelegenen Gebieten noch dünn, und im Tal war noch gar nichts von der weißen Pracht zu entdecken.

Der Peter brachte die Agda direkt zur Praxis des Sprengelarztes. Da dieser sich jedoch gerade auf Fortbildung befand, trafen sie nur dessen Vertretung an, einen noch sehr jungen Arzt, der sich auf Agdas Angaben hinsichtlich des zu erwartenden Geburtstermins verließ, der werdenden Mutter ein Wehen hemmendes Mittel spritzte und sie wieder heimschickte.

Nach zwei Tagen, die Wirkung des Medikamentes hatte wohl nachgelassen, bekam die Agda erneut

Wehen. Diesmal dachte man, es sei vielleicht an der Zeit, die Hebamme aufzusuchen. Jetzt musste der Peter seine Frau jedoch warm im Schlitten verpacken, denn inzwischen war mehr als ein halber Meter Schnee gefallen. Um nichts zu riskieren, rief er von der ersten Telefonzelle, an der er vorbeikam, den Rettungswagen und bat die Sanitäter, seine Frau unverzüglich zu mir zu bringen. Er dagegen fuhr zurück auf den Hof, denn so eine Entbindung konnte sich ja über Stunden hinziehen, und das Pferd musste schließlich in den Stall. Es war vielleicht ganz gut so, dass der Peter wieder heimgefahren war, wie sich später herausstellen sollte.

Vom Küchenfenster aus sah ich trotz des Schneegestöbers, wie der Rettungswagen vor meinem Haus hielt und rannte sogleich an die Haustür. Einer der Fahrer rief mir schon vom Wagen aus zu, dass die Frau Wehen habe, die um zwei Monate zu früh eingesetzt hätten, und dass sie nun bei mir entbinden wolle.

Laut Vorschrift waren Frühgeburten eigentlich ein Fall für die Klinik, doch ehe ich mich versah und noch bevor ich protestieren konnte, hatte ich die Schwangere im Haus, während der Rettungswagen hinter einer Wand aus dichten Schneeflocken verschwand. Mir blieb also nichts anderes übrig, als die werdende Mutter auf mein Entbindungsbett zu legen und mit der Untersuchung zu beginnen.

Nach der Öffnung des Muttermundes zu urteilen, hatte es mit der Geburt, zumal es sich um eine Erstgebärende handelte, noch eine gute Weile Zeit, aber von einer Frühgeburt konnte meiner Meinung nach keine Rede sein. Der Leibesumfang und die Tastbefunde deuteten zweifelsfrei darauf hin, dass es sich um ein voll ausgetragenes Kind handelte und die Agda bei mir doch richtig war, theoretisch zumindest. Verschwörerisch zwinkerte ich der jungen Frau zu: »Wir beide wissen, dass es sich bei dir um keine Frühgeburt handelt, aber diese Weisheit behalten wir für uns. Trotzdem musst du ins Krankenhaus, denn das Kind liegt quer.«

Als ich erneut die Rettung anrief, war der Wagen gerade wieder angekommen. »Es hilft nichts, Burschen ihr müsst noch einmal herkommen. Die Frau hat eine Querlage und muss in die Klinik.«

»Das geht auf keinen Fall«, antwortete die Stimme am anderen Ende der Leitung. »Die Klamm ist zu. Wir kommen nicht durch.«

»Woher wollt ihr das wissen? Wart ihr heute schon dort?«, fragte ich barsch.

»Das nicht«, gab der Mann zu. »Aber wir kennen das aus Erfahrung. Bei der Wetterlage ist kein Durchkommen.«

»Ach, red keinen Unsinn. Die Bundesstraße wird doch ständig geräumt. Bis wir an die Klamm kommen, haben die das bisschen Schnee längst rausgeschoben.« Das Bisschen waren immerhin sechzig Zentimeter!

»Vielleicht. Vielleicht aber auch nicht, weil es sich nicht lohnt. Ich rede nämlich nicht von dem Schnee, sondern von den Lawinen, die bei dem anhaltenden Schneefall ständig von beiden Seiten in die Klamm sausen.«

»Dann bestellt halt einen Hubschrauber. Die Frau muss weg.«

»Hubschrauber«, echote der Mann spöttisch. »Das glaubst doch selbst nicht, dass der bei dem Wetter fliegt. Man sieht ja kaum die Hand vor Augen.«

Er hatte Recht, und ich war mit meinem Latein am Ende. »Na, gut, dann probier ich halt, ob ich das Kind drehen kann«, sagte ich wenig überzeugt.

Zwei Stunden mühten wir uns beide ab, die Agda und ich, doch es war nichts zu machen. Voller Verzweiflung rief ich abermals bei der Rettung an. »Ihr müsst kommen«, beschwor ich die Sanitäter.

»Wir können nicht durch die Klamm. Das ist viel zu gefährlich. Es könnte jederzeit eine Lawine niedergehen.«

»Es könnte! Muss aber nicht! Vielleicht haben wir Glück. Wir müssen es probieren. Die Frau braucht einen Kaiserschnitt, und wenn nicht bald was geschieht, stirbt sie mir mitsamt dem Kind.«

Das wirkte. Wenige Minuten später waren sie wieder da. Wir verfrachteten die Schwangere in den Wagen und schnallten sie auf der Liege fest. Ich setzte mich auf den Platz neben ihr, und dann ging es los. Wir fuhren in eine gespenstische Nacht, in der die Scheinwerfer des Wagens kaum das Schneetreiben zu durchdringen vermochten. Dennoch kamen wir einigermaßen gut voran, weil der Rettungswagen mit Schneeketten fuhr.

Doch je weiter wir aus dem Dorf in die offene Landschaft kamen, desto heftiger schien es zu schneien. Schließlich erreichten wir die gefürchtete Klamm, und im Stillen dachte ich schon, der Mann am Telefon habe maßlos übertrieben, bis ich plötzlich die Bescherung sah. Es war wirklich eine Lawine abgegangen, denn vor uns türmte sich eine Wand aus Schnee auf. Die beiden Sanitäter sprangen aus dem Wagen und ich hinterher. Jeder von uns packte sich eine Schaufel, von denen während des Winters im Rettungswagen immer genügend mitgeführt wurden, und wir machten uns ans Werk, eine schmale Durchfahrt für den Wagen zu graben. Schließlich konnten wir unseren Weg fortsetzen und kamen ohne weitere Zwischenfälle beim Krankenhaus an.

Weil ich uns dort vor unserer Abfahrt telefonisch angemeldet hatte, wurden wir bereits erwartet. Eine fahrbare Liege stand schon bereit, auf der die Agda schnellstens in den Operationssaal gefahren wurde. In diesem Moment konnten wir endlich aufatmen, denn unsere Arbeit war getan. Ich wäre weniger erleichtert gewesen, wenn ich geahnt hätte, was mich auf der Rückfahrt noch alles erwartete. Es sollte eine der abenteuerlichsten Fahrten meines Lebens werden. Nicht nur, dass in der Klamm erneut geschaufelt werden musste, nein, wir konnten sogar das schaurig-schöne Schauspiel beobachten, wie direkt vor uns eine Lawine niederging. Nachdem wir noch zwei weitere Sperren durch Lawinenabgang wegschaufeln mussten, kamen wir gegen fünf Uhr in der Früh endlich zu Hause an, und ich lud die erschöpften Sanitäter auf einen Kaffee ein.

Nach einigen Stunden Schlaf erkundigte ich mich telefonisch in der Klinik nach der Daxenhoferin. Per Kaiserschnitt habe sie einen gesunden Jungen zur Welt gebracht, sagte man mir. Ich überlegte, ob ich mich nun bei den widrigen Witterungsverhältnissen auf den Weg zum Daxenhof machen sollte, um die gute Nachricht zu überbringen, denn Telefon gab es dort oben nicht. Mittlerweile hatte es zwar aufgehört zu schneien, aber ich musste damit rechnen, den Aufstieg gar nicht zuschaffen, weil der Schnee mindestens einen Meter hoch lag. Ich ließ es also bleiben. Wenn es den jungen Vater interessierte, was aus seiner Frau geworden war, würde er sich zu mir bemühen, denn für ihn war der Weg weniger mühsam. Er brauchte die Strecke nur mit dem Schneepflug abzufahren und konnte nachher den Schlitten anspannen.

Am frühen Nachmittag erschien der Peter tatsächlich und war zunächst ein bisschen enttäuscht, dass er seine Frau nicht bei mir vorfand. Als ich ihm dann jedoch die gute Nachricht übermitteln konnte, dass seine Frau trotz der aufgetretenen Probleme einen gesunden Buben bekommen habe, strahlte er übers ganze Gesicht. Besuchen konnte er die Agda vorerst allerdings nicht, denn wegen der dauernden Lawinenabgänge in der Klamm war jetzt wirklich kein Herauskommen aus dem Tal mehr möglich. So kam es, dass er »seinen« Buben erst nach einer Woche zu sehen bekam. Da das Kind recht zierlich war, wie mir die junge Mutter später verriet, und der Mann ohnehin keine Ahnung hatte, wie groß normalerweise ein Neugeborenes war, konnte ihn die Agda ihrem Mann problemlos als Siebenmonatskind verkaufen.

Unendlich glücklich waren auch die alten Grieshubers, besonders weil der Bub nach dem Großvater Florian genannt wurde. Endlich hatten sie den männlichen Hoferben, der ihnen selbst versagt geblieben war. Am stolzesten war jedoch der Gstatter Peter, zumal der kleine Florian der einzige Sohn bleiben sollte. In der Folgezeit war ich zwar noch einige Male zu Gast auf dem Daxenhof, aber jedes Mal brachte die Bäuerin ein Mädchen zur Welt.

Einmal in einer stillen Stunde, als ich nach einer Entbindung bei ihr wachte, gestand die Agda mir, wie sie an den Buben gekommen war. Sie war noch nicht lange bei ihrer Tante zu Gast gewesen, da lernte sie beim Tanzen einen gut aussehenden jungen Mann kennen. Dieser verstand es, das unerfahrene Mädchen zuerst zu verführen und dann auf Nimmerwiedersehen zu verschwinden. Agdas Enttäuschung war riesengroß, als er eines Tages zum Tanzabend nicht mehr auftauchte. In dieser Situation lief ihr der Peter über den Weg und tröstete sie über den Verlust hinweg, ohne dass er wusste, wie dringend sie Trost brauchte.

Als sie bald darauf merkte, dass ihre Regel ausblieb, behielt sie dies für sich, weil sie hoffte, das würde sich schon wieder geben. Aber ihre Hoffnung war vergebens, und so war sie überglücklich über den schnellen Heiratsantrag vom Peter.

»Ich hab mich nicht getraut, ihm etwas von dem anderen zu erzählen. Ich hatte Angst, er würde mich verlassen. Wie hätte ich dann dagestanden vor meinen Eltern und vor den Leuten in der Gegend? Heute bin ich noch froher, dass ich nichts gesagt hab, denn der Peter ist so glücklich über den Buben, weil ja hernach nur Dirndl gekommen sind. Warum sollte ich ihm die Freude nehmen?«

Ich wollte ihr Verhalten weder gutheißen noch tadeln, das ging mich nichts an, doch eines musste ich loswerden. »Bei der ganzen Geschichte hast du ein Riesenglück gehabt. Zum einen, weil du wegen der Querlage ins Krankenhaus musstest, und zum andern, weil das Wetter den Peter daran gehindert hat, dich früher zu besuchen. Hätte er das Kind nämlich gleich nach der Entbindung zu sehen bekommen, wäre ihm die Sache mit dem Siebenmonatskind vielleicht komisch vorgekommen und er hätte Verdacht geschöpft.«

»Daran hab ich auch schon oft denken müssen«, gab die Agda zu,

Aber die Geschichte ging gut, und der Peter hat es bis zu seinem leider recht frühen Tod nicht erfahren. Er war so glücklich mit dem Kuckuckskind, dass man sich manchmal fragen mag, ob eine barmherzige Lüge nicht auch zum Guten gereichen kann.

Doppeltes Glück

In meiner Anfangszeit als Hebamme war der Begriff Schwangerenvorsorge noch ein Fremdwort. Eine werdende Mutter wäre gar nicht auf die Idee gekommen, eine Hebamme oder gar einen Arzt aufzusuchen, bevor die Wehen einsetzten. Für sie war die Schwangerschaft etwas so Natürliches wie Atmen oder Essen und Trinken. Das war keine Krankheit, und deshalb brauchte man auch nicht zum Arzt zu gehen. Das wäre vertane Zeit und hinausgeworfenes Geld gewesen.

Als Hebamme erfuhr ich höchstens einmal gesprächsweise, dass in der nächsten Zeit bei dieser oder jener Frau eine Entbindung zu erwarten war, oder ich sah es an dem gewölbten Bauch, wenn ich der Schwangeren selbst begegnete. Dann wusste ich, bald kam wieder Kundschaft.

Bisweilen lächelte mir die werdende Mutter verschämt zu und sagte: »Ja, schau nur, in ein paar Wochen werde ich dich brauchen.« Schwangerschaften galten zwar als etwas ganz Natürliches, doch ausgiebig gesprochen wurde darüber nicht.

Einige wenige gab es nur, die mir ihr Geheimnis anvertrauten, bevor etwas zu sehen war. Wenn diese Frauen mir auf der Straße oder im Dorfladen zuwisperten: »In ein paar Monaten darfst auch wieder bei uns reinschauen«, fragte ich sie meist nach der letzten Regelblutung, um ihr auszurechnen, wann mit dem freudigen Ereignis zu rechnen sei.

Aber mit der Zeit veränderte sich vieles, zum Glück. Durch verstärkte Aufklärungsarbeit konnten nämlich immer mehr Schwangere selbst auf dem Land davon überzeugt werden, dass es sehr sinnvoll sei, sich schon frühzeitig während der Schwangerschaft untersuchen zulassen, um Risiken rechtzeitig zu erkennen. Trotzdem bestand lange Zeit in dieser Hinsicht weiterhin ein gewaltiges Gefälle zwischen Stadt und Land, und besonders extrem war das, wenn man eine Großstadt wie Salzburg mit einem unserer entlegenen Seitentäler verglich – das musste ich immer wieder feststellen, wenn auf einem Fortbildungslehrgang Erfahrungen ausgetauscht wurden.

Obwohl ich mir die größte Mühe gab und bei jeder Wöchnerin, die ich betreute, über die Wichtigkeit der Vorsorge sprach, wurde ich lange nur belächelt und mit dem Satz abgespeist: »Ich brauch keine Untersuchung, die Natur macht das schon.«

Der Hebamme glaubte man nicht, wohl aber dem Fernsehen. Sobald auch auf den einsamen Höfen Fernsehgeräte ihren Einzug hielten, veränderte sich die Situation, denn wenn der Fernsehdoktor erzählte, wie wichtig Vorsorgeuntersuchungen seien, dann musste es einfach stimmen. Das Fernsehen war für die einfachen Menschen Offenbarung und Evangelium zugleich. Man mag dieses Medium, das heutzutage in fast allen Wohnzimmern flimmert und in vielen Familien jegliche Kommunikation tötet, wegen solcher Folgen verfluchen, aber was die Aufklärung über die Notwendigkeit von Schwangerenvorsorge angeht, hat es unbedingt Pionierdienste geleistet.

Allerdings waren die Vorsorgeuntersuchungen damals nicht zu vergleichen mit dem heutigen Standard, und es gab eine Reihe von Problemen, die nicht erkannt werden konnten. Dazu gehörte zum Beispiel die Plazenta praevia, ein Mutterkuchen also, die vor dem Muttermund liegt und somit ein unüberwindliches Geburtshindernis darstellt. Früher wurde diese gefährliche Konstellation erst offenbar, wenn eine vorzeitige Blutung eintrat. Heute lässt sich das schon früh durch eine Ultraschalluntersuchung feststellen, und man schickt die Schwangere schon lange vor dem erwarteten Geburtstermin vorsorglich ins Krankenhaus.

Auch eine Zwillingsschwangerschaft ließ sich nur schwer voraussagen. Erst wenn die Kinder größer waren, merkte man es manchmal, doch oft wurde man erst bei der Entbindung davon überrascht. Im Lauf der Jahre entwickelte ich allerdings ein Gespür dafür, und meine Prognosen in Bezug auf eine zu erwartende Zwillingsgeburt wurden immer präziser.

Es war an in den Morgenstunden eines schönen Märztages. Die Sonne strahlte vom blauen Himmel und schien redlich bemüht, die Schneereste von Dächern und Straßenrändern wegzutauen, als es an meiner Tür läutete. Die Laubhuberin, die ich bereits einmal entbunden hatte, stand verlegen lächelnd draußen. Gewohnheitsmäßig tastete mein Blick ihren Bauch ab.

»Also kurz vor der Entbindung stehst du nicht, Reserl«, war meine Kurzdiagnose, gleich nachdem ich Grüß Gott gesagt hatte.

»Da hast Recht«, antwortete meine Besucherin. »Das hat noch zwei Monate Zeit. Aber man hört jetzt immer wieder was von Schwangerschaftsvorsorge. Deshalb dachte ich, ich schau mal bei dir rein. Dann kannst du mir sagen, ob alles in Ordnung ist.«

Über diese Äußerung war ich nicht nur erfreut, sondern auch erstaunt. Die Laubhuberin hatte sich tatsächlich aus ihrer Einöde herausgewagt, um mich aufzusuchen, wie ich ihr das vor zwei Jahren nach ihrer ersten Entbindung geraten hatte. Damals hatte sie meinen Vorschlag noch belächelt und gemeint, dass so etwas nicht notwendig sei, vor allem wo doch gerade alles ganz glatt gelaufen war. Warum sollte das beim zweiten Mal anders sein, hatte sie wegwerfend gesagt. Nein, sie brauchte so etwas nicht, war ihre Meinung.

Nachdem ich sie untersucht hatte, rückte sie mit dem wirklichen Grund für ihren Besuch heraus. Ihre Schwägerin, die ebenfalls vorbeugende Untersuchungen immer rundheraus abgelehnt hatte, wäre beim dritten Kind beinahe wegen einer Plazenta praevia verblutet. Ihr Glück sei nur gewesen, dass sie in der Stadt ganz in der Nähe des Krankenhauses wohnte, wo man sowohl sie als auch das Kind durch einen schnellen Kaiserschnitt retten konnte. Bei der Resi aber auf ihrem Einödhof würde in einem solchen Fall vermutlich keine rechtzeitige Hilfe zur Stelle sein.

»Ob eine Plazenta praevia vorliegt, lässt sich leider nicht vorher feststellen«, musste ich ihr gestehen. »Das merkst du erst, wenn vorzeitig Blutungen auftreten. Aber eine solche Lage der Plazenta kommt so selten vor, bei etwa drei Prozent aller Geburten, dass du eigentlich nichts zu befürchten brauchst. Ansonsten kann ich nichts feststellen, was besorgniserregend wäre. Allerdings kann ich dir sagen, dass du dich auf Zwillinge gefasst machen solltest.«

»Nein, nein, das gibt's nicht«, war ihre spontane Reaktion. »Nein, nein, das glaub ich einfach nicht.«

»Nun ja, ich kann mich natürlich irren. Weißt was, wenn du sicher gehen willst, hol dir die Meinung eines

Fachmannes ein. Geh also zu deinem Doktor«, forderte ich sie auf, »und lass es dir von ihm bestätigen.«

»Zum Doktor geh ich auf jeden Fall, darauf kannst dich verlassen. Und nachher sprechen wir uns wieder.«

In den nächsten Tagen suchte sie tatsächlich die Praxis ihres Hausarztes auf, traf aber nur einen jungen Arzt an, der gerade sein Praktikum an einem Krankenhaus absolviert hatte und für ein paar Tage den erkrankten Kollegen vertrat. Nachdem er die Resi eingehend untersucht hatte, kam sie freudestrahlend zu mir gerannt und rief gleich triumphierend: »Gell, jetzt hast dich doch getäuscht! Von Zwillingen kann keine Rede sein, sagt der Doktor.«

»Dein Hausarzt?«, wunderte ich mich.

»Nein, der war nicht da. Aber ein junger hübscher Doktor, der frisch von der Ausbildung kommt. Der versteht bestimmt mehr davon als der alte Gmeiner.«

Wie käme ich dazu, dem zu widersprechen?

»Geh, Reserl, lass gut sein«, antwortete ich resignierend. »Ich möchte dich nur darauf hingewiesen haben, dass es diesmal zwei sein könnten, damit du vorbereitet bist und mir hernach nicht in Ohnmacht fällst. Ich an deiner Stelle würde jedenfalls zwei Kinderbetten herrichten und Kleidung für zwei.«

Was tat die Resi? Sie lachte mich nur aus. »Du möchtest wohl gescheiter sein als der Doktor. Der hat schließlich studiert. Dem glaub ich eher als dir. Da kannst du sagen, was du magst. Ich hab mein Dirndl, und wenn jetzt noch ein Bub dazukommt, ist Schluss. Mehr Kinder brauchen wir nicht. Bestimmt wird's ein Bub, das spür ich. Es ist so anders als beim ersten Mal. Das wird auch der Grund sein, warum du meinst, es werden zwei Kinder.«

Die Wochen gingen ins Land. Ein schöner Frühling entschädigte uns für einen langen, kalten und schneereichen Winter. Mitte Mai erreichte mich ein Anruf aus dem Einödhof der Laubhubers.

»Es wäre jetzt so weit«, hörte ich eine weibliche Stimme, die ich der Mutter des Bauern zuordnete. »Die Resi hat Wehen, alle zwanzig Minuten.«

Ich dankte ihr für die Information und versprach, mich rechtzeitig auf den Weg zu machen. Vorher aber rief ich noch Dr. Gmeiner, den Hausarzt der Jungbäuerin, an, um ihn gleich an den Ort des Geschehens zu beordern. Hebammen sind nämlich verpflichtet, in allen außergewöhnlichen Fällen wie Frühgeburten, Steiß- und Querlagen sowie bei Zwillingsgeburten einen Arzt zu rufen. Und da ich noch immer davon überzeugt war, dass die Resi Zwillinge bekommen werde, wollte ich auf Nummer sicher gehen. Da der Doktor jedoch nicht zu erreichen war, versuchte ich mein Glück beim Sprengelarzt, der leider mitten in der Sprechstunde war, das Wartezimmer brechend voll hatte und mich abwimmelte. Woher willst denn wissen, dass es zwei werden? Und wenn schon, wie ich dich kenne, schaffst du das auch allein.«

Also machte ich mich auf den Weg und tuckerte mit meinem Moped den Berg hinauf. Die Wehen kamen schon in ziemlich dichter Folge, als ich bei der Resi eintraf. Deshalb blieb keine Zeit mehr, viele Worte zu verlieren.

Ich tastete ihren Bauch ab, und es erschien mir jetzt noch gewisser, dass wir es mit zwei Kindern zu tun haben würden. Auch beim Abhorchen erhärtete sich mein Verdacht. Es waren deutlich zwei kindliche Herztöne zu vernehmen.

Meiner Sache sicher, machte ich mich ans Werk. Nach der üblichen Vorbereitung befolgte die Resi brav meine Kommandos und hob bei der letzten Presswehe leicht den Oberkörper an, um ihre ganze Kraft darauf zu konzentrieren, das Kind hinauszudrücken. Nachdem es mir in die Hände geglitten war, ließ sich die Mutter erleichtert in die Kissen sinken und seufzte: »So, das wäre geschafft.«

»Nein, nichts da«, widersprach ich, »oder willst du das andere drinnen lassen?«

Entgeistert schaute sie mich an: »Mach keine Witze, Nanni. Ich bin froh, dass ich alles überstanden hab.«

»Du täuschst dich, Reserl, du hast erst die Hälfte überstanden.«

In diesem Moment verzog sie schmerzlich das Gesicht, denn sie hatte wieder eine neue Wehe.

»Glaubst es jetzt endlich, dass noch eins kommt?«

»Ach, Unsinn, Nanni. Das ist doch nur eine Nachwehe, weil jetzt die Nachgeburt kommt.«

»Na, du wirst dich wundern, wenn die Nachgeburt anfängt zu schreien.«

Nach zwanzig Minuten hatte ich den zweiten Zwilling ans Tageslicht geholt und konnte nun meinerseits einen gewissen Triumph nicht zurückhalten: »Ja, Reserl, jetzt haben wir zwei Buben gekriegt. Ja, was für schöne Buben!«

»Ja, ja, Nanni«, gab sie widerwillig zu, »den zweiten hast mir in den Bauch geredet.«

»So weit kommt es noch«, erwiderte ich lachend, »dass die Hebamme dran schuld ist, wenn's Zwillinge gibt. Aber tröste dich, du scheinst nicht die Einzige zu sein, die von Zwillingen überrascht wurde.«

»Was meinst du damit?«, fragte sie höchst interessiert.

»Nun, in Hebammenkreisen kursiert folgender Witz: Die Hebamme wird zu einer Bäuerin gerufen, die in Wehen liegt. Als sie endlich unter starken Schmerzen ihr Kind zur Welt gebracht hat, atmet sie auf: ›Gott sei Dank, das wär vorbei.‹ ›Nein, noch nicht ganz‹, belehrt die Hebamme sie, ›es kommt noch eins.‹ ›Was?‹, ruft die Bäuerin erschrocken aus, ›ist das vom Knecht auch schon fertig?‹«

Über diesen Witz musste die Resi so lachen, dass gleich die Nachgeburt mit Schwung kam. Bei ihr waren es sogar zwei Plazenten, weil es sich bei den Buben um zweieiige Zwillinge handelte. Es gab keine Nachblutung, nichts. Den Doktor hatten wir wirklich nicht gebraucht. Im Geist sah ich schon sein schmunzelndes Gesicht, wenn ich ihm mitteilte, dass ich mit meiner Vermutung Recht behalten hatte. »So, waren es doch zwei?«, würde er sagen. »Aber siehst, du hast es auch allein geschafft.«

Obwohl die beiden Buben zu zweit angekommen waren, brachte jeder das stolze Gewicht von über fünf Pfund auf die Waage. Das war, da sie auch ansonsten kerngesund waren, ausreichend, damit sie nicht in einen Brutkasten mussten. Und da eine rüstige Großmutter im Haus war, würde es mit der Versorgung ebenfalls keine Probleme geben.

Wie ich befürchtet hatte, war nur einmal Babywäsche bereitgelegt worden, und nur ein Bettchen war hergerichtet. Die Schwiegermutter schaffte die fehlende Säuglingsbekleidung jedoch umgehend herbei. Ein zweites Bettchen ließ sich allerdings nicht so schnell herbeizuzaubern, und so legte ich die Buben gemeinsam in die Wiege. Die beiden, die bisher in der Enge des Mutterleibes miteinander ausgekommen waren, würden es auch noch ein paar Tage länger aushalten, bis ihr Vater eine zweite Wiege besorgt hatte.

Der Bauer platzte schier vor Stolz, als ich ihm nach seiner Heimkehr vom Feld gleich zu zwei Stammhaltern gratulierte, und als ich am folgenden Tag zur Wochenpflege auf dem Hof erschien, stand bereits eine zweite Wiege neben dem Bett der Zwillingsmutter, die der Laubhuber Hans sich bei seinem Bruder ausgeliehen hatte. Dessen Frau erwartete zwar ebenfalls ein Kind, würde aber erst in etwa vier Monaten niederkommen, und bis dahin wollte der Hans zwei Kinderbetten vom Dachboden holen und herrichten.

Ohne mich als große Prophetin hinstellen zu wollen, gab es immerhin eine ganze Reihe ähnlicher Fälle, in denen meine Zwillingsvoraussagen eintrafen. Nur bei einem Fall lief es ein bisschen anders.

Wenn ich davon überzeugt war, dass eine Frau Zwillinge erwartete und die Mutter mir Glauben schenkte, schickte ich sie gleich in die Klinik, denn weder bei ihr zu Hause noch bei mir im Entbindungszimmer wollte ich das Risiko eingehen, das eine Zwillingsgeburt mit sich bringt. Allerdings wurden Hebamme und Mutter oftmals davon überrascht, dass es zwei Kinder waren, die da auf die Welt drängten. Selbst ein außergewöhnlich großer Leibesumfang war kein sicheres Zeichen, denn es konnte sich genauso gut um ein überdurchschnittlich großes Kind handeln oder um eine übermäßige Wasseransammlung in der Gebärmutter.

Hörte man allerdings zwei unterschiedliche Herztöne, war das der sichere Beweis für die bevorstehende Geburt von zweieiigen Zwillingen. Bei eineiigen Kindern dagegen war die Feststellung schwieriger, weil deren Herzen meist im gleichen Takt zu schlagen pflegten.

Das einzig wirklich sichere Anzeichen für Zwillinge war seinerzeit, wenn man beim Abtasten zwei Köpfe fühlte. Es soll allerdings Hebammen und Ärzte gegeben haben, die das runde Hinterteil eines Ungeborenen für einen zweiten Kopf hielten.

Kurzum, eines schönen Maitages wurde ich zu einer in Wehen liegenden Mutter gerufen. Als ich den Leib der Mutter sorgfältig abtastete und abhorchte, gewann ich den Eindruck, sie werde ein überdurchschnittlich kräftiges Kind zur Welt bringen, und war schon besorgt, ob das große Baby den Weg durch den Geburtskanal schaffen werde. Sicherheitshalber setzte ich den Beckenzirkel an, um nachzumessen, ob nicht vielleicht ein Kaiserschnitt notwendig würde, doch die Maße schienen ausreichend zu sein. Auch die Tatsache, dass die Frau bereits ein Kind geboren hatte, beruhigte mich. Der Verdacht, es könnte sich um Zwillinge handeln, kam mir nicht, denn nur ein Kopf war zu fühlen, der in der idealen Geburtsposition lag. Ebenso hörte ich lediglich einen Herzschlag in ganz normaler Lautstärke.

Erst als ich das Kind in den Händen hielt, fiel es mir wie Schuppen von den Augen. »Das ist zu klein, da kommt noch eins«, rief ich überrascht.

So war es dann auch, und bereits fünf Minuten später hielt ich den zweiten Buben in der Hand. Beide waren Leichtgewichte, doch beide waren so freundlich, gleich aus voller Kehle loszuschreien, sodass es in dieser Hinsicht keine Probleme gab. Dass der zweite Zwilling meiner Aufmerksamkeit entgangen war, muss daran gelegen haben, dass er sich praktisch hinter seinem Bruder versteckt, also ganz auf der Rückseite der mütterlichen Gebärmutter gelegen hatte.

Wieder ganz anders lag der Fall bei der Hintermoser Kathi. Da sie bereits einige Wochen vor ihrer Niederkunft bei mir zur Untersuchung erschien, konnte ich ihr auf den Kopf zusagen, dass sie Zwillinge bekam, und im Gegensatz zur Laubhuber Resi glaubte sie mir aufs Wort. Ganz eindeutig nämlich hatte ich zwei Köpfe gefühlt und zwei unterschiedliche Herztöne vernommen. Deshalb empfahl ich ihr, sobald die Wehen losgingen, ein Taxi zu rufen und sich ins Krankenhaus bringen zu lassen. Weil es sich schon um die dritte Entbindung handelte und sich ein sehr rascher Verlauf ankündigte, rief die Kathi dann statt des Taxis lieber gleich die Rettung an, doch die erfahrenen Sanitäter merkten, dass es für einen Transport ins Krankenhaus zu spät war und brachten die Hochschwangere zu mir.

Als ich das Rettungsfahrzeug vorfahren sah, stürzte ich gleich hinaus und zur Kathi in den Wagen. »Bis zum Krankenhaus schaffst du es wirklich nimmer. Und ehe ich das Risiko eingehe, dich im Rettungswagen entbinden zu müssen, hol ich dich lieber zu mir.« Während die Sanitäter sie in mein Entbindungszimmer brachten, rief ich ihren Hausarzt an, der gleich zu kommen versprach und auch Wort hielt, denn schon nach wenigen Minuten war er da. Ihm blieb gerade die Zeit, sich die Hände zu waschen, und noch bevor er den zweiten Handschuh übergezogen hatte, fing ich den ersten Zwilling auf.

Weil das Kind nicht daran dachte, spontan zu atmen, versuchte ich es mit kleinen Klapsen auf den Po, und als auch das nichts half, reichte ich den Kleinen an den Arzt weiter. Aus meinem Koffer, der geöffnet in Reichweite stand, riss ich das Absauggerät und drückte es dem Doktor in die Hand, damit er das Kind vom Schleim befreien konnte, der die Atmung behinderte.

Während ich mit einem Auge die Bemühungen des Arztes beobachtete, musste ich mich auf die Ankunft des zweiten Zwillings konzentrieren, der uns ebenfalls nicht den Gefallen tat, aus eigenem Antrieb zu schreien. Jetzt war es an mir zu handeln, denn der Arzt war immer noch mit dem ersten Kind beschäftigt. »Ich brauch das Absauggerät«, stieß ich hervor und riss es dem Doktor förmlich aus der Hand. Während ich es kurz unter fließendem Wasser abwusch, sah ich, wie der Mediziner sich durch Mund-zu-Mund-Beatmung um den ersten Zwilling bemühte.

Mir stellte sich dann das gleiche Problem, denn auch bei dem zweiten Kind führte das Absaugen der Atemwege nicht zum gewünschten Erfolg. Da ich jedoch zu dieser Zeit unter einer schweren Erkältung litt, hielt ich es eigentlich für unverantwortlich, dem Neugeborenen meine Atemluft einzuhauchen. Doch mir blieb keine andere Wahl. Entweder ich tat etwas, oder das Kind starb mir unter den Händen. Ich stand Todesängste aus, als ich meinen Mund auf den des Kindes presste.

Während ich diese Prozedur mehrfach wiederholte, hörte ich plötzlich einen erst zaghaften, dann kräftigeren Schrei des ersten Zwillings. Gott sei Dank! Es war wie Musik in meinen Ohren! Bei dem zweiten Kind dauerte es noch eine Weile, und ich hatte die Hoffnung fast schon aufgeben, als auch dieser Bub ein erstes Quäken von sich gab, um dann aus vollem Hals loszuschreien. Aber wie!

Vor Glück weinte ich, und der sonst so hartgesottene Doktor gleich mit. Mein Gott, ich durfte gar nicht daran denken, was passiert wäre, wenn ich in dieser Situation den Arzt nicht an meiner Seite gehabt hätte! Vermutlich hätte ich keinen der beiden Zwillinge durchgebracht, weil ich mich in dem Bemühen, beide zu retten, verzettelt hätte.

Wäre es für mich nicht schon vorher eine feste Überzeugung gewesen, dass eine Zwillingsgeburt in die Klinik gehörte, spätestens nach dieser Entbindung hätte ich es begriffen. Übrigens hat der kleine Kerl, den ich beatmet hatte, nicht den kleinsten Schnupfen davongetragen. Ein Engel hatte wohl schützend seine Hand über ihn gehalten.

Der schönste Beruf der Welt

Vieles habe ich erlebt in den langen Jahren als Berghebamme. Vieles Schöne und natürlich auch Traurige, aber es gab herausragende Erlebnisse, die mir in besonderer Erinnerung geblieben sind. Eines hatte mit den Waldgrubers und ihren Kindern zu tun.

In schöner Regelmäßigkeit wurde ich nämlich zum Dürrnbachhof gerufen, wo der Xaver mit seiner Frau, der Antonia, lebte. Immer wieder, in Abständen von ein bis zwei Jahren, benötigte man dort meine Dienste. So hatte ich auf meinem Weg zu diesem Einödhof, der nicht allzu weit von unserem Ortskern entfernt lag, schon alle Jahreszeiten erlebt. Mal hatte ich meinen Weg im erwachenden Frühling zurückgelegt, mal in der Sommerhitze, mal im Herbst, wenn das Laub der Bäume in allen Farben prangte, und auch schon im bitterkalten Winter, wenn ich durch meterhohen Schnee und wildes Schneegestöber stapfen musste.

Auf unterschiedliche Weise war ich dorthin gelangt, zu Fuß, per Fahrrad und per Moped. Die Jahre vergingen, die Zeiten änderten sich, und nun würde ich das erste Mal mit meinem eigenen Wagen bei den Waldgrubers vorfahren. Nachdem ich bereits zwölf Jahre in meinem Beruf tätig war, hatte ich endlich so viel zusammengespart, dass es für ein kleines gebrauchtes Auto reichte. Ein himmelblauer Peugeot war es, den ich unter der fachkundigen Beratung meines Bruders erstand.

Schon lange hatte ich mir ein Auto gewünscht, bereits damals, als ich vom Fahrrad aufs Moped umstieg. Allerdings hätte ich in der ersten Zeit ein Auto ohnehin nur sehr eingeschränkt nutzen können, denn viele Straßen zu den entlegenen Höfen waren mit normalen Autos nicht zu befahren, zumindest nicht, wenn das Wetter schlecht war, denn die Zufahrten waren so gut wie nicht befestigt.

Mittlerweile aber hatte sich das zu einem großen Teil verändert, sodass die Straßen weitgehend für Autos ausgebaut waren. Ehe ich mir jedoch den Wagen kaufte, musste ich den Führerschein machen. Das war vielleicht ein Trara! »Spinnst jetzt ganz?«, fragte mein Mann mit wenig Zartgefühl. »Was brauchst du einen Führerschein? Hast ja noch nicht mal ein Auto.«

»Bevor ich mir ein Auto kaufe, muss ich erst einen Führerschein machen. Hernach, wenn ich ihn nicht bestehe, hab ich das Auto für die Katz gekauft.«

Beim Stichwort Autokaufen kam mein Mann erst recht in Fahrt: »Was braucht eine Frau ein Auto? Und schon gar, wenn ich als Mannsbild noch keins hab.«

Eigentlich sollte er wissen, warum ich in meinem Beruf eines brauchte, dachte ich mir. Ich war es leid, immer so lange unterwegs zu sein, mich durchfrieren oder durchnässen zu lassen auf meinen Gängen bei Wind und Wetter. Ein Auto würde eine große Erleichterung für mich bedeuten, und deshalb hatte ich all die Jahre Geld dafür angespart. Geduldig legte ich meinem Mann meine Sichtweise dar und schloss mit den Worten: »Du siehst, dass ein Auto wirklich angebracht ist.«

»Was heißt hier angebracht? Bis jetzt ist es doch auch ohne gegangen.«

»Stimmt, aber man wird schließlich nicht jünger. Da kann ich eine Entlastung schon vertragen, um nicht mehr bei Nacht und Nebel, bei Wind und Wetter auf dem Moped durch die Gegend düsen zu müssen.«

Eine Weile schwieg er. Schon dachte ich, meine Argumente hätten ihn überzeugt, aber dann hakte er nach. »Was heißt hier bei Wind und Wetter? Du hast schließlich dein eigenes Entbindungszimmer. Da brauchst du doch kaum noch vor die Tür.«

»Du bist gut«, entgegnete ich. »Anscheinend kriegst du nicht mit, wie oft ich noch zu Entbindungen auf die Höfe muss. Es gibt nach wie vor genug Frauen, die lieber in ihren eigenen vier Wänden entbinden.«

Daraufhin brummelte er etwas in seinen Bart, und ich hatte meine Ruhe. Er griff das Thema auch nicht mehr auf, und ich machte mich an meinen Führerschein, um anschließend den Wagen zu kaufen, der mich nicht nur mobiler werden ließ, sondern auch ein Stück Selbstständigkeit für mich bedeutete.

Als ich zu meinem erneuten Einsatz auf den Dürrnbachhof gerufen wurde, war es zwar schon Ende November, aber der Schnee, der bereits gelegen hatte, war durch den Föhn weggeschmolzen worden, und so waren die Straßen frei. Nur in Mulden und schattigen Berglagen hatten sich noch Reste halten können. Mein Weg war jedenfalls weitgehend schneefrei.

Diesmal war es nicht der Waldgruber selbst gewesen, der mich darüber informiert hatte, dass die Antonia mich brauchte, sondern seine Mutter. Am frühen Nachmittag rief sie mich vom öffentlichen Fernsprecher aus an, dass es bei ihrer Schwiegertochter mal wieder so weit sei. Ohne es eigens betonen zu müssen, wusste ich, dass wir bei einer vielfachen Mutter wie der Antonia keine Zeit verlieren durften.

Wie gut, dass ich jetzt ein Auto hatte, dachte ich. Damit

war ich nicht nur schneller am Ziel, sondern konnte auch mehr mitnehmen als auf dem Moped. Und das war so einiges. Zum einen hatte mein Koffer im Lauf der Jahre beträchtlich an Gewicht zugenommen, weil es immer mehr und immer neue Dinge gab, die man jetzt bei Geburten brauchte. Jedenfalls bekam ich ihn nur noch mit Mühe zu. Außerdem lud ich in diesem speziellen Fall einen Sack mit Bettwäsche, Handtüchern, Windeln sowie Kinderwäsche und eine Babywanne ein. Mir war nämlich bekannt, dass es auf dem Dürrnbachhof ziemlich ärmlich zuging, und ich vermutete, dass die Babykleidung von den fünf bereits vorhandenen Kindern ziemlich aufgearbeitet sein dürfte. Da ich immer wieder einmal von Leuten, die ihre Familienplanung beendeten, sobald sie zwei Kinder hatten, ganz brauchbare Sachen geschenkt bekam, konnte ich aushelfen, wo ich es für notwendig hielt.

Obwohl ich längst über mein Entbindungszimmer verfügte und obwohl das Haus der Waldgrubers keineswegs die idealen Voraussetzungen für eine Entbindung bot, legte die Antonia Wert darauf, ihre Kinder zu Hause zur Welt zu bringen. In ihrer eigenen Schlafkammer fühle sie sich am wohlsten, sagte sie zur Begründung. Ein weiterer Grund bestand darin, dass sie ihren Kindern so bald wie möglich die Gelegenheit geben wollte, das neue Geschwisterchen zu begrüßen und sich mit ihm zu beschäftigen. Sie war der Überzeugung, so etwas fördere den Familienzusammenhalt, womit sie sicherlich Recht hatte. Der hauptsächliche Beweggrund aber war, dass die Antonia sich nicht für längere Zeit von ihren Kindern trennen mochte, und man merkte ihr an, dass sie alle fünf Mädchen über die Maßen liebte. Deshalb ging ich immer wieder gern zu den Waldgrubers, denn jedes Mal spürte auch ich, dass jedes neue Kind von Herzen willkommen war.

Als ich an diesem Tag bei der Antonia ankam, war es wirklich allerhöchste Zeit, denn die Presswehen hatten schon begonnen. Kaum dass ich meine Hände notdürftig gewaschen hatte, musste ich hinzuspringen, und ein süßer kleiner Bub machte das halbe Dutzend voll.

Während sich in den meisten alten Bauernhäusern das Elternschlafzimmer über der Küche befand, grenzte es hier direkt an diese an, und es gab eine Verbindungstür, die natürlich während der Entbindung geschlossen blieb. Trotzdem hörte man immer wieder gedämpfte Kinderstimmen.

Nachdem auch die Nachgeburt da war, ging ich hinüber in die Küche, um das Babybad vorzubereiten. Wie auf Kommando sprangen die Mädchen auf, die die Wartezeit bis dahin mehr oder weniger geduldig am Küchentisch sitzend verbracht hatten. Freudig stürzten sie jetzt auf mich zu.

»Ist das Baby schon da? Ist es ein Bub? Dürfen wir es sehen? Wie heißt es?«, schwirrte es mir entgegen.

»Noch ein kleines bisschen Geduld«, versuchte ich die Gemüter zu beruhigen. »Dann dürft ihr es anschauen. Ich bringe es zu euch in die Küche.«

Wie alle Kinder, die ich hier im Haus ans Licht der Welt geholt hatte, wollte ich auch den kleinen Xaver in der Küche baden, weil das am einfachsten war, denn im Schiff auf dem Herd war stets warmes Wasser vorrätig. Eine Babybadewanne gab es, trotz der stattlichen Kinderzahl, allerdings nicht, und so hatte ich die bisherigen Kinder in der großen blechernen Abwaschschüssel baden müssen. Nun erlaubte ich mir den Luxus, meine eigene Wanne mitten auf den Küchentisch zu stellen. Eifrig schöpfte die Großmutter warmes Wasser hinein, wobei jede ihrer Bewegungen von fünf Augenpaaren aufmerksam verfolgt wurde.

Ohne eine Aufforderung abzuwarten, setzten sich wieder alle um den Tisch und harrten geduldig der Dinge, die da kommen würden.

Dann kam der große Augenblick! Mit einem kleinen weißen Bündel trat ich aus dem Nebenzimmer, und mit einem Schlag wurde es in der Küche mucksmäuschenstill. Ich legte das Handtuch beiseite und setzte den kleinen Nackedei vorsichtig in das warme Wasser, was ihm, seinem zufriedenen Gesichtsausdruck nach zu schließen, zu gefallen schien. Obwohl meine Aufmerksamkeit vor allem dem Neugeborenen galt, schaute ich verstohlen in die Runde am Küchentisch. War das nett! Alle fünf saßen sie da und beobachteten mit großen Augen, wie das Brüderchen gebadet wurde – selbst die gerade Zweijährige schaute andächtig zu. Es war für mich ein wirklich schöner Moment, in dem mich ein großes Glücksgefühl überkam und ich unwillkürlich denken musste, dass das alles irgendwie auch meine Kinder waren, denn ich hatte sie auf dieser Welt mit meinen Händen in Empfang genommen. Es war einer der schönsten Augenblicke in meinem Berufsleben.

Nachdem der kleine Bub abgetrocknet, versorgt und angezogen war, zogen wir alle in einer feierlichen Prozession hinüber ins Elterschlafzimmer, wo fünf kleine Mädchen aufmerksam verfolgten, wie ich das neue Baby in die alte Wiege legte.

Xaver, der Ehemann und Vater, hatte die Ankunft seines Stammhalters leider nicht miterleben können. Weil die mehr als bescheidene Landwirtschaft nicht ausreichte, um die ständig wachsende Familie zu ernähren, arbeitete er in den Herbst- und Wintermonaten im Gemeindeforst als Holzfäller, und am Morgen, als er das Haus verließ, hatte es sich noch nicht abgezeichnet, dass es bei seiner Frau noch heute losgehen würde.

Wie groß war dann aber die Freude bei seiner Heimkehr! In dem Moment, als sie die Haustür gehen hörten, gab es für die Mädchenschar kein Halten mehr. »Der Papa, der Papa!«, riefen sie und stürmten aufgeregt in den Hausgang, um sich ungestüm auf ihren Vater zu stürzen.

»Papa, wir haben einen Buben, ein Brüderchen«, riefen sie alle durcheinander. »Wir haben ein neues Baby! Die Mama hat ein Kind gekriegt! Wir haben beim Baden zuschauen dürfen! Die Nanni hat es angezogen! Es liegt jetzt in seiner Wiege!«

Aus dem vielstimmigen Gezwitscher verstand der Xaver nur die Worte Brüderchen und Bub. Alles andere interessierte ihn nicht. Um seine Mädchen abschütteln zu können, streichelte er jedem über den Kopf mit der Bemerkung: »Bist ein braves Dirndl, aber jetzt lass mich zur Mama.« Endlich gelang es ihm, an das Bett seiner Frau zu eilen. Er ergriff ihre Hand und fragte: »Antonia, ist das wirklich wahr? Wir haben einen Buben?«

»Gewiss ist's wahr. Da, schau ihn dir an, den kleinen Xaver!«

Der große Xaver trat an die Wiege und schaute mich fragend an. »Ja, ja, du darfst ihn schon rausnehmen. Schließlich ist es dein Bub.« Damit legte ich ihm das schlafende Bündel in den Arm. Selten habe ich einen Vater so strahlen sehen. Nach einer Weile legte er seinen Sohn vorsichtig zurück in die Wiege mit einer solchen Behutsamkeit, wie man sie ihm nicht zugetraut hätte. Dann zog er mit seiner Töchterschar in die Küche, wo seine Mutter inzwischen das Abendessen hergerichtet hatte. Mich lud sie ebenfalls ein, an dem bescheidenen Mahl teilzunehmen, und obwohl das Geld an allen Ecken und Enden fehlte und ich anfangs Skrupel hatte, ihnen auch noch etwas wegzuessen, nahm ich doch an und langte tüchtig zu.

Später setzte ich mich dann zur Antonia ans Bett, um mich während der restlichen Wartezeit mit ihr zu unterhalten. In der Hauptsache sprachen wir über ihre Kinder, ihre Fortschritte, ihre Neigungen, ihre Schwächen. In Erinnerung an ihre letzte Entbindung schwärmte sie davon, wie wunderschön es gewesen sei, dass jeden Morgen, gleich nach dem Aufwachen, ein Kind nach dem anderen hereingetrippelt sei und seine kleine Nase über den Wiegenrand gesteckt habe. Jedes wollte dem neuen Baby einen guten Morgen wünschen. Am Abend habe sich das Schauspiel stets wiederholt, weil jedes Mädchen dem neuen Geschwisterchen Gute Nacht sagen musste. Um nichts in der Welt möchte sie diese kleinen Szenen missen, schwärmte sie. Das sei der Grund, warum sie auch in Zukunft zu Hause entbinden werde.

»Ja, willst am Ende noch mehr Kinder?«, fragte ich überrascht. »Jetzt ist der Stammhalter doch da. Deshalb dachte ich, es reicht euch jetzt.«

»Darüber haben wir uns noch keine Gedanken gemacht. Aber was noch kommen soll, wird auch genommen, egal ob Bub oder Mädel.«

Am folgenden Morgen erschien ich frühzeitig zur Pflege von Wöchnerin und Kind und wurde dabei Zeuge des allmorgendlichen Begrüßungsrituals an der Wiege des Neugeborenen. Mir ging das Herz auf, und in diesem Moment dachte ich wieder einmal, dass ich doch den schönsten Beruf der Welt hatte. Nur als Berghebamme nämlich, in den alten, in ihren bäuerlichen Traditionen verwurzelten Familien konnte man so etwas wie hier bei den Waldgrubers noch erleben. In der Anonymität eines Krankenhauses wäre eine solche Szene undenkbar. Wie so oft dankte ich in diesem Moment dem Himmel, dass er mir diesen Wirkungskreis geschenkt hatte, und ich dachte bei mir: Solltest du jemals wieder auf die Welt kommen, dann wirst du wieder Berghebamme – dann aber von Anfang an.

Von Roswitha Gruber bereits erschienen

Erlebnisse einer Berghebamme
256 Seiten
ISBN 978-3-475-54026-4

Authentisch und lebendig berichtet Roswitha Gruber aus dem Leben der Geburtshelferin Marianne. Immer war sie zur Stelle, wenn eine werdende Mutter ihre Dienste benötigte. In ihren vielen Arbeitsjahren hat sie über 3000 Kindern geholfen, das Licht der Welt zu erblicken. Die bewegenden Schicksale der Menschen, die sich Marianne anvertraut haben, gehen jedem nahe.

Erinnerungen einer Bergbäuerin
304 Seiten
ISBN 978-3-475-54003-5

Roswitha Gruber erzählt die Geschichte der Bergbäuerin Sabine: Sie kommt als uneheliche Tochter im Jahre 1924 in der Nähe von Inzell zur Welt. Ihre Mutter gibt sie im Haus des Kindsvaters ab. Die Tage der Bergbäuerin sind von harter Arbeit geprägt. Einziger Lichtblick sind ihre zehn Kinder, mit denen sie Aufregendes, Schmerzliches, aber vor allem viele wunderschöne Stunden erlebt.

**Informationen zu unserem Verlagsprogramm
finden Sie unter www.rosenheimer.com**